ŒUVRES

COMPLÈTES

DE L'ABBÉ DE MABLY.

TOME PREMIER.

ŒUVRES

COMPLÈTES

DE

L'ABBÉ DE MABLY.

TOME PREMIER.

A LYON,

Chez J. B. DELAMOLLIERE.

1792.

ÉLOGE HISTORIQUE

DE

L'ABBÉ DE MABLY,

Discours qui a partagé le Prix au jugement de l'Académie Royale des Inscriptions et Belles-Lettres, en 1787.

PAR M. L'ABBÉ BRIZARD.

Non ego, Te, meis
Chartis, inornatum silebo.
HORACE, lib. IV, Ode VIII.

LES anciens croyoient que la politique n'étoit que l'art de rendre les peuples heureux, et qu'un peuple ne peut être heureux qu'autant qu'il a des mœurs : ils n'ont jamais séparé la morale de la politique, et leurs législateurs croyoient assez faire pour le bonheur des hommes, que de les former libres et vertueux. Voilà ce qui a rendu la Grèce si florissante, et Rome maîtresse du monde. Platon, Cicéron, tous ceux qui se sont occupés des lois et de la félicité publique, ont tenu le même langage : cette doctrine respire dans tous leurs écrits ; la Grèce et Rome ne sont tombées que pour s'en

être écartées : avec les mœurs a péri la liberté.
Le débordement et les ravages des Barbares
nous avoient fait perdre jusqu'à la trace de
cette grande vérité. Pendant quinze siècles une
épaisse nuit étendit son voile sur la nature
entière ; toutes les lumières furent éteintes :
on corrompit les sources de la morale ; on
honora du nom de politique l'art d'asservir et de
tromper les hommes ; on réduisit en maximes cet
art funeste, et des écrivains pervers enseignèrent
aux ambitieux à être injustes par principe, et
perfides avec méthode. Si quelques hommes,
par la force de leur génie, s'élevèrent au-dessus
de la corruption générale, ils ne purent réformer
leur siècle, et tous leurs projets périrent avec
eux. L'ambition continua de nous égarer. La
découverte d'un nouveau Monde, le commerce,
les arts, nous donnèrent, avec de nouvelles
richesses, de plus grands besoins et des vices
nouveaux. Les peuples, après avoir placé leur
gloire dans l'ambition et dans les conquêtes,
mirent leur félicité dans l'avarice et dans les
jouissances du luxe : on ne connut plus de
frein, l'or devint le dieu de l'Europe ; la vertu
ne fut plus qu'un vain nom, et les mœurs,
tombées dans l'oubli, parurent un sujet de
mépris et de ridicule. Un homme est venu, qui,
nourri de la lecture des anciens, retrouva dans

leurs écrits les traces de ce type céleste, de ce beau dont nous avions perdu tout sentiment : il en étudia les élémens, et l'un des premiers parmi les modernes, nous dévoila l'alliance intime de la morale et de la politique, et démontra que les mœurs sont la source et la base de la félicité publique : il rappela tous les hommes et toutes les sociétés à cette idée simple et sublime par sa simplicité même. Toute sa vie, tous ses écrits publiés dans l'espace de quarante ans, furent employés à développer cette utile et féconde vérité. L'exemple de tous les âges et de tous les peuples vint sous sa plume à l'appui de ses maximes : il y a dans tout ce qu'il a écrit une unité, je ne dirai pas de système, mais de doctrine, dont il ne s'est jamais écarté. Ses principes étoient sûrs ; il s'y tint opiniâtrément attaché : on ne le vit jamais ni varier ni flotter au gré des opinions vulgaires. Il dit des vérités sévères ; il les dit avec force, avec énergie, et quelquefois avec une certaine brusquerie, qui n'est que l'indignation de la vertu qu'irrite l'aspect du vice et de l'injustice ; et dans un siècle essentiellement frivole et corrompu, il trouva pourtant des amis et des lecteurs.

Tel fut l'homme sage et vertueux que nous regrettons : son éloge est le premier qui se fasse

entendre dans ce Lycée, sans que l'écrivain y
ait pris place pendant sa vie, et peut-être on
devoit cet honorable exemple aux lettres, aux
mœurs, et à la vertu. L'auteur de tant d'écrits
profonds et lumineux appartenoit naturellement
à cette Académie, et étoit digne d'y recevoir
le premier, le prix public de ses travaux et
l'hommage de la nation. Il s'y étoit dérobé
pendant sa vie ; il étoit juste du moins qu'après
sa mort son nom rétentît dans ces murs, au
milieu de ceux qui furent les émules de ses
travaux et de sa gloire : recevoir un laurier de
leurs mains, c'est être couronné par ses pairs.

Puisqu'on a choisi cette compagnie savante
pour juge, on a voulu sans doute écarter de
cet éloge l'exagération, les faux ornemens, et
tout cet échafaudage d'éloquence qui a un peu
décrédité ce genre d'écrire. Pour moi, interprète
de la voix publique, mes paroles seront simples
et modestes, comme celui qui en est le sujet ;
l'austère vérité formera toute mon éloquence,
comme elle formoit son caractère ; et dans cet
examen que je vais faire de sa personne et de
ses écrits, je n'oublierai pas que c'est un sage
que je loue, et que c'est devant des sages que
je parle.

GABRIEL BONNOT DE MABLY nâquit
vers le commencement du siècle. (1) Le vœu

de sa famille le portoit à la fortune ; on lui fit prendre des engagemens qui pour l'ordinaire y mènent. Un parent, cardinal et ministre, sembloit lui ouvrir et lui tracer sa carrière ; il y fit un premier pas, et ce fut un sacrifice : mais bientôt, impatient du joug, il dédaigna cette brillante servitude ; il ne savoit ni flatter, ni ramper, ni fléchir ; il se dégagea de tous ces liens importuns, et reprit sa liberté. Les lettres lui offroient un asile, il se réfugia dans leur sein ; il préféra l'étude, son cabinet, ses livres, une pauvreté noble et libre, à toutes les séductions de la fortune, et aussi-tôt qu'il eut pris son parti, on ne le vit jamais jeter un regard en arrière. N'ayant rien à prétendre ni rien à perdre, ses sentimens étoient à lui : il ne fut point obligé d'enchaîner ses idées aux idées des autres, d'adopter leurs opinions, et de recevoir, pour ainsi dire, ses pensées toutes façonnées de leurs mains : il crut qu'il falloit être soi. Il se sépara de la multitude, et marcha presque seul dans l'étroit sentier qu'il s'étoit tracé. Ses principes et son caractère, ses écrits et sa conduite tranchèrent toujours avec le goût dominant et le ton général de son siècle.

Dans ses principes austères, il ne regardoit point les lettres comme un simple amusement, mais comme un instrument donné à l'homme

pour perfectionner sa raison et contribuer à son
bonheur. Aussi rechercha-t-il moins, dans la
culture des lettres, ce qu'elles offrent d'agréable
et de séduisant, que ce qu'elles ont de solide
et d'utile. Il y cherchoit, non pas seulement
des modèles de style et de langage, mais des
leçons et des exemples de morale et de vertu.
En se pénétrant des beautés mâles des anciens
et des grands modèles, (2) il passoit des mots
aux choses, et, suivant l'expression de Montagne,
de l'écorce à la moelle, et se nourrissoit de
vérités plus substantielles, et de ces sentimens
sublimes qui échauffent leurs écrits. Il ne croyoit
pas que les rares talens, l'éloquence, les beaux
vers fussent uniquement destinés à flatter l'oreille
par des sons harmonieux, mais à parler au cœur,
à éclairer l'esprit, à faire passer dans l'ame le
sentiment du beau, l'amour du juste et du vrai,
à y graver les grandes vérites de la morale et
les leçons de la vertu. Par ce noble emploi des
lettres, il sembloit qu'il voulût les venger du
reproche qu'on leur a fait d'avoir accéléré la
décadence des mœurs ; et certes si tous les écrivains en avoient fait un pareil usage, jamais le
philosophe de Genève n'eût pensé à les flétrir
de ce reproche, et jamais leur histoire ne seroit
venue prêter des armes à son éloquence.

La plus noble des études, et la plus nécessaire

au bonheur, celle de l'homme, de sa nature, de sa destination, de ses droits et de ses devoirs ; tous les grands objets qui intéressent la félicité publique, la politique, la morale, la législation, ont été constamment le sujet de ses méditations, le but de ses veilles et de ses travaux : mais il ne se pressa point d'écrire. Peu jaloux d'une gloire facile et précoce, il ne fatiguoit point le public de productions éphémères ; il laissa mûrir son talent. Long-temps renfermé dans le silence et la retraite, où s'alimentent les ames fières et fortes ; il interrogea les sages de tous les siècles, les lois de tous les peuples, l'histoire de tous les pays ; il recueillit ses propres idées, et, se répliant sur lui-même, il sonda les abîmes du cœur humain, étudia la nature et la marche des passions dans chaque individu, et leur développement dans la société : de ces méditations combinées, il a tiré un petit nombre de résultats, de principes éternels et constans, qui lui ont donné les bases de la morale et la clef de toutes les associations politiques ; et de ces principes, dont il ne s'est jamais écarté, découlent toutes ces vérités lumineuses qu'il a jetées dans ses écrits.

Il a vu que la destination de l'homme et son premier besoin est d'être heureux ; que l'établissement des sociétés n'a d'autre but que de

A 4

remplir ce vœu de la nature ; mais il crut que l'homme ne pouvoit être heureux sans mœurs, qu'il ne pouvoit avoir de mœurs sans un bon gouvernement, ni un bon gouvernement sans lois justes et impartiales : il puisa ces principes dans la nature même des choses ; mais il en chercha la preuve et l'application dans l'histoire, et sur-tout dans celle des anciens, dont il fit sa principale étude.

Mais quand de ces contemplations il descendit aux constitutions modernes, quand il voulut connoître sur quelles bases les états de l'Europe avoient appuyé le bonheur des peuples, et quelles étoient les lois politiques et les intérêts des diverses sociétés qui composent cette grande famille du genre humain, il ne trouva qu'un chaos. Il fut étonné de cet amas de volumes ; et manquant de fil pour se conduire dans ce dédale, il conçut le projet de renverser ce monument gothique, afin d'édifier sur un nouveau plan : il tira la vérité de dessous ces décombres, fouilla dans les archives de toutes les nations, étudia les grandes transactions passées entre les peuples, forma un corps régulier de tous ces membres épars, et donna son *droit public de l'Europe, fondé sur les traités.* (*)

_____

(*) Voy. pour cet ouvrage et les suivans, la *Notice des ouvrages de l'abbé de Mably*, dans les notes historiques sur cet Eloge. No. III.

Tant que l'anarchie féodale avoit embrassé de ses chaînes d'airain tous les états de l'Europe, il n'y eut entre ces états de relation que celle que nécessite le vol, la guerre, et le brigandage. Chaque état, concentré en lui-même, n'avoit de rapport avec ses voisins que par le mal qu'il en craignoit, ou qu'il pouvoit lui faire. Ils ne connoissoient d'autre droit que les armes, d'autre loi que la force; tout leur code étoit dans la tête du despote, et leurs expéditions lointaines, sans but comme sans politique, n'étoient que des incursions de barbares. Aux convulsions du régime féodal succédèrent les guerres plus atroces de la religion, et l'Europe fut long-temps un vaste cimetière où se promena le glaive du fanatisme. Affoiblis encore plus que lassés, les états prirent enfin une assiette plus tranquille. Quelques génies bienfaisans vinrent consoler la terre. Henri IV eut le premier des idées de balance et d'équilibre; il vouloit fixer la paix, trop long-temps exilée de ce triste univers : mais enlevé trop tôt au monde, c'est au règne de Richelieu, ou plutôt au traité de Westphalie, qu'on posa les fondemens de la politique qui enchaîne encore aujourd'hui tous les états de l'Europe. Toutes les sociétés partielles de cette grande république se trouvèrent liées entr'elles, et dès-lors tous leurs mou-

vemens et leurs intérêts particuliers se trouvèrent subordonnés aux intérêts et aux mouvemens de la confédération générale.

C'est à ce premier anneau que MABLY attacha
cette longue chaîne de traités dont il a suivi
les variations et le développement jusqu'à nos
jours, et qui servent de base aux intérêts si
compliqués de l'Europe. Chaque nation y put
lire ses titres écrits, ses droits discutés, les conventions qui fondent sa sécurité, et toutes, la
réunion des lois politiques qui entretiennent
l'harmonie générale. Débrouiller ce chaos, c'étoit
rendre un vrai service à l'humanité ; car il en
est des grandes querelles qui déchirent l'Europe,
comme des procès qui ruinent les particuliers ;
c'est le plus souvent faute de s'entendre qu'on
devient ennemis. C'est bien moins le véritable
intérêt des états, que des prétentions mal fondées ou de vains prétextes qui font entreprendre les guerres : éclaircir ces prétentions, ou
détruire ces prétextes, c'est ôter un grand aliment à l'injustice et à l'ambition des hommes ;
c'est apprendre aux états jusqu'où s'étendent
leurs droits et leurs devoirs réciproques ; c'est
poser les limites au-delà desquelles les prétentions seroient des injustices, et les entreprises
des crimes ; c'est les avertir, sous peine d'être
odieux, de ne pas franchir ces limites ; c'est les

prémunir contre le délire des conquêtes : en les rappelant à la justice, à la modération, à la foi due à des engagemens sacrés, c'est leur crier d'épargner le sang humain. On dira que les cabinets des rois ne se décident pas d'après les maximes de la froide raison, de l'exacte probité, et les écrits des philosophes : sans doute, il est trop vrai que l'on consulte rarement les leçons de la sagesse et les droits de l'humanté; mais est-ce aux sages à flatter les passions des princes et des peuples ? Au lieu de s'en rendre complices, ne doivent-ils pas plutôt tonner contre ces crimes publics, jusqu'à ce qu'on les entende ? S'ils éclairoient l'Europe sur les démarches d'un ambitieux, peut-être il craindroit de s'attirer la haine et les reproches de l'univers, peut-être il s'arrêteroit sur le point de commettre une injustice bien manifeste. Si l'écrivain retenoit César sur les bords du Rubicon, s'il faisoit naître des scrupules au fond de son cœur, s'il prévenoit une seule guerre injuste, ne seroit-ce pas le plus grand bienfait qu'un simple citoyen pût exercer envers sa patrie et envers l'humanité ?

C'est la conséquence et la morale qui résultent du droit public de l'Europe. L'auteur y démontre la nécessité de garder la foi des traités, les dangers qu'il y a toujours à les enfreindre; il y prouve que, pour leur propre sureté, les

princes devroient être justes et religieux obser-
vateurs de leurs sermens. Il montre , par l'exemple de tous les siècles et de tous les peuples ,
qu'au bout des conquêtes il se trouve un abîme ;
que le véritable intérêt des états est de se conserver, et jamais de s'agrandir. C'est à inspirer
cet esprit de modération et de concorde , qu'il
borne tous les secrets de la politique ; et ses
principes des négociations ne sont que la dé-
monstration de cette vérité , et , pour ainsi dire,
l'art d'entretenir la paix et l'union parmi les
hommes.

La politique, il faut l'avouer , n'a que trop
souvent dégénéré de cette noble et sainte origine ; trop souvent elle n'a été que la science
de tromper les mortels , le secret d'envelopper
dans ses pièges la bonne foi, la candeur et la
vertu , l'art odieux de mettre le crime en pratique lorsqu'il est utile : telle étoit la politique
des Borgia , des Ferdinand , dont Machiavel
avoit tracé les funestes leçons , et dont Philippe II,
Médicis et les Ultramontains avoient si long-
temps effrayé l'Europe.

Porter toujours un double masque, se tendre
des pièges , chercher à s'enlacer mutuellement ;
à tromper , à embarrasser ses rivaux ; s'envelopper de mystère , d'astuce et de mensonge ;
se jouer et se déjouer tour-à-tour ; opposer sans

cesse le manège à la ruse, et la ruse au manège, c'étoit toute la science de ces négociateurs impies. MABLY s'indigne avec raison qu'on ait prostitué le nom de politique à ce tissu de fourberies, plus dignes de brigands que d'hommes d'état; ce n'est que l'art usé des foibles et la ressource des lâches. Pour lui, il professe hautement une doctrine différente; il est persuadé qu'une conduite noble, franche et loyale peut applanir plus de difficultés dans une négociation épineuse, que tous les détours de la finesse et de la ruse.

Il trace les qualités que doit avoir un grand ministre de la paix et sur-tout le ministre d'une puissance prépondérante. C'est à lui de surveiller l'Europe entière : il doit être attentif à tous les mouvemens, pour les prévenir, connoître toutes les passions, pour les enchaîner; tenir dans ses mains tous les fils de la politique, sans qu'ils se mêlent ou qu'ils se brisent; être le lien commun de tous les intérêts divers : mais en vain espère-t-il de réussir, s'il n'inspire la confiance, qui est la première des négociatrices. S'il donne de sa modération et de sa franchise une idée égale à celle de ses talens et de ses lumières, alors toutes les voies de conciliation s'applaniront devant lui; on ne craindra point de pièges cachés sous des propositions modérées, ni de trames de la perfidie sous les apparences de la bonne foi ; on le choisira pour juge des différends , les ennemis même s'en remettront à son arbitrage ; il sera le modérateur de l'Europe : son influence se fera sentir, sans qu'on apperçoive ses ressorts, comme la Providence qui gouverne le monde en nous cachant ses moyens. Il ne se servira de son ascendant que pour entretenir la paix, éteindre les haines nationales, rapprocher les peuples rivaux, faire des traités d'union et de commerce, appaiser les troubles, prévenir les ruptures, éloigner le fléau de la guerre ; et toutes les nations, en jouissant des douceurs de la paix, le nommeront leur bienfaiteur et leur ange tutélaire. Voilà l'homme habile et vertueux dont MABLY nous a tracé l'image.

L'auteur ne se contente pas de déconseiller les haines, la vengeance, l'ambition, les conquêtes ; il prouve combien elles sont funestes aux Etats, et qu'il n'est pour eux de solide bonheur que dans la modération ; que chercher à s'agrandir, c'est hâter sa ruine ; que le véritable moyen de se faire respecter de ses voisins, est de se rendre invulnérable chez soi, d'augmenter sa force intérieure, de travailler à se donner un bon gouvernement, à perfectionner ses lois ; d'établir par-tout l'ordre et l'économie, de n'être point écrasé de dettes et d'impôts, de se ménager des ressources dans la confiance et dans l'amour des peuples, de se faire un rempart du patriotisme, et d'être plus jaloux d'avoir des citoyens que de commander à des esclaves. Plût à Dieu que toutes les puissances fussent convaincues de ces vérités, et que, lassées de leurs brillantes chimères, elles connussent enfin le secret de leurs forces et leurs vrais intérêts!

Le droit public de l'Europe étoit le premier ouvrage de MABLY, car nous ne comptons pas celui que, malgré les éloges, il a lui-même rayé du nombre de ses productions. Il avoit alors près de quarante ans; c'est l'âge auquel Rousseau donna son premier chef-d'œuvre! On sait que Montesquieu passa vingt années à méditer l'esprit des lois: ce n'est qu'aux travaux opiniâtres et aux longues méditations que sont attachés les succès durables. MABLY se montra le rival des Grotius et des Puffendorf, et vainquit ses rivaux; son livre fit époque dans la science du droit public; le grand Fréderic l'honora de son suffrage; des hommes d'état l'appelèrent le Manuel des politiques; ce livre devint classique d'un bout de l'Europe à l'autre, et la France put dès-lors s'enorgueillir d'un écrivain de plus.

Il avoit ouvert les portes du temple, il voulut pénétrer jusques dans le sanctuaire. Pour mieux apprécier les gouvernemens d'Europe, il se transporte chez les anciens ; c'est là qu'il va chercher ses objets de comparaison , et c'est à l'école d'Athènes , de Sparte et de Rome qu'il étudie les causes auxquelles les états doivent leur grandeur et leur décadance.

Dans ses observations sur les Grecs, il examine quels ont été le gouvernement , les mœurs et la politique de cette partie des héros et des sages ; comme se sont formées ces républiques ; à quelles causes elles durent leur gloire , leur prospérité , leurs grands hommes , leurs vertus , et quelles furent les lois qui firent fleurir dans ces climats les mœurs et la liberté.

Tant que la Grèce fut libre , qu'elle fut enflammée de l'amour de la patrie et de l'enthousiasme de la vertu , tant qu'elle préféra la pauvreté au luxe , et l'égalité aux richesses , il nous la montre heureuse, florissante, respectée ; tous ses citoyens sont des héros , et tout le peuple est citoyen. Mais lorsque les richesses de l'Orient , rompant les digues que lui avoient opposées de sages législateurs , se furent débordées dans la Grèce à la suite des armées de Perse , et que le luxe asiatique eût germé dans ces mêmes plaines de Marathon et de Platée, qui avoient vu triompher Miltiade et la liberté ; qu'avec l'avarice entrèrent l'ambition , l'orgueil, le mépris des mœurs antiques et l'amour des voluptés ;

aussi-tôt

aussitôt qu'Athènes, corrompue par Periclès et
les arts, cessa d'estimer la pauvreté vertueuse,
quitta la place publique pour des histrions, et
convertit à l'usage des fêtes, et des spectacles
le trésor destiné à l'entretien de la flotte et des
armées ; que Corinthe rendit plus d'honneurs à
ses bouffons et à ses courtisanes qu'à ses généraux ; que Sparte, éblouie par l'or et le faste du
grand roi, commença à les priser plus que les
sages institutions de Lycurgue ; alors tout fut
perdu. Les Grecs, irrités par la soif de l'or,
le délire de l'ambition et des besoins renaissans
du luxe, oublient les lois et la patrie. Leurs
passions exaltées prennent un' autre cours ; au
lieu de l'égalité, règne l'esprit d'oppression et
de tyrannie : tous veulent commander, quand
personne ne veut plus obéir ; ils tournent leurs
armes les uns contre les autres. Corinthe, fatiguée de la liberté, appelle la tyrannie ; la gloire
de Thèbes naît et meurt avec Epaminondas ;
Athènes brave Sparte, Sparte détruit Athènes ;
vingt tyrans se disputent la patrie de Lycurgue
et celle d'Aristide : Philippe verse de l'or et la
corruption pour gagner les orateurs et les sophistes. Les Grecs avoient triomphé des armes
des Perses, mais ils ne peuvent supporter leurs
richesses ; ils avoient bravé les dangers et la
mort, ils sont vaincus par le luxe, les plaisirs

et la volupté : les ames dégradées s'ouvrent à
toutes les passions, et les cœurs à tous les crimes. La liberté expirante n'a plus d'asile : en
vain les derniers des Grecs tentent de la ranimer ; en vain la ligue Achéenne lui rend un moment de vie : fatiguée de ce dernier effort, la
Grèce retombe et attend dans la mollesse, la
langueur, les jouissances des arts et de la volupté, le joug que daignent enfin lui imposer
les Romains.

Ces vainqueurs du monde s'emparent de la
scène. MABLY suit la fortune de Rome, dont
les progrès, sous sa plume, nous offrent un
spectacle non moins instructif et plus imposant
encore. Il remonte aux causes de la grandeur
et de la décadence des Romains, il venoit après
Montesquieu ; il n'eut point la prétention de
lutter contre ce grand homme, et sa seule modestie lui eût fait juger le combat trop inégal ;
mais il entroit dans son plan d'examiner la constitution qui avoit rendu Rome maîtresse du
monde, et comment elle avoit perdu son empire ; c'en étoit une suite nécessaire, et nous
ne parlons nous-mêmes de ses observations sur
les Romains, que pour ne pas rompre la chaîne
de ses idées. Il y poursuivoit une vérité unique,
qu'il regardoit comme la clef de toutes les autres et qu'il cherchoit à démontrer par les faits ;

c'est que les mœurs sont le principe de la prospérité des états ; que toutes les républiques , et
Rome elle-même , n'avoient perdu leur ·liberté ,
leur gloire et leur bonheur , qu'en perdant leurs
mœurs. Enfin , MABLY présente par-tout la vertu
comme le feu élémentaire et le principe conser-
vateur des états bien constitués , sous quelques
formes qu'ils soient modifiés ; et c'est en quoi
il diffère de l'auteur de l'esprit des lois , qui
croit que la vertu n'est nécessaire que dans
les républiques. Les faits viennent à l'appui de
ses raisonnemens. Quand il n'y eut plus de vertu
dans Rome , tous les liens se relâchèrent , les
lois furent foulées aux pieds : les excès du luxe ,
une monstrueuse inégalité , et le fardeau des
impôts croissant avec la misère publique , le pouvoir arbitraire , le despotisme des armées , éteig-
nirent tout sentiment de citoyen ; il n'y eut
plus de patrie : et quand les barbares se sont
présentés , les peuples , las du joug des tyrans ,
leur ouvrirent les portes de l'Empire ; ils les reçurent comme des libérateurs , et le luxe et les
barbares vengèrent le monde de l'ambition et
de l'avarice de Rome.

Ce colosse s'étoit écroulé sous sa propre grandeur. Vingt états s'élèvent sur ses débris , et
donnent naissance aux constitutions modernes.
Mais si l'on en veut suivre les progrès et les

révolutions, de quel contraste on est frappé !
En parcourant les beaux siècles de la Grèce et
de Rome, MABLY avoit vu des vertus et des
hommes extraordinaires. Leurs institutions , leurs
lois , leur amour de l'égalité , de la patrie , de
la vertu , le mépris de la mort et des richesses ,
tous ces traits d'héroïsme de désintéressement ,
d'amour du bien public , ces élans de la liberté ,
qui embellissent chaque page de leur histoire ,
élevèrent son ame , et le remplirent d'admiration pour les législateurs qui savoient former
de tels hommes , et imprimer de tels sentimens
dans les cœurs. Le respect religieux qu'il conçut
dès-lors pour les lois de Lycurgue et le gouvernement de Rome dans les beaux jours de
la république , en le rendant plus sévère , laissèrent dans son esprit des traces qui ne s'effa-
cèrent jamais ; et de ces belles institutions il
en fit comme le modèle commun sur lequel il
mesura tous les gouvernemens modernes.

Mais quand, au sortir de ces belles contrées
de la Grèce et de l'Italie , il rentra dans les
champs stériles et dévastés des peuplades du
nord ; quand il vint à jeter les yeux sur ces
hordes de brigands qui désolèrent la terre , et
qu'il voulut lier les causes de la chute de l'Em-
pire-Romain à l'établissement et aux lois des
barbares ; enfin , quand il voulut descendre jusqu'à

la racine de ce grand arbre de la féodalité, dont les branches couvrirent l'Europe entière, pendant tant de siècles ; quelle différence dans ses résultats ! que d'obstacles et de dégoûts pour pénétrer dans ce chaos ! Il y avoit loin, sans doute, des lois de Lycurgue à celles des Wisigoths, et des institutions de Solon ou de Numa, aux lois Ripuaires et aux formules de Marculphe. MABLY résolut de marcher entre les ronces et les épines ; mais c'est principalement sa patrie qu'il avoit en vue ; c'est sur elle qu'il ramena ses études et ses regards ; il entreprit de tracer le tableau des révolutions qu'avoit éprouvées la France dans son gouvernement, depuis les premiers temps de la monarchie jusqu'à nos jours.

Ce plan étoit beau, magnifique et neuf encore. Nous avions sur l'histoire nationale trente mille volumes, et pas une histoire. On avoit ramassé d'immenses matériaux, entassé des faits et de dates, raconté des siéges et des batailles, laborieusement compilé les faits et gestes des rois, les chartes des églises, leurs légendes et leurs miracles : des chroniques de moines avoient tout appris, hors ce qu'il est essentiel de savoir ; et de graves historiens, moins excusables d'ignorer les vrais principes de la société et des gouvernemens, n'avoient fait que reproduire et pro-

pager ses erreurs. Mais remonter aux causes des
événemens, approfondir les principes constitutifs
de la monarchie, examiner la nature du gouvernement et le caractère de sa législation, fixer
l'idée qu'on doit avoir des lois fondamentales,
débrouiller les intérêts de tous les ordres de
l'état, poser les limites des prétentions des corps,
tirer de dessous les débris du colosse féodal,
les chartes de la liberté et des droits des citoyens,
marquer la naissance et les progrès du pouvoir
et à chaque période, déterminer quelle fut l'influence des lois sur les mœurs, et des mœurs
sur les lois; c'est ce qu'on avoit presque totalement négligé, et cette partie de l'histoire de
la nation restoit encore à faire.

MABLY tenta cette entreprise, et au lieu de
se traîner sur les pas des autres, d'ajouter de
nouvelles erreurs aux anciennes, d'adopter ou
de bâtir des systèmes, il eut le courage de soumettre le tout à un nouvel examen, d'écarter
tous ces décombres, de s'enfermer dans ces ruines, d'étudier les monumens mêmes et les pièces
de ce grand procès entre les rois et la nation,
afin de n'offrir que des résultats certains et lumineux. C'est ainsi que toujours sous le titre
modeste d'observations, il nous donna la meilleure et même la seule histoire que nous ayons
encore du gouvernement de la France.

Il nous est impossible, dans le court espace qui nous est prescrit, de suivre le développement de ses idées et l'enchaînement de ses preuves ; mais dans cette longue succession d'hommes, de siècles et d'événemens, deux idées neuves et brillantes ont frappé tous les esprits.

La première est le tableau que l'auteur nous trace d'une république des Francs, qui, quoiqu'on en ait dit, n'est nullement imaginaire. On y voit la liberté sortir avec eux des forêts de la Germanie, et venir arracher les Gaules à l'oppression et au joug des Romains. Clovis n'est que le général et le premier magistrat du peuple libérateur ; et c'est sur une constitution libre et républicaine, que MABLY place, pour ainsi dire, le berceau de la monarchie. Cette découverte anime d'un intérêt, jusqu'alors inconnu, ces premiers temps si obscurs et si dédaignés. C'est un jet de lumière qui colore ce vaste horizon, autrefois perdu dans les ténèbres, et dont la chaleur va fertiliser toutes ces landes de notre ancienne histoire.

La seconde est la législation de Charlemagne : c'est à ce grand homme, qu'il regarde comme un phénomène en politique, que MABLY s'est arrêté avec le plus de complaisance. Il offre un modèle à tous les rois : il nous montre dans Charlemagne, le philosophe, le patriote, le

législateur. Il nous fait voir ce monarque abju-
rant le pouvoir arbitraire, toujours funeste aux
princes : Charles reconnoît les droits imprescriptibles de l'homme, qui étoient tombés dans
l'oubli. Convaincu qu'il ne peut faire le bonheur du peuple sans le faire intervenir dans la
législation, il lui r'ouvre le champ de Mars,
fermé depuis si long-temps, et le rappelle à ces
assemblées de la nation, dont les grands et le
clergé l'avoient exclu. Il savoit, ce sage politique, qu'il n'y a que ce moyen de l'affectionner
au bien public ; qu'il ne peut y avoir de patrie
où il n'y a point de liberté ; et il crut qu'il
étoit plus grand, plus glorieux d'être appelé
chef d'une nation libre, que de commander à
un peuple d'esclaves. Sa conduite noble, franche
et généreuse rapprocha les différens ordres de
l'état ; il leur fit sentir qu'ils ne pouvoient
maintenir leurs droits, qu'en unissant leurs intérêts. Chacun d'eux fit des sacrifices au bien
commun ; « et les François étonnés comprirent
qu'une classe de citoyens pouvoit être heureuse,
sans opprimer les autres ».

Pourquoi ne fût-ce qu'un moment brillant
dans nos annales ? A la mort de ce grand homme
tout change ; le gouvernement se dénature, et
prend une forme inconnue à toute l'antiquité.
Il faut voir avec quelle justesse et quelle saga-

cité MABLY trace la naissance et les progrès du
régime féodal, et à quelles causes il assigne sa
décadence. Ce n'est point ici une histoire des
rois, des guerres, des siéges et des batailles;
mais c'est le tableau et le développement de la
constitution même de l'état, qui influe si puis-
samment sur le bonheur ou sur le malheur des
peuples; c'est l'histoire du droit public de la
nation, de ses lois, de ses mœurs, de ses assemblées, des progrès du pouvoir et des combats
de la liberté. A cette lecture, l'ame d'un François s'élève, il se compte pour quelque chose;
l'orgueil national y gagne, l'esprit public se
ranime; on sent une émanation de ces grands
sentimens de liberté, de patrie et de vertu, qui
règnent dans ses écrits. En effet, ce qui distingue cette histoire nationale de la foule des autres, c'est sur-tout l'esprit libre et patriotique
qui l'a dirigée; c'est que l'auteur s'est plus attaché à faire connoître les droits du peuple que
les caprices des rois, à éclairer les erreurs des
divers ordres de l'état qu'à pallier leurs fautes;
qu'il n'a point trahi la vérité; qu'il s'est également élevé contre l'anarchie et contre le despotisme. Ses principes ont été adoptés par tous
ceux qui n'ont point l'ame servile, les bons
citoyens, tous les François qui aiment encore la
patrie; et il nous semble que cet ouvrage est

généralement regardé comme le meilleur qui ait encore paru sur notre constitution, et celui qui a jeté le plus de jour et d'intérêt sur nos antiquités.

L'auteur s'est arrêté au règne de Philippe de Valois, et l'on en devine assez les raisons : mais que ceux qui aiment encore l'état, et qui ne craignent pas la vérité, se consolent ; nous leur apprenons que la suite des *observations* existe (*), et sans doute ils n'en seront pas privés. Nous pouvons d'avance les assurer que MABLY n'a point trahi son auguste ministère d'historien de vérité ; qu'il n'a point eu de lâches ménagemens pour le vice ; que l'intérêt croît à mesure qu'il approche davantage de notre époque ; que plusieurs morceaux y sont décrits avec la vigueur et l'énergie de Tacite : et le seul regret que nous ayons est de ne pouvoir, par des citations, justifier nos éloges.

Mais il est en effet des vérités que la prudence force quelquefois, non point à dissimuler, mais à renvoyer à d'autres temps. Nous ressemblons plus ou moins à ces despotes d'Asie, auxquels on ne peut faire parvenir la vérité qu'en l'enveloppant sous l'emblème des fables ou de l'allégorie.

_____

(*) *Note des Éditeurs.* La suite dont parle ici M. l'abbé Brizard, est contenue dans les trois derniers volumes de cette édition.

C'est le parti que prit MABLY. Pour mieux frapper ses contemporains, pour leur être impunément utile, pour donner plus d'autorité à ses leçons et un plus beau développement à ses idées, il osa prendre l'un des noms les plus révérés de l'antiquité. S'il emprunta la voix de PHOCION, s'il fit revivre ce sévère et vertueux disciple de Platon, c'étoit pour imprimer la sanction d'un grand homme aux instructions de morale et de politique qu'il vouloit donner à ses concitoyens. Il choisit son héros dans Athènes ; il le plaça immédiatement après le grand siècle de Périclès, au moment où la république, sortant du plus haut degré de gloire, étoit encore éblouïe de l'éclat de son administration ; mais où, déjà épuisée de sa magnificence, amollie par le luxe et les arts, corrompue par les sophismes et perdue de mœurs, enivrée de ses spectacles et de ses courtisanes, elle marchoit à grands pas, mais gaîment, vers sa décadence. C'est en ce moment en effet que Phocion, le Caton des Grecs, ne se laissant imposer ni par un faste menteur, ni par les dehors de l'élégance, ni par les arts, ni par l'apparence de la prospérité, opposoit presque seul ses leçons et son exemple au torrent des mœurs publiques. Il paroissoit dans l'assemblée des citoyens ; et bravant les flots irrités et les ris moqueurs de la multitude, il faisoit entendre sa voix sévère sur les maux dont ils étoient menacés : il leur montroit l'austère vérité, en dévoilant tout ce qu'ils avoient à craindre de leurs richesses, de leurs vices brillans, de leur amour effréné des spectacles, du luxe, de la perte des mœurs, de l'oubli de la patrie, du mépris des lois et des Dieux, du brigandage des finances, de l'éloquence vénale de Démosthène, et de la politique de Philippe.

Voilà celui que MABLY a choisi pour donner des leçons aux modernes Athéniens. Que ne puis-je, à mon tour, recueillir toutes les paroles de ce grand homme !

Phocion s'entretient avec ses amis des maux qui affligent la patrie ; il remonte à la cause de ces maux ; il ose en chercher les remèdes, et cet excellent citoyen n'a point encore tout-à-fait désespéré de la république.

Il a vu que la Perse, l'Egypte et la Grèce même n'ont été libres, heureuses et florissantes, que par la sagesse de leurs lois ; mais que bientôt les meilleures lois périssent, si elles ne sont mises sous la sauvegarde des mœurs. Dans tout pays les mœurs sont le rempart des lois ; il faut donc, tandis que la politique règle la forme et la constitution des états, que la morale règle la conduite et les actions des particuliers :

ce sont les vertus domestiques qui préparent les vertus publiques. Le législateur le plus habile est donc celui qui sait faire germer ces vertueux penchans innés au cœur de l'homme ; qui, connoissant tout le pouvoir des bonnes institutions sur l'esprit et les habitudes des citoyens, a l'art d'imprimer en leurs ames les sentimens dont il a besoin pour les rendre plus heureux en les rendant meilleurs ; enfin qui sait le mieux saisir les rapports secrets et l'alliance intime de la morale privée avec la politique, qui est la morale des états : cette alliance est telle, que si l'un de ces liens vient à se relâcher, elles perdent en même temps leur force et leur empire. L'oubli des mœurs entraîne l'oubli des lois ; le mépris des lois achève la perte des mœurs : il n'est plus de frein, et la porte est ouverte au luxe, à l'inégalité, à la discorde, à l'avarice, à l'ambition, à tous les vices qui précipitent la ruine de la république.

S'il est prouvé qu'un peuple ne peut être heureux sans mœurs, c'est-à-dire, s'il ne fait régner au dedans l'ordre et la justice entre tous les concitoyens ; si la prudence ne dirige ses démarches au-dehors ; s'il ne joint au courage la modération et l'amour du travail ; si l'égalité ne lui est chère ; si l'amour de la patrie n'est l'ame de toutes les actions des citoyens, et s'il ne se fortifie chaque jour dans l'exercice de ces vertus par la surveillance d'un magistrat suprême, je veux dire l'amour et le respect pour les Dieux ; puis-je douter que toute la politique ne soit fondée sur la morale, et que la vertu ne soit la base certaine et constante de la prospérité des états ? Que doit donc faire un législateur habile ? Pourquoi n'iroit-il pas réveiller dans le cœur de l'homme ces affections sociales qui y sont empreintes de la main même de l'Auteur de toutes choses ? pourquoi n'en feroit-il pas la base de ses institutions ? pourquoi n'enteroit-il pas ses lois sur les lois éternelles de la nature ? Elles seroient indestructibles comme elle. Tous les vrais plaisirs, les plaisirs purs de l'homme ne sont-ils pas dans le développement de ces qualités natives, dans l'exercice des vertus sociales, dans ce penchant irrésistible qui nous porte à chérir, à soulager, à secourir nos semblables ? L'éternelle bienfaisance nous a fait une loi des premières et des plus saintes affections de la nature. Elle a placé nos plus douces jouissances dans l'accomplissement des devoirs sacrés de père, de fils, d'époux, d'ami, de citoyen : c'est à ce prix que cette tendre mère a mis notre bonheur ; et c'est à développer ces germes heureux, à diriger nos plus doux penchans, que doivent tendre les lois de toute société bien ordonnée. Les principes de cette politique sont sûrs et invariables : il est vrai que cette science est trop simple pour vos sophistes, car elle se réduit à rendre facile la pratique des vertus.

Mais, s'écrie Phocion, si tous les sentimens généreux sont prêts à s'éteindre, si la corruption a gagné jusqu'au cœur de l'état, cherchez-y la dernière étincelle de la vertu ; pour l'exciter, servez-vous de cet amour inné de la gloire, de toutes les passions nobles, celle qui meurt la dernière chez un peuple corrompu. Commencez par ranimer celle-là, pour donner de nouveaux ressorts et créer de nouveaux organes à la machine entière, et tâchez, de vertus en vertus, de remonter jusqu'aux bonnes mœurs. Mais, Athéniens, poursuit Phocion, est-ce là ce que vous faites ? Soyez vous-mêmes vos propres juges. Vous avez oublié les sages institutions de vos ancêtres ; les goûts simples de la nature n'ont plus pour vous de charmes : vous vous êtes abandonnés à tous les délires du luxe, vous avez brisé tous les liens qui unissent les citoyens ; la vertu vous importune ; vous avez fait mourir Socrate, et forcé Aristide à languir dans l'exil : vous souriez avec dédain à ceux qui osent encore prononcer le vieux mot de patrie : la gloire ne vous enflamme plus ; elle n'est plus qu'un vain nom : vos Rhéteurs et vos Sophistes vous ont affranchis de tout devoir ; vos Laïs et vos Histrions ont fait le reste. L'amour des plaisirs, la mollesse et le luxe ont fondu vos ames ; le mépris des lois a suivi le mépris des Dieux : l'argent est le seul Dieu de la Grèce. Qu'est-il devenu ce temps où une branche de laurier suffisoit à l'ambition d'un grand homme ? Nos pères ont fait de grandes choses avec de petits moyens ; et nous, qu'avons-nous fait avec tous les trésors de la Perse ? « Ah ! si l'argent est aussi puissant que le disent les Athéniens, que n'achetons-nous un Miltiade, un Thémistocle, des citoyens et des héros (*). »

O Minerve ! souffriras-tu qu'Athènes soit livrée aux barbares ? Quel est le génie puissant qui pourra nous régénérer ? O ma chère patrie ! « combien nous aurions besoin d'un Lycurgue qui nous fît une sainte violence et nous arrachât par force à nos vices ! (†) »

Ainsi parloit Phocion ; ainsi, dans ses entretiens, il développoit à ses disciples et à ses concitoyens les leçons de la sagesse, les principes de la morale, et ses rapports secrets avec la politique. Son style s'animoit, quand il par-

_____

(*) *Entretiens de Phocion*, p. 148.
(†) *Ibid.* p. 183.

loit de la patrie et de la vertu ; il s'enflammoit d'une sainte indignation quand il gourmandoit les vices. On sait comment les Athéniens reconnurent son zèle. Ils traitèrent Phocion comme ils avoient traité Socrate ; tant il étoit dangereux de dire la vérité à ce peuple aimable et léger ! Ils s'en repentirent, mais trop tard. Déjà tout étoit perdu : Athènes devint successivement l'esclave de Lacédémone, des trente Tyrans et de Rome.

Phocion avoit fait notre histoire ; le voile étoit léger, on devina Nicoclès. Personne ne crut l'ouvrage antique ; mais, à la morale qui y respire, à l'amour du beau, du juste et de l'honnête, à ce goût sévère qui y règne, on le jugea digne des anciens. Il a toute la pureté du trait et la simplicité des formes antiques. La raison même y parloit par la bouche de Phocion, et l'on croyoit encore entendre le disciple de Platon, qui avoit receuilli les leçons de la sagesse, de la bouche même de Socrate.

Aussitôt que l'ouvrage parut, il fut placé au rang des meilleurs écrits du siècle. Une république, célèbre par la sagesse de ses lois, de son propre mouvement, le proclama comme la production d'un écrivain supérieur et d'un excellent citoyen. Elle invita Nicoclès à laisser tomber le voile : alors seulement on apprit que c'étoit à l'auteur du droit public qu'on devoit les Entretiens de Phocion. Cet hommage si honorable fut le premier de cette nature, et il acquit peut-être encore un nouveau prix quand, deux ans après, une pareille couronne fut décernée de la même manière à l'immortel auteur du Traité des délits et des peines. Grâces vous soient rendues, ô vénérables citoyens de Berne, d'avoir ainsi acquitté la dette sacrée de l'humanité ! MABLY, Beccaria, que vos noms ne soient jamais séparés dans ses fastes!

Dès lors, si MABLY l'eût voulu, tous les corps littéraires se seroient empressés de l'adopter ; les portes de toutes les académies lui eussent été ouvertes ; mais il lui suffisoit qu'on l'en jugeât digne. Ne chérissant rien tant que cette douce obscurité pour sa personne, et cette précieuse indépendance si chère au génie, redoutant toute espèce de chaînes, il se déroboit à sa renommée, il s'abandonnoit librement à ses vertueux penchans, loin du bruit, des querelles, des partis et des prôneurs. Il est si doux de pouvoir, sans intrigue et sur-tout sans protecteurs, cultiver en paix sa raison, de s'entourer d'illusions aimables et consolantes, d'exercer son ame, de perfectionner son être, de se livrer à des occupations délicieuses qui sont le charme de la vie ! Tandis que tant d'intrigans subal-

ternes poursuivent le bonheur et le cherchent
où il n'est pas, il vient s'asseoir dans le cabinet
d'un sage, d'un savant modeste, qui n'a d'autre ambition que d'être utile aux hommes et
d'éclairer ses semblables : l'estime publique et la
considération personnelle vont l'y chercher ; c'est
le noble fruit et la douce récompense de ses travaux. Il peut se dire à lui-même avec un modeste orgueil : je ne dois rien qu'à moi seul ;
j'ai payé à mon pays ma dette de bon citoyen ;
j'ai marqué honorablement la trace de mon passage sur la terre ; j'ai lié mon existence à des
vérités utiles et profitables à ma patrie ; j'ai attaché mon nom à des ouvrages qui ne mourront
point ; je n'ai point à rougir de l'emploi de mes
talens, et j'ai confié le dépôt de ma renommée,
et commis le soin de ma gloire à la reconnoissance de mes concitoyens.

Sparte moderne venoit d'adopter la politique
bienfaisante et la morale éclairée du moderne
Phocion ; une autre république lui rendit un
hommage encore plus flatteur. La Pologne,
fatiguée des convulsions de l'anarchie, s'adressoit
à MABLY pour lui demander des lois, comme
autrefois les Athéniens, lassés des orages de la
liberté, s'adressèrent à Solon pour régénérer la
république.

La Pologne, prête à périr, avoit encore dans

son sein des ames élevées et patriotiques, de
grands citoyens qui désiroient ardemment de
remédier aux maux de l'état. Ils s'étoient for-
tifiés par les liens d'une confédération, unique
et dernier rempart contre la servitude. Ils avoient
juré de soutenir la république sur le bord de
sa ruine, et l'excès du malheur leur avoit rendu
toute leur énergie. Tandis que d'un côté ces
braves Polonois, le sabre à la main, défendoient
les restes de leur liberté, de l'autre ils solli-
citoient les lumières des sages et des politiques,
pour chercher le remède à tant de maux, et
donner une nouvelle constitution à la république.
Ils jetèrent en même temps les yeux sur deux
hommes célèbres, avec des talens bien différens,
mais qui, sous un point de vue cependant,
avoient un mérite commun, celui d'avoir le
mieux connu et le mieux développé les vrais
principes de tout gouvernement ; l'auteur du
Contrat Social, et celui des Entretiens de
Phocion. Cette déférence d'un peuple libre à
l'égard de deux hommes qui n'avoient que du
génie et de la vertu, nous transporte dans ces
temps où les sages et les philosophes étoient
choisis pour être les législateurs des nations ;
et si une pareille confiance est le plus bel
hommage qu'on puisse rendre aux talens unis
à la vertu, peut-être la concurrence avec le

citoyen de Genève dût-elle secrètement flatter l'auteur de Phocion, autant que le suffrage de la république.

JEAN-JACQUES et MABLY travaillèrent chacun de leur côté, et nous avons leurs ouvrages : l'amour du bien public a dirigé leur plume. Il s'agissoit de donner à la Pologne, non les meilleures lois possibles, mais les meilleures qu'elle pût supporter. Combien ne seroit-il pas utile de comparer les moyens différens que ces deux philosophes ont indiqués pour parvenir au même but ; de suivre la marche que chacun d'eux propose pour arriver à la réforme désirée ; de rapprocher leurs principes, et développer le plan qu'ils ont tracé pour bien pondérer tous les pouvoirs de la république ! Mais le temps et l'espace nous manquent également pour cette intéressante discussion.

Tous deux attendent beaucoup de l'amour de la patrie, de cet élan que la vertu peut donner à des hommes libres. Rousseau y porta cette chaleur de sentiment, cette force de persuasion, en un mot, l'ame et l'éloquence qu'il lui étoit impossible de ne pas mettre dans ses immortels écrits. MABLY, plus circonspect, plus méthodique, et qui d'ailleurs avoit fait le voyage de Pologne pour examiner les choses de plus près, a peut-être tracé un plan plus régulier ; mais tous deux ; sans s'être communiqués , s'accordent sur les bases fondamentales , les rapports de la morale et de la politique , les principes propres à régénérer la Pologne. Tous deux s'élèvent avec force contre l'abus intolérable du *Liberum veto* , le défaut de discipline , les désordres de l'anarchie , le trop grand pouvoir des magnats. Tous deux leur crient d'armer leurs cœurs contre la corruption des nations voisines , proscrivent cette politique d'argent qui mine tous les états modernes, rejettent les récompenses pécuniaires ; les troupes mercenaires ; ils veulent que les défenseurs de l'état soient des citoyens , et qu'ils ne coûtent rien à la république. L'un et l'autre insistent sur la force des lois , l'empire des mœurs , la nécessité d'une éducation nationale qui en resserre les liens et en perpétue l'esprit. Mais le point essentiel sur lequel leurs voix se réunissent avec le plus de force et d'éloquence , c'est lorsqu'ils plaident la cause de l'humanité contre l'oppression , et qu'ils parlent en faveur du peuple esclave et de la liberté. Tant que vos paysans et vos malheureux vassaux gémiront dans les fers de la servitude , point de patrie pour eux , point de gouvernement pour la Pologne : adoucissez peu-à-peu leur joug ; montrez-leur en perspective le prix qui les attend ; préparez ces ames avilies par la servitude , à supporter le bienfait de la liberté : sans cette précaution, ils ne pourroient en soutenir l'éclat. " N'affran-chissez leurs corps qu'après avoir affranchi leurs ames, " s'écrie Rousseau. " On ne viole point impunément les lois de la nature, dit MABLY; la terre veut être cultivée par des mains libres; la servitude frappe les hommes et les terres de stérilité. " En un mot, faites aimer vos lois, et vous aurez une patrie et des citoyens ; c'est par l'espoir d'un meilleur sort, c'est par l'amour qu'il faut attacher les hommes à la patrie ; et de bonnes lois peuvent seules opérer ce miracle. Les points mêmes sur lesquels les deux philo-sophes diffèrent, peuvent infiniment éclairer la nation sur ses vrais intérêts. Leurs raisons respectives méritent bien d'être pesées, et peuvent jeter un grand jour sur cette discussion, d'où dépend peut-être tout le malheur ou le bonheur des Polonois.

Si les leçons de ces sages n'ont pas produit tous les bons effets qu'on étoit en droit d'en attendre, c'est que des causes étrangères ont disposé trop impérieusement des événemens; c'est que l'ambition et l'avarice ont rencontré des ames vénales ; c'est que les préjugés de la noblesse Polonoise parlent encore trop haut pour laisser entendre la voix de la raison ; enfin c'est que les lumières, concentrées chez quelques grands, ne sont pas généralement répandues; et que le flambeau de la philosophie n'a pas encore éclairé ces contrées. La Pologne est, à plusieurs égards, ce qu'étoit l'europe entière il y a dix siècles ; c'est une nation qui est encore à créer : sans doute un moment viendra où les braves Polonois mettront à profit des avis si salutaires, où ils examineront plus à froid les institutions qui leur sont proposées ; ces semences germeront : dans peu d'années, où la république n'existera plus, où elle se régénèrera d'après les leçons réunies des deux sages. Alors, sans doute, ils élèveront un monument à leurs législateurs, et les noms de JEAN-JACQUES et de MABLY seront associés par la reconnoissance publique sur les bords de la Vistule.

Les princes, ainsi que les républiques, réclamoient les lumières d'un écrivain qui avoit si bien approfondi la science des gouvernemens, et démontré l'alliance toujours nécessaire de la morale avec la politique. On voulut former au grand art de régner un jeune Bourbon, et aux leçons tracées par les Bossuet et les Fénelon, on désira joindre celles de MABLY, et il fit pour le prince de parme son livre de l'Etude de l'Histoire. Il fut comme le mentor de ce jeune Télémaque, et le conduisant d'états en états, il lui fit observer les mœurs, les lois, les usages de tous les pays, la forme de toutes les constitutions anciennes et modernes, en lui faisant sentir les avantages et les inconvéniens de chacune. Cet ouvrage, sous un titre peut-être trop modeste, est l'un des plus importans qui soient sortis de sa plume, et par le but que l'auteur s'y propose, et par la manière dont il l'a traité : c'est le résultat de l'expérience de trente sciècles ; on pourroit l'intituler Morale de l'Histoire : et toutes ces vérités semées à longs intervalles dans l'espace immense des temps, il les a rassemblées dans un petit volume, pour servir d'instruction aux hommes et de modèle aux princes.

En effet, si l'histoire, dont le but constant est de nous rendre meilleurs, est un cours de morale en action pour tous les hommes, elle est encore une école de politique pour tous les princes destinés à régner. Quand la voix des flatteurs les adule et les trompe, la voix de l'histoire leur dit sans lâches ménagemens, que leur mémoire sera flétrie s'ils vivent dans la mollesse et l'oisiveté, et qu'ils seront l'exécra-tion de la postérité, s'ils sont les fléaux et les tyrans de leurs peuples. Elle les avertit que rien n'échappe à son œil vigilant ; qu'elle im-mortalise leurs crimes ainsi que leurs vertus, et que chaque vice du prince est une calamité publique. Elle leur répète à chaque page qu'ils sont institués pour faire le bonheur des hommes ; que c'est leur devoir, qu'ils ne sont que les agens de la société, et que les rois sont faits pour les peuples, et non les peuples pour les rois.

En posant d'abord les fondemens de toute société bien ordonnée, MABLY réduit à un petit nombre d'élémens toute la clef cette science politique dont des charlatans et d'étroits génies ont fait tant d'étalage ; puis il fait passer sous les yeux de son élève tous les états, les peuples, les empires ; non pour satisfaire une vaine curiosité, mais pour servir à l'application de ses principes, pour démêler à quelles causes ces états ont dû leur force et leur prospérité, quels vices ont amené leur décadence et consommé leur ruine. En méditant sur ces causes et en découvrant ces vices, il trouve par-tout les mêmes résultats : ce n'est point au hasard que sont arrivées ces révolutions ; tous ont fini par les excès du luxe et de l'inégalité, le mépris des lois, l'abus du pouvoir, l'oppression, la révolte : toujours les mêmes causes ont produit les mêmes effets, et les états se sont plus ou moins rapprochés du bonheur, à mesure qu'ils se sont plus ou moins rapprochés de ce grand principe qui nous crie d'étendre l'empire des lois, et de restreindre le pouvoir des hommes.

Après avoir soumis à cet examen sévère, et, pour ainsi dire, à cette pierre de touche, les gouvernemens actuels de l'Europe, marqué le période où ils se trouvent de leur splendeur ou de leur décadence, et assigné le rang qu'ils occupent dans l'échelle des constitutions politiques, il ramène l'attention de son jeune élève sur ses propres états, et l'invite à entreprendre une réforme nécessaire. Il lui trace les premiers pas dans la carrière ; il le presse par toutes les considérations qui peuvent toucher une âme bien née et un souverain sensible ; il pique d'émulation un jeune cœur qui n'est point encore corrompu par la voix de la flatterie ; il l'excite par l'exemple des grands hommes, et lui montre la gloire immortelle qui attend un législateur, les hommages et les respects de l'Univers, qui volent au-devant de lui, et la postérité occupée à bénir sa mémoire.

Un tel livre devroit être le manuel des souverains. Je ne crois pas que la vérité ait jamais pris un plus fier langage, un ton plus ferme et plus énergique, sans s'écarter de la décence et des égards qu'on doit au rang et à la naissance. S'il a fait retentir les droits de l'homme à l'oreille superbe des rois, ce n'est point l'auteur, ce sont les événemens qui viennent instruire et parler. Cet ouvrage est peut-être le premier qu'on de-

vroit mettre entre les mains d'un jeune prince ;
c'est dans de tels livres que les héritiers du trône
devroient apprendre à lire. Sans doute il ne sera
point oublié dans l'éducation de l'auguste enfant sur qui repose l'espoir d'un grand empire.
Faisons des vœux pour qu'il laisse dans cette
ame neuve et tendre de longs et profonds sou-
venirs ; ce sera le gage du bonheur des générations futures.

Ce livre n'est pas assez connu. Nous osons
réclamer contre l'indifférence et la frivolité de
la plupart des lecteurs ; tandisqu'ils s'égarent
dans cette foule de productions sans caractère,
nous osons les rappeler à une lecture facile,
propre à les instruire des droits et de la dignité
de l'homme, à élever leur ame, à nourrir leur
esprit de vérités substantielles, digne enfin d'être
méditée par toutes les classes de citoyens d'une
nation éclairée et sensible, qui cherche à sortir
de sa trop longue létargie.

MABLY avoit dit et prouvé que la prospérité des
états est fondée sur les lois, et les lois sur les
mœurs qui sont la vertu publique, en l'annonçant
aux princes, aux républiques, à tous les hommes,
il avoit regretté de ne pouvoir poser lui-même
les bases de ces lois. Il crut cette vérité d'une
assez grande importance, et la matière assez
belle pour devoir l'approfondir et en faire l'objet

d'un traité particulier ; il avoit même annoncé dans les derniers chapitres de l'étude de l'histoire, que si ses forces le lui permettoient, il auroit le courage d'entreprendre un tel ouvrage. Il recueillit donc toutes ses facultés, rassembla les leçons qu'il avoit puisées à l'école des Platon, des Xenophon, des Ciceron, et de tous les sages de l'antiquité : il y joignit ses propres méditations et les vérités éparses dans ses précédens écrits ; il sut les enchaîner et les présenter dans cet ordre qui prête une nouvelle lumière à la raison, et de nouvelles forces à la vérité ; il en fit un tout où il embrassa la science entière de rendre les hommes bons, sages et heureux. Il s'éleva, pour ainsi dire, au ton et à la dignité de législateur, et donna son livre des Principes des lois ou de la législation. Malgré notre envie d'abréger, nous ne pouvons nous dispenser d'en présenter les idées générales, et d'entrer dans quelques détails : forcés de nous resserrer, nous serons encore trop longs ; sans doute nous avons besoin d'un peu d'attention et de beaucoup d'indulgence.

Si, comme on n'en peut douter, le bonheur ou le malheur des hommes tient à une bonne ou à une mauvaise législation, il n'est rien de plus important à étudier que les principes qui doivent servir de bases à un législateur ; c'est, en d'autres termes, examiner quels moyens sont donnés à l'homme pour rendre la société heureuse et florissante; c'est la première des études, c'est la plus nécessaire des connoissances.

Mais quel spectacle frappe d'abord un observateur qui s'élève au-dessus des idées vulgaires, quand il considère quelle est la condition de l'homme, et à quels caprices sont livrées les lois qui enchaînent les sociétés? Quel contraste entre les vues de la nature et l'ouvrage de l'homme! « L'homme est né libre, et il est par-tout dans les fers (*). » La nature nous avoit fait égaux, et le genre humain rampe sous les pieds de quelques individus; elle nous avoit donné à tous les mêmes droits au bonheur, et le malheur couvre la surface de la terre; l'homme est né bon, et les hommes sont méchans : d'où vient ce renversement des choses ? C'est que toutes les sociétés se sont plus ou moins éloignées des vues de la nature.

En effet, tous les maux de l'homme ne viennent que de sa négligence à se conformer à ces vues éternelles : l'égalité dans la fortune, et celle des conditions, étoit la première loi peut-être, à laquelle cette mère commune avoit attaché le bonheur des individus et la prospérité

(*) Jean-Jacques Rousseau.

des états, et nous avons tout fait pour détruire cette précieuse égalité. Les mêmes organes, la même intelligence, les mêmes penchans, les mêmes besoins déceloient la même origine, et il nous a plu délivrer entre les enfans de la mère commune un mur de séparation, qui nous rend étrangers les uns aux autres, et qui, d'un peuple de frères, fait un peuple d'ennemis. Nous avions tous, aux fruits et aux productions spontanées de la terre, le même droit qu'à l'air que nous respirons, qu'à la lumière qui nous éclaire; et voilà que nous avons partagé la terre; nous en avons donné la propriété à quelques familles privilégiées, et nous avons déshérité le reste du genre humain du patrimoine commun de la nature. Nous avons tout donné aux uns et tout ôté aux autres; puis nous avons livré ceux-ci sans défense, leurs bras, leur sang, leurs vies, leur existence entière à la merci des premiers; et parce que de quelques-uns il nous a plu de faire des Dieux, les autres ne sont pas même des hommes. Après avoir ainsi perverti les intentions de la nature, avons-nous droit de nous en plaindre, et n'est-ce pas la calomnier que de lui reprocher les maux dont nous sommes seuls les auteurs?

Mais si les lois de la nature sont oubliées, si les droits de l'homme sont foulés aux pieds,

ils n'en sont pas moins imprescriptibles; et de
temps à autres quelques philosophes, stipulant
pour l'espèce humaine, ont élevé la voix, et
protestant contre la surprise, l'oppression et la
violence, ont attesté la première des lois, celle
qui est antérieure à toutes les autres : ainsi de
nos jours ont fait le sage Locke, Montesquieu,
Beccaria, le citoyen de Genève et l'abbé de
MABLY. Ils ont réclamé les droits sacrés de la
nature ; et pour me servir d'une expression déjà
consacrée, le genre humain avoit perdu ses titres,
et ils les ont retrouvés; ils les ont lus sur le front
de l'homme, et mieux encore au fond de son cœur,
où ils étoient écrits en caractères indélébiles :
on peut les obscurcir, mais jamais les effacer.

Tous ces maux sont donc notre ouvrage.
Dès qu'un homme, se jugeant d'une nature
supérieure, s'est cru en droit d'assujettir la
volonté d'un autre à la sienne ; dès qu'il s'est
arrogé une portion exclusive dans les biens communs, et que la propriété a été établie, les
passions, irritées par la jouissance, n'ont plus
connu ni frein ni bornes ; toutes les idées d'égalité ont été détruites. L'ambition et l'avarice ont
partagé le monde. Il y a eu des puissans et des
foibles, des riches et des pauvres, des grands
et des petits ; et les lois, qui devoient garantir
à l'homme son égalité primitive et son indépendance,

pendance, ont appesanti le joug, consacré l'injustice et légitimé les usurpations. On en est venu au point d'imaginer, ou plutôt on a feint de croire qu'il y avoit des races privilégiées destinées à commander, et d'autres déshéritées par la nature, qui étoient nées pour obéir. Nous avons supposé à cette mère commune les caprices et les préférences d'une marâtre : de là, nous avons accumulé sur la tête des uns les faveurs, les dignités, les distinctions, le pouvoir, les richesses, comme leur apanage héréditaire ; et, par une conséquence tout aussi juste, nous avons jugé que la misère, le dénuement, le travail, l'opprobre et le mépris étoient le partage nécessaire des autres. D'un côté, le temps, la force et la ruse ; de l'autre, l'ignorance, l'habitude et les préjugés ont tellement obscurci la raison primitive et les lumières naturelles, que les uns se sont crus de bonne foi nés avec les chaînes de la servitude, et les autres avec un sceptre ou une verge de fer ; et ces idées éternelles d'égalité et de liberté se sont tellement éteintes dans ces races dégradées, qu'elles ont perdu jusqu'à la trace de leur noble et céleste origine. L'égalité a été traitée de chimère et de paradoxe, et a fini par devenir un problème qu'on donnoit à résoudre aux savans et aux académies.

Tome I. D

Plus ces lois partiales ont favorisé certaines familles au détriment des autres, et plus d'abus ont infecté les sociétés; moins elles ont connu l'innocence et le bonheur. D'un côté ont germé l'orgueil, l'ambition, l'avarice, la dureté, le mépris de l'homme, et tous les attentats de la violence et de l'oppression; et de l'autre, tous les vices des esclaves, la corruption, l'opprobre, l'oubli de la vertu, et tous ces crimes bas qu'enfantent l'extrême misère, l'avilissement, et la nécessité qui n'a point de loi. De là cette lutte perpétuelle, cette guerre sourde entre toutes les classes de la société, cette conspiration du luxe contre la misère, du fort contre le foible, des grands contre les petits, de celui qui a tout contre celui qui n'a rien; l'oppression du puissant qu'il appelle justice, les réclamations des foibles qu'on appelle révoltes; enfin la haine, les dissensions, la guerre ouverte, les combats qui ensanglantent la terre, et font de ce triste globe un champ de meurtres et de carnage. Nous n'avons que trop expié le crime d'avoir méprisé la voix et perverti les intentions de la nature.

Les institutions les plus sages seroient donc celles qui, prévenant de si funestes abus, combleroient l'intervalle immense qui sépare un homme d'un autre homme, et qui nous rappelleroient aux lois éternelles de la nature ; mais comme il est impossible de rétrograder, que jamais la société ne pourra remonter à ces lois primitives, que l'égalité parfaite est maintenant une chimère, et qu'on ne pourroit pas plus la réaliser que l'âge d'or des poëtes, ou la république de Platon ; dans l'état des choses, que doit donc faire, et quel but doit se proposer un habile législateur ?

Chercher quelle est la mesure de bonheur auquel l'homme peut aspirer dans une société bien ordonnée, et à quelle condition il nous est permis d'être heureux. L'homme a consenti de sacrifier une partie de ses droits et de sa liberté pour assurer le reste ; il s'est imposé des lois ; il a fallu armer des magistrats de la force publique, pour faire exécuter ces lois : ce n'est donc plus l'égalité primitive, mais l'égalité politique, qui peut régner entre les citoyens du même état : et la liberté civile, qui n'est autre que le droit de faire tout ce que les lois permettent (*), ce n'est plus au titre de la nature, mais en vertu du pacte social, que nous en devons jouir. Si les lois ne sont que l'expression de la volonté générale ; si l'on a eu la sagesse de leur donner l'autorité qu'ailleurs

(*) Montesquieu.

on a imprudemment confiée aux hommes ; si personne n'est au-dessus de ces lois ; si elles répriment l'ambition des particuliers, qui détruiroit cette égalité, et celle des magistrats, qui détruiroit la république ; si ceux-ci ne peuvent jamais abuser de leur pouvoir et sont comptables à l'état de leurs actions ; si, depuis le plus élevé jusqu'au dernier des citoyens, tous ont un droit égal à la protection des lois, et qu'aucun ne puisse être impunément opprimé par l'autre, quel que soit son rang et sa dignité : alors règnera cette égalité politique qui assure les biens, la liberté et la vie de chaque individu, la seule à laquelle nous puissions aspirer, mais dont la perte tendroit à dissoudre la société entière. Que seroit-ce en effet, s'il y avoit un pays où un homme irréprochable pût trembler pour sa liberté ; et qu'à un coupable souillé du sang d'un citoyen, au lieu d'épouvanter les méchans par son supplice, on vînt à prodiguer des récompenses, des dignités, des honneurs et de l'argent ? Si on pouvoit citer un pareil exemple dans les annales d'un peuple, seroit-il besoin de demander, si dans ce pays il y a des lois et une patrie ?

Ces lois doivent être aussi vigilantes à enchaîner l'avarice, qu'à mettre un frein à l'ambition : si elles sont tellement dirigées, qu'elles

gênent l'accumulation des richesses et la trop
grande inégalité des fortunes ; si elles s'attachent
à rapprocher les degrés extrêmes , à diminuer la
distance qu'il y a entre le riche et l'indigent , et
tendent à diviser les propriétés en portions plus
égales ; si la république flétrit les fortunes scan-
daleuses ou trop rapides , et sait honorer la
pauvreté vertueuse ; si d'un côté elle proscrit
le luxe qui dévore tout , et de l'autre la men-
dicité , cette lèpre des états modernes , et qu'elle
soit plus occupée à diminuer les besoins qu'à
augmenter la recette , à prévenir la déprédation
qu'à lui fournir de nouveaux alimens ; si les
subsides nécessaires portent sur la classe opu-
lente ; si le fruit des sueurs du pauvre , le plus
pur sang des peuples , ne devient point la proie
des favoris , des aigles et des vautours ; si les
ames ne sont point vénales ; si les citoyens ne
croient pas que l'argent soit le prix de tout , que
tout peu s'acheter , même le mérite , la réputation et la vertu ; si la fortune n'est pas l'unique
idole ; si l'état ne souffre pas qu'à toutes les grandes
places , qu'à toutes les dignités de la cour , de la
magistrature , de l'église et de l'armée , soient attachés des profits énormes qui font désirer ces places ; non pour l'honneur de servir la patrie , mais
pour les vils gains qui y sont attachés : alors on
peut espérer de voir fleurir avec l'égalité poli-

tique, la modération, l'innocence des mœurs, la
piété fraternelle, les antiques vertus. Autant
l'extrême inégalité dégrade l'ame et l'avilit, autant
l'égalité l'agrandit et l'élève ; ce sentiment de
la dignité de l'homme l'ennoblit à ses propres
yeux. Il l'imprégnera d'une force et d'une énergie qu'il ne peut déployer sous la verge du despotisme, le préparera à toutes les impressions honnêtes qu'on voudra lui donner, et lui rendra
facile la pratique de toutes les vertus : tels sont les
premiers élémens du code qu'a tracé MABLY.

Ce n'est donc point dans la vaine distinction
des climats, ce n'est point en consultant le ther-
momètre, c'est dans la nature même des choses
et dans le cœur de l'homme qu'il va puiser les
principes qui doivent servir de base à une législation sage et éclairée. Dans tout pays, dans
tout climat, l'homme qui n'est point dégradé
chérit sa conservation, a le désir et le sentiment
du bonheur, aime sa liberté. Toutes les lois
qui lui assureront ces biens, qu'il tient des
mains de la nature, lui seront chères et précieuses. Que ces lois soient claires, précises, en
petit nombre, et sur-tout qu'elles soient impartiales ; car il n'y a que celles-là de justes. Si le
foible y trouve une égide et un refuge, si le
puissant n'y peut dérober sa tête ; si sous leur
empire, ma maison, mon champ, ma personne,

mon honneur et ma liberté sont sacrés, je ché-
rirai ces lois protectrices qui m'assurent tous les
biens que m'avoit promis la nature.

Mais si ces lois sont vicieuses, ou leur inter-
prétation arbitraire ; si elles élèvent au-dessus
de ma tête une classe d'oppresseurs, et lui livrent
toutes les autres classes de la société : si elles
n'enchaînent que le foible et l'infortuné, et
prêtent de nouvelles armes au plus fort ou au
plus méchant ; si ces lois impuissantes m'aban-
donnent lâchement au moment que j'en réclame
la protection ; si l'oppresseur, loin de trouver
en elles un frein et un juge, y cherche un
asile et l'impunité ; et qu'au lieu de la protéger,
elles accablent l'innocence : comment pourrois-
je aimer ces lois, et croire que la patrie qui les
a adoptées, soit la mère commune des citoyens ?

Pour intéresser à leur conservation, il faut
encore qu'elles soient douces et humaines ; il faut,
si je l'ose dire, planter la racine des lois dans
le cœur des citoyens. Mais la plupart des législateurs n'ont su qu'imprimer la terreur ; ils ont
oublié que les lois ne sont pas seulement ven-
geresses des crimes, mais conservatrices de l'innocence et de la verte. Ils en ont fait l'instrument
de leurs passions, de leurs vengeances et de
leurs caprices. De là ces lois féroces, nées dans
des siècles d'ignorance et de barbarie, qui ont

gouverné si long-temps l'Europe ; de là les cachots, les instructions secrètes, la torture, l'inquisition civile et religieuse, les procédures mystérieuses, ce langage inintelligible qui a fait des lois autant de logogriphes ; les amendes, les confiscations, tous restes d'un siècle barbare dans un temps de lumières, et qui attendent la main d'un législateur humain et bienfaisant. Il semble que ce soit le bourreau qui ait fait l'ancien code criminel de presque tous les états de l'Europe.

Si ces lois ne règnent en effet que par la crainte et la terreur ; si elles ont totalement négligé d'intéresser les cœurs et l'ame des citoyens ; si elles n'ont point cherché à développer les affections naturelles et les qualités sociales de l'homme ; si elles n'ont songé qu'à punir, et jamais à prévenir le crime, jamais à encourager la vertu ; si ces lois ont été l'ouvrage de la force et l'instrument de l'oppression ; si la juste proportion entre les délits et les peines n'y est point observée ; si elles ne pèsent que sur le foible, et que ce soit une prérogative du rang et de la naissance de pouvoir les éluder ; si elles se font un jeu d'accabler l'innocence et d'effrayer la vertu ; enfin, si elles ne veulent régner que par des châtimens sur des esclaves, et non par l'amour sur de libres citoyens ; ceux qui en profitent ou qui en abusent, peuvent fort bien les aimer, mais jamais ceux qui en sont ou qui peuvent en être les victimes.

Ce n'est pas tout encore; et vos lois fussent-elles aussi sages que celles du sage Platon, quel bien produiront-elles, si le législateur n'a l'art de mettre les lois sous la sauvegarde des mœurs, comme il a mis les mœurs sous la sauvegarde des lois? Si elles ne sont pas appropriées au génie, au caractère, aux besoins de la nation à laquelle elles sont destinées, le torrent des mœurs publiques emportera toutes les digues qu'on voudra lui opposer; l'édifice une fois ébranlé s'écroulera de toutes parts. Il n'y a pas un peuple corrompu qui n'ait dans ses archives les plus belles lois du monde; il ne leur manque rien que d'être exécutées.

Mais comment donner des mœurs à un peuple? En commençant par lui donner une patrie; et jamais vous ne lui donnerez de patrie, s'il n'a d'abord une bonne constitution politique: car ce ne sont ni les murailles d'une cité, ni le sol d'un pays, mais un bon gouvernement fondé sur des lois justes, qui font le citoyen et la patrie. Dans toutes les villes d'Orient il n'est pas un seul citoyen; et quand, avant la bataille de Salamine, les Athéniens se sauvèrent sur la mer, ils emportoient avec eux leurs lois et leur

patrie ; tout Athènes étoit sur leurs vaisseaux.
Une bonne constitution est donc au corps politique ce qu'elle est au corps physique; c'est la
santé des états : elle résiste à toutes les attaques.
Dans un corps débile , énervé , vous pouvez
avoir quelques jours heureux , quelques jouissances passagères; mais point de bonheur constant sans une constitution saine et robuste.

Si au contraire tous les membres du corps
politique jouissent d'un entier développement ,
se correspondent , se prêtent une force mutuelle ,
et participant tous au suc nourricier de la vie ,
concourent à l'harmonie générale , on peut dire
que l'état jouit d'une santé forte et vigoureuse ,
et que les lois qui sont l'ame de ce grand
cops , et lui impriment le mouvement , sont
sagement combinées. Or , quand un peuple libre a fait lui-même ses propres lois , ou les a
consenties par un pacte volontaire , il s'attache
à ces lois , et parce qu'elles font son bonheur ,
et parce qu'elles sont son ouvrage ; il s'identifie
avec elles ; il ploie insensiblement ses inclina-
tions et ses habitudes sous ce joug salutaire , et
ses mœurs sont le fruit heureux des lois. Si
des institutions sociales resserrent encore ses liens
et favorisent les plus doux penchans de la nature; si les premiers biens de l'homme et ses
premiers droits , c'est-à-dire , l'égalité , la li-

berté, sa sureté, lui sont garantis par le contrat social, sans doute il aimera mieux vivre
sous l'empire de ces lois que sous aucun autre ;
il ne pourroit que perdre au change ; il sera intéressé à leur conservation ; il trouvera beau et
glorieux de mourir pour elles ; rien ne lui sera
plus cher que son pays ; il le défendra jusqu'à
son dernier soupir ; alors, il aura véritablement
une patrie et des mœurs.

Une telle constitution donne de la permanence
aux mœurs, et les mœurs à la constitution ;
mais pour assurer ces fruits heureux, pour donner plus de force à leurs institutions, il est
d'autres ressorts que les sages législateurs n'ont
point négligé d'employer ; les deux plus puissans sont l'éducation et le culte public.

Quant au premier de ces mobiles, quel avantage les anciens n'avoient-ils pas sur nous par
leur éducation publique ? La patrie s'emparoit
de l'enfant au moment de sa naissance, et ne
le quittoit plus qu'elle ne l'eût fait homme et
citoyen. Alors elle le rendoit à la république ;
elle lui avoit créé un caractère ; elle lui avoit
imprimé une marque nationale qui le suivoit
par-tout ; elle avoit fait germer dans le cœur d'un
enfant toutes les vertus dont elle avoit besoin,
lorsqu'il seroit homme, elle les enflammoit tous
de ce saint enthousiasme, de cet amour pour la

patrie, qui lui faisoit de leurs vies un rempart plus fort que les murailles et les bataillons ; elle transmettoit, des pères aux enfans, cette riche succession de mœurs et de vertus ; elle allumoit en ces ames tendres ce feu sacré, éteint depuis si long-temps dans la plupart des états modernes. Là, au milieu de leurs jeux, se retraçoit l'image de leurs devoirs ; on leur apprenoit la justice, la tempérance, l'amour du travail et les règles de la vertu, comme ailleurs on apprend les règles de la grammaire et celles de l'éloquence. Là, leurs oreilles étoient continuellement frappées de la louange des grands hommes, et leurs yeux, de l'éclat de leurs triomphes. Les spectacles, leurs poëmes, leurs tableaux, leurs fêtes, leurs jeux, leurs statues leur retraçoient ces saintes et immortelles images ; tout retentissoit de ces noms révérés. Ils recevoient, pour ainsi dire, par tous les sens, l'amour de la patrie, des lois et de la vertu. Les trophées décernés aux héros tourmentoient les jeunes citoyens ; leur faisoient verser des larmes d'impatience ; leur éducation étoit toute en exemples et en action, tandis que la nôtre est toute en préceptes et en vain babil.

Il ne paroît donc pas que les modernes législateurs aient senti toute l'influence que peut avoir une éducation uniforme, qu'un même esprit dirige au même but. L'instruction publique, qui ne doit être que l'apprentissage des devoirs de citoyen, est sans doute la meilleure base des mœurs : du moins a-t-on su mieux employer un ressort peut-être plus puissant encore pour attacher les cœurs et les ames aux lois et à la patrie.

Ce seroit ici le lieu d'examiner , avec MABLY , si nos législateurs ont connu tout le pouvoir de la religion sur les esprits, ou s'ils ont abusé de ce pouvoir ; jusqu'à quel point il faut frapper les yeux et l'imagination de la multitude : ou s'ils ne se sont point égarés sur les moyens; si , riches d'une morale sublime et céleste , ils n'ont point perverti ce don précieux , et abandonné les vertus réelles et sociales pour des vertus factices et de convention ; quel seroit l'avantage d'un culte national , sa liaison nécessaire avec les institutions politiques, et quelle influence il auroit sur les mœurs ? Je regrette que la forme et la destination de cet écrit ne me permettent pas d'approfondir ces questions intéressantes , et beaucoup d'autres encore , qui s'offrent en foule sur cette matière. Mais je m'arrête... Il suffit sans doute, et même il est plus sage de laisser parler les faits.

L'expérience prouve combien ils sont rares , ces législateurs qui ont su joindre la morale à la politique , combien peu de nations ont connu la force des institutions sociales et publiques. Presque toutes ont négligé les premières règles de la raison; toutes se sont écartées des lois de la nature ; leurs codes , pour la plupart, sont l'ouvrage du hasard , ou de la superstition. « Des aveugles ont conduit des aveugles ; les passions , les caprices , les préjugés et l'ignorance sont les législateurs du monde (*). »

Mais, quand le mal est au comble , quand des obstacles presque invincibles s'opposent à toute réforme , comment se rapprocher des vues de la nature ? comment faire entendre la voix de la froide raison à une multitude aveugle et passionnée? Peut-on espérer d'avoir des lois justes et impartiales, et de pouvoir remonter jusqu'aux bonnes mœurs? Il ne faut pas se le dissimuler ; ce ne sont pas seulement nos vices , c'est la forme et l'étendue des états , qui s'opposent à cette régénération salutaire. Comment imprimer le mouvement et la vie à ces masses énormes, à ces machines si compliquées des gouvernemens modernes ? Qui ne sent le malheur attaché aux grands états , et l'avantage inestimable des petits où tous les citoyens sont sous l'œil des magistrats, et les magistrats sous l'œil de la loi ? Les grandes

(*) De la législation , page 262 de la seconde partie.

républiques mêmes offrent une grande résistance à la réforme. Ou les intérêts particuliers y sont suspendus dans une balance égale, et alors aucun n'a une voix assez prépondérante pour entraîner la majorité vers le bien général ; ou des citoyens trop puissans maîtrisant les autres, la république flotte entre la corruption et la tyrannie, jusqu'à ce qu'un seul, triomphant de ses rivaux, s'élève sur la ruine de tous. Quant aux états despotiques, ils ne laissent point d'espérance ; les ames y sont tellement engourdies, qu'elles n'ont pas même le désir de sortir de cette léthargie, et ils ne peuvent attendre de changement, que de grandes et inespérées révolutions. Il en résulte que, de toutes les formes du gouvernement, la monarchie tempérée est peut-être encore celle qui offre un succès plus certain au législateur qui voudroit régénérer sa nation.

« Un grand homme peut naître sur le trône d'une monarchie modérée (*) ; » et alors quel avantage le pouvoir légitime dont il est revêtu, ne lui donne-t-il pas pour tenter la réforme, aplanir les obstacles, et marcher à grands pas vers la félicité publique? S'il a su inspirer une grande idée de ses talens et une entière confiance dans sa justice, il n'a qu'à vouloir, et les

(*) De la législation, seconde partie, page 45.

cœurs voleront au-devant de lui. Mais pour descendre jusqu'à la racine des abus, il usera d'une extrême précaution; il saura préparer à l'avance l'opinion publique, répandre à propos les lumières, manier les passions, attaquer les préjugés; il consultera l'esprit de son siècle, le caractère de son peuple, le besoin et le vœu général. Toujours une nation vive, éclairée et sensible dévance les vues du législateur, lui annonce le vœu de tous, et lui trace la marche qu'il doit suivre. Qu'il écoute cette voix, et toutes les volontés se réuniront dans la sienne. Il faut encore que ses coopérateurs soient dignes de lui, qu'on ne puisse jamais soupçonner dans leurs projets le dessein caché de voiler des abus et d'alimenter l'audace des dépradateurs; il faut que leurs intentions soient pures; et sur-tout qu'on puisse croire à leur probité. Alors, que le prince agisse de concert avec la nation; qu'il l'intéresse à ses vues d'ordre et d'économie; qu'il l'associe à ses projets de bienfaisance; qu'il expose ses motifs, qu'il prenne le ton d'un père au milieu de ses enfans, ou d'un ami qui consulte son ami; qu'une communication intime et une confiance réciproque s'établissent entre les peuples et le souverain; qu'on s'aperçoive enfin que le roi et la nation ne sont qu'un, qu'ils n'ont qu'un seul et même intérêt: alors il embrasera tous les cœurs du feu sacré du patriotisme, et avec ce mobile si puissant sur les ames sensibles, il n'y a point de grandes et belles conceptions en politique qu'il ne puisse réaliser. Mais il ne laisseroit point sa gloire imparfaite, il ne se borneroit pas à des bienfaits passagers, à un bonheur qui périroit avec lui. Les bons rois meurent, une bonne constitution reste. Convaincu que l'autorité n'est jamais mieux affermie que lorsqu'elle a pour base les lois, et pour rempart le cœur des citoyens, il seroit assez grand pour mettre des bornes au pouvoir arbitraire : s'il ne se réservoit que le droit illimité d'être juste et bon, ce seroit encore un assez bel empire. Il n'y auroit pas de monarque plus absolu sur la terre : par là il éterniseroit sa gloire et la reconnoissance de son peuple ; le bonheur des générations futures seroit son ouvrage ; alors il mériteroit en effet le nom de législateur et de restaurateur de la patrie.

C'est ainsi que MABLY, s'abandonnant aux illusions d'une ame vertueuse, traçoit les élémens d'une législation plus impartiale, plus humaine, plus conforme aux besoins, aux droits, au bonheur et à la destination de l'homme, et cherchoit à nous rapprocher des lois éternelles de la nature. Après avoir fait voir combien l'homme s'est éloigné de ces vues primitives, il lui a montré du moins la route qui pouvoit encore l'y ramener ; mais, il faut l'avouer, l'auteur a senti combien d'obstacles s'opposent à cette heureuse régénération ; il a prévu que ces vérités seroient traitées de chimère ; que cette vieille morale n'étoit plus de saison : il a connu son siècle, et cependant il a écrit; et, dût-on appeler aussi son livre les rêves d'un homme de bien, cette considération n'a pu lui arracher la plume, il n'a pas cru devoir lui sacrifier des vérités qu'il croyoit utiles : il a moins pensé au jugement qu'on porteroit de son ouvrage, qu'au bien qu'il pourroit produire, s'il se trouvoit enfin des hommes d'état capables de le méditer, et dignes de l'entendre.

Plusieurs regardent ce livre de MABLY comme le plus profond et le meilleur de ses ouvrages. Le public a semblé donner la préférence aux entretiens de Phocion; les connoisseurs balancent : le premier n'est pas aussi séduisant peut-être, les principes et le style en sont encore plus sévères ; la lecture n'en est pas également piquante pour toutes sortes d'esprits, il ne devoit pas avoir un succès aussi brillant, mais peut-être en a-t-il un plus solide encore et plus durable. Pour goûter ce bel ouvrage, pour en sentir tout le prix, il faut déjà de l'instruction : ce n'est point un aliment propre à des lecteurs frivoles et légers ; mais s'il tombe entre des mains déjà exercées, s'il est lu par des esprits supérieurs, et médité dans le silence des passions ; si on tient la chaîne des grandes vérités morales et politiques qui en font la base ; si on veut en embrasser l'ensemble et les développemens, je ne doute pas qu'on ne lui donne la préférence. Quelle foule d'idées ce livre feroit germer dans la tête d'un prince courageux, qu'animeroit le noble désir d'être le législateur de sa nation ! Combien de vérités il pourroit y puiser ! Les Principes des Lois seroient son guide et son flambeau.

Chacun de nous doit être à soi-même son propre législateur ; il restoit donc à MABLY, pour embrasser son plan tout entier, de faire en faveur des individus ce qu'il venoit d'exécuter pour la grande société, de tracer les principes qui doivent servir de base à nos devoirs, et de mesure à nos vertus, de redresser les méprises des moralistes vulgaires, comme il avoit redressé celles des politiques ; en un mot, de tracer un code de morale privée, comme il venoit d'en tracer un de législation, qui est la morale publique.

Nous ne pouvons que dire un mot de ce nouvel ouvrage. Des enthousiastes et des illuminés, ayant totalement négligé d'approfondir

E 2

le cœur de l'homme et la nature des passions, avoient perdu la morale, dénaturé les vertus, confondu l'ordre de nos devoirs, et sous prétexte d'une perfection chimérique, au lieu de les resserrer, avoient brisé tous les liens de la société. MABLY osa renverser ces rapports mal combinés; et au premier rang se retrouvèrent les qualités sociales qui rapprochent, qui réunissent les humains; il les classa suivant les intentions et le vœu de la nature; il assigna l'ordre et la prééminence des vertus, l'importance et la chaîne de nos devoirs, suivant qu'ils sont plus ou moins intimement liés, plus ou moins nécessaires au maintien et au bonheur de la société.

Cette hardiesse, et quelques passages qui s'éloignoient des opinions vulgaires, ont excité des réclamations : cependant nous savons que le sacrifice d'une page de ce livre, d'une ligne même, d'une seule expression peut-être auroit désarmé ses censeurs. Nous ne serons pas plus sévères : en faveur des esprits timides, qu'un sentiment hardi, énoncé trop crument, pourroit effaroucher, nous sommes prêts à déchirer cette page de MABLY; mais après ce sacrifice, s'il nous est permis de hasarder notre opinion particulière, nous n'hésiterons pas à mettre les Principes de morale à la tête de ses meilleurs ouvrages, et peut-être le premier de tous. C'est du moins le plus rempli de vraies beautés, de leçons de morale et de philosophie les plus sublimes, des vérités pratiques qui nous sont plus immédiatement utiles, enfin de maximes analogues à notre nature, à nos besoins, et les plus propres à nous conduire au bonheur par le chemin de la raison et de la vertu.

C'est à regret que nous supprimons cette partie de son éloge; mais la vie de MABLY est si pleine, et ses ouvrages présentent des vérités si importantes, que nous pouvons à peine les indiquer. Nous n'avons rien dit de ses doutes, adressés à une secte qui nous a un instant menacés de renaître de ses cendres; nous n'avons pas le temps de parler d'un manuscrit sur les droits et les devoirs du citoyen, où respirent la liberté la plus courageuse et la philosophie la plus éclairée, ni d'autres écrits qui n'ont point encore vu le jour; nous ne voulons pas d'ailleurs prévenir le jugement des lecteurs. Ce n'est point de nous, mais du public et de la postérité, que de tels écrits doivent recevoir leur sanction. Nous nous contenterons d'arrêter un instant nos regards sur le livre de MABLY, non le plus célèbre, mais celui qui a fait le plus de bruit, en raison de ce que l'amour-propre de quelques écrivains y étoit plus intéressé: nous parlons de son traité sur la manière d'écrire l'histoire.

Cet ouvrage est le fruit de ses observations sur un art dont il a fait toute sa vie son étude. Il n'est pas étonnant qu'un homme si profond, nourri des grandes vérités du droit naturel , des principes de la politique et des leçons de la morale , admirateur passionné des anciens , n'ait pas été satisfait de la manière dont la plupart des modernes ont écrit l'histoire. Il les a jugés avec sévérité , disons même , quelquefois avec dureté ; il n'a pas traité sans doute avec assez d'égards l'homme universel , le poëte-historien , idole d'une partie de la nation ; mais qu'importent , après tout , ses jugemens purement littéraires ? Ses préceptes n'en sont pas moins excellens ; toute la partie didactique de son ouvrage est pleine de raison et de sagesse ; ses ennemis mêmes y ont trouvé des vues neuves et lumineuses ; c'est , si j'ose le dire , la poëtique de l'histoire.

MABLY exige des connoissances préliminaires , qui sont en effet indispensables à ceux qui se destinent à ce genre d'écrire. Si l'historien n'a pas des idées justes de la dignité de l'homme , du droit naturel , de l'ordre et de la fin des sociétés , des principes constitutifs des états , des vraies causes de la prospérité ou de la décadence des nations ; s'il n'a des règles sûres de morale pour apprécier les hommes et les actions ; il louera ce qu'il faut blâmer, et blâmera ce qu'il faut louer; on le verra errer au hasard; il s'égarera sans cesse : il se laissera entraîner au caprice des hommes et des événemens; et, sans ancre et sans boussole, au milieu de cet océan des passions humaines, cette mer ne sera fameuse que par ses naufrages.

Quel n'est pas au contraire l'avantage d'un écrivain, qui avant de prendre la plume, a long-temps médité sur son art ? Lorsqu'il en a séparément étudié toutes les parties, qu'il l'a considéré sous toutes les faces, qu'il s'est pénétré des grands principes, qu'il s'est fait des bases certaines et invariables, et qu'il a nourri son esprit et sa pensée de toutes les connoissances préliminaires; alors il s'élance avec confiance dans la carrière : fidelle au plan qu'il s'est tracé, il dispose son action, il en tient tous les fils dans sa main, il les démêle sans peine et sans efforts; devant lui se déroule sans confusion cette longue série de siècles et de révolutions. Il domine son sujet, et dirige les événemens, au lieu d'être emporté par l'abondance et la complication des matières. De là naît cette démarche libre et rapide, que rien n'embarrasse, ce beau développement, ce *lucidus ordo*, qui est la majesté de l'histoire. De cette plénitude de connoissances, de cet amas de lumières naissent

encore ces réflexions courtes et profondes, ces
éclairs rapides qui étonnent et font suspendre
la lecture. C'est faute d'avoir fait ces études et
ces méditations préparatoires, de s'être nourri
des grands principes, d'avoir des règles certaines
pour apprécier les actions et les hommes, que
la plupart des historiens modernes sont vagues,
arides, maigres et décharnés; ils manquent de
cette ame, de ce mouvement, de cette surabon-
dance de sentimens qui vivifient les écrits des
anciens; ils ne sont, à l'exception du petit nombre, que de froids discoureurs, quand les autres
sont éloquens et sensibles.

Ce que l'auteur a dit de la connoissance du
cœur humain, est égalemeut bien senti et bien
développé. L'art d'intéresser et de remuer les
passions, n'est pas moins nécessaire à l'historien
qu'à l'auteur dramatique; c'est par la peinture
du cœur humain que les anciens sont sur-tout
admirables. Si vous ne savez pas faire agir, penser et parler vos personnages sur la scène de
l'histoire comme sur celle du théâtre, je reste
froid et tranquille à vos récits inanimés. L'histoire est un long drame où tous les acteurs viennent se peindre eux-mêmes, agir et parler. J'as-
siste à leurs conseils; je suis présent à leurs
actions; je vois au fond de leur cœur; j'espère,
je crains, je délibère, je me passionne avec eux;

je lis dans leurs pensées, je pénètre dans les
replis les plus cachés de leur ame. Je ressens
tour-à-tour l'amitié, la haine, la pitié, la terreur, la vengeance et l'amour. Un grand intérêt me remue ; mon cœur n'est point froid, il
est plein, et l'ennui n'y peut pénétrer. S'il ne
suffisoit que d'entasser des faits, d'accumuler
des événemens et des dates, de faire un tableau
sans proportion, sans couleur et sans vie ; rien
sans doute ne seroit si facile que de réussir.
Mais dans ce grand drame de l'histoire, de
transporter sous nos yeux, d'animer ces grands
personnages qui ont fait le destin des nations, de
conserver la vérité des caractères, et cette unité
d'intérêt, charmes secrets de tous les bons ouvrages et de tous les bons esprits, de faire de l'histoire
une scène instructive pour tous les états, une leçon
perpétuelle de morale et de philosophie pour tous
les hommes ; l'expérience ne prouve que trop combien cet art exige d'études et de talens, combien
il est rare et difficile d'être un grand peintre des
passions. La France a ses Sophocle et ses Euri-
pide ; elle a ses Platon, ses Pline et ses Démos-
thènes ; nous avons plus qu'Aristophane et que
Térence ; mais a-t-elle un Tacite ? a-t-elle son
Tite-Live ? a-t-elle son Plutarque ?

Tous les préceptes, je le sais, qui tiennent
à l'art d'écrire, sont insuffisans. Dans tous les

arts il y a, (pour ainsi dire, la partie méca-
nique qu'on peut enseigner, qu'on est à peu près
sûr d'apprendre avec un peu d'aptitude et beaucoup de patience. Mais il est une partie rebelle
à tous les préceptes, contre laquelle toutes les
leçons des maîtres et l'opiniâtreté des élèves vien-
dront échouer. Eh! qui me donnera ce feu céleste, ce souffle créateur qui inspire les chefs-
d'œuvres, le génie? voilà ce que l'art n'ensei-
gnera jamais; et quand je ne sais quel d'Aubi-
gnac traçoit laborieusement les règles de la tra-
gédie, Corneille avoit déjà créé et le Cid et
Cinna; et Polieucte et les Horaces : les poëmes
immortels d'Homère ont précédé toutes les règles
du poëme épique; et il en est de même de
tous les genres qui ont besoin des émanations
du génie. Quand il a expliqué les règles maté-
rielles de son art, que doit donc faire un maître, et que doit-il dire à ses élèves?

Consultez votre talent, lisez les grands modèles; portent-ils le trouble dans votre ame?
leur gloire vous touche-t-elle? versez-vous des
larmes d'admiration à leurs récits? calculez-vous
les années qui vous restent encore pour la gloire?
portez-vous un cœur sensible? Si la vertu vous
enflamme; si l'injustice vous soulève; si Caton,
déchirant ses entrailles, vous imprime autant
de respect que le crime heureux vous indigne:

et vous irrite : alors saisissez vos crayons , et vous aussi vous êtes peintre ; burinez en traits ineffaçables l'ame d'un Tibère , d'un Borgia ; dévouez-les à l'exécration de la postérité la plus reculée ; qu'en sortant de dessous vos pinceaux , leur image fasse frémir et reculer d'horreur ; qu'elle soit abhorrée ; que leur nom devienne une injure ; qu'il serve d'épouvantail aux tyrans. Mais si la fortune vous présente quelques-uns de ces êtres qui sont l'éternel honneur de l'humanité , peignez-les de ces couleurs qui font chérir , qui font adorer la vertu ; faites-les respirer dans vos peintures ; offrez-les à la vénération de l'univers ; dites qu'ils étoient hommes ; mais n'affoiblissez pas ces traits de caractère , de bonté , de justice et de bienfaisance , qui les rendent adorables ; offrez-moi des modèles , et qu'en peignant Aristide dans l'exil , Socrate buvant la ciguë , Phocion dans les fers , Henri IV assassiné , un grand homme proscrit ; j'envie leur sort , leurs fers , leurs souffrances et leur mort ; que leurs saintes images me transportent , qu'elles élèvent mon ame , et me donnent le courage de professer comme eux la vertu et la vérité aux dépens de mon repos , de mon bonheur , et même de ma vie.

En un mot , que votre histoire ne cesse jamais d'être une école de morale en action. Quand

les lois sont oubliées, quand les mœurs se cor-
rompent, l'historien réveille encore dans les
cœurs les idées de justice et de vertu; il pèse
dans la balance les actions des hommes et les
fautes des peuples; il fait pâlir le crime sur le
trône; il flétrit un despote, malgré ses gardes
et ses soldats; il exerce une sorte de magistrature; il cite à son tribunal les hommes de tous
les âges et de tous les pays; et le jugement
qu'il va prononcer sera l'arrêt de la postérité et
la leçon de ses contemporains. Si ses concitoyens
sont amollis par le luxe et les richesses, s'ils
se précipitent au-devant du joug, s'ils courent
à la corruption; alors il saisit ses crayons, il
écrit l'histoire d'une nation libre et vertueuse;
il trace les mœurs des Germains.

Mais où prendra-t-il ses couleurs? Dans la
sensibilité de son cœur et l'élévation de son
ame. Respectez par-tout les mœurs, faites aimer
la vertu, haïr le crime, détester l'oppression;
vengez les droits de l'homme, et ne plaisantez
point sur les maux de l'humanité; c'est à-peu-
près à quoi se réduit la poétique de l'histoire.
Voilà ce qu'a dit, ce qu'a répété l'abbé de
MABLY; et au lieu d'être frappé de la sagesse de
ses leçons, on a fermé les yeux à cette foule
de beautés, pour ne voir que quelques négli-
gences, et relever quelques jugemens littéraires,

On ne lui pardonna pas de ne s'être point affilié à la secte dominante ; on lui en fit un crime. MABLY prit le parti que la vertu outragée doit prendre ; il dédaigna les critiques, et garda le silence.

Tandis que l'esprit de secte, toujours intolérant, exerçoit ses vengeances, un nouvel hommage venoit le consoler de cette légère disgrace : il étoit consulté par l'un des sages envoyés des Etats-Unis d'Amérique.

C'est un grand et beau spectacle de voir la liberté planter son étendard dans le nouveau monde, et y appeler tous ceux qui seroient opprimés dans l'ancien. Des philosophes ont été les législateurs des nouvelles républiques, et les Brutus de l'Amérique en étoient aussi les Solon. Il a enfin été permis, en traçant ces lois constitutives, d'écouter la voix de la sagesse et de la raison, et les droits sacrés de l'homme. Elles n'ont point été formées au hasard, comme presque toutes les constitutions modernes ; et les lumières qui, depuis un siècle, ont éclairé nos erreurs et nos fautes, n'ont point été perdues pour l'Amérique. On a enfin connu les vrais fondemens de la société, qui posent sur le libre consentement des peuples. Si en effet ces républiques ont adopté les principes les plus conformes aux vues de la nature ; si, en proscrivant

les rangs et les distinctions héréditaires, elles
ont pris pour base de leur code l'égalité ; si on
y montre par-tout un respect religieux pour les
droits et la dignité de l'homme ; si la tolérance
y a établi son bienfaisant empire, grâces en
soient rendues aux écrivains et aux sages qui
ont éclairé l'univers ! ce n'est pas le moindre
service qu'aient rendu aux hommes les lettres
et la philosophie.

MABLY mêloit ses applaudissemens à ceux de
l'Europe ; il admiroit dans les législateurs du
nouveau Monde, des vues pleines de sagesse :
il étoit pénétré de vénération pour ces hommes
célébres. Il étoit sur-tout frappé de cette profonde
connoissance des droits de la nature, qu'ils avoient
développée dans leurs lois, et de l'habileté avec
laquelle ils avoient lié toutes les parties de la
confédération Américaine. Mais en leur donnant
de justes éloges, il a porté ses regards plus loin ;
il a proposé ses doutes ; il a manifesté ses craintes
pour l'avenir ; il a tout examiné avec la sévérité
d'un homme que les succès ne peuvent éblouir,
dont rien ne peut corrompre le jugement, ni
fléchir l'austérité. Incapable de trahir la vérité,
et pressé de la dire, il l'a dite courageusement,
et avec la franchise que l'on doit à un peuple
libre. Il applique donc ses principes aux constitutions des Etats-Unis ; il pose par-tout les mœurs

pour base aux lois; c'est sur cette échelle qu'il mesure la durée et la prospérité des Empires. Or il a trouvé chez eux des germes de corruption; il les croit déjà trop vieux; il craint, pour l'Amérique, les richesses, le luxe et les vices d'Europe. Je sais tout ce que l'on peut dire en faveur du luxe et du commerce; qu'on ne doit pas appliquer à de grandes républiques, et dans un siècle d'opulence, des principes sévères qui ne conviennent, dit-on, qu'à des siècles grossiers, à des mœurs simples et à de petits états. Il est certain que si l'on met la richesse avant la liberté, et l'or avant les mœurs, on trouvera sa politique désespérante, et ses principes trop austères. Mais il n'a point cru devoir s'en écarter : il n'a point deux politiques et deux manières de voir. Il a jugé les lois constitutives de l'Amérique, comme il a jugé celles de Sparte, de Rome et d'Athènes : sa politique ne varie pas plus que sa morale; l'une et l'autre sont fondées sur une base éternelle. Si l'on vouloit s'abandonner au torrent des opinions, il étoit inutile de le consulter; et le luxe, et les richesses, et le pouvoir de l'or trouveront assez d'apologistes, sans qu'il soit besoin d'y joindre la voix austère de Phocion ou d'Aristide. Au reste, plût à Dieu qu'il se fût trompé dans ses conjectures ! Puissions-nous voir long-temps l'égalité, la concorde et la paix régner avec les mœurs dans ces heureux climats ; et puisse, dans tous les temps, l'Amérique offrir un asile à la liberté, lorsqu'elle sera bannie du reste de la terre ! A la lecture des Observations de MABLY, le ministre célèbre auquel elles sont adressées (*) s'écria : « ce Livre fera un jour la gloire ou la honte des Américains. »

C'est un sujet digne de remarque, que le nom d'un simple et modeste citoyen se trouve lié à tous les états qui aspirent encore à la liberté, ou qui craignent de la perdre. Berne avoit adopté ses maximes ; la Pologne lui avoit demandé des lois ; la Corse avoit réclamé ses lumières ; Genève en avoit reçu des conseils capables de la garantir de l'oppression ; et les sages de l'Amérique avoient sollicité son suffrage : tant est puissant l'empire et le charme des talens unis à la vertu ! MABLY a pleinement joui de ce double triomphe.

Nous avons tâché de suivre l'histoire de ses pensées, de voir comment elles se sont liées dans son esprit et dans son imagination, comment il les a développées dans ses ouvrages, et par quelle chaîne de principes ses écrits ont mérité de devenir le Code des états libres. Mais entraînés par l'abondance des matières et l'importance des objets, nous n'avons pas eu le temps

(*) M. John Adams, successeur de M. Francklin.

de

de nous arrêter sur la forme et le mérite littéraire de chacun de ces écrits. On n'a pas cru devoir insister sur ce mérite ; on a préféré d'en extraire la substance. En général les compositions de MABLY sont sérieuses et mêmes sévères ; son style est austère et grave, comme les sujets qu'il a traités : on n'y trouve ni cette recherche d'esprit, ni cette enluminure, ni ces défauts brillans qui caractérisent les productions du jour ; c'est un Spartiate qui écrit dans Athènes. Ses écrits n'intéressent ni la frivolité, ni les passions ; ils parlent plus à la raison qu'aux sens : il faut déjà valoir quelque chose pour s'y plaire ; il faut avoir l'ame calme et pure pour en goûter le charme. Ils ne seront recherchés ni par les esprits frivoles, ni par les courtisans, ni par les hommes à la mode, ni par cette foule de lecteurs oisifs, qui ne cherchent qu'à se débarrasser du poids du temps ; mais ils seront lus avec fruit par les bons esprits, par les patriotes, par les gens de bien ; ils seront médités par les sages et par les hommes d'état, et peut-être ils tomberont entre les mains d'un prince épris de la vraie gloire, qui voudroit être le restaurateur des mœurs et le réformateur de ses états. Quels fruits heureux ne peuvent-ils pas produire, si la semence qu'a jetée le philosophe, tombe enfin dans une terre neuve et féconde ! et quelle gloire pour lui d'avoir ainsi préparé le bonheur des générations à venir !

C'est ainsi que, pendant quarante ans, MABLY n'a cessé de travailler pour son siècle, et de semer pour la postérité : sa vie est pleine, et sa carrière honorablement remplie. Il n'a jamais varié, on ne l'a jamais vu flottant dans ses opinions : toujours d'accord avec lui-même, rien ne l'a pu faire départir de l'austérité de sa morale, et de la sévérité de ses principes ; ils tenoient à son caractère (4).

Ce caractère étoit fièrement prononcé, et l'homme, chez lui, n'offroit point de scandaleux contraste avec l'écrivain ; il étoit dans sa conduite tel qu'il s'étoit montré dans ses écrits, et tout ce qu'il avoit tracé de préceptes en morale, il le mettoit en action.

Il a fui les honneurs, la fortune, les places, les distinctions, avec autant de soin que les autres les recherchent : la modération de l'ame étoit son trésor ; il pouvoit l'augmenter, sans nuire aux droits et aux prétentions de qui que ce fût, il ne rencontroit personne sur sa route, et son bonheur ne coûtoit rien à celui des autres. Il n'affectoit point de se montrer sur la scène ; il ne cherchoit nullement à se répandre. Solitaire au milieu de Paris, son nom étoit très-connu, et sa personne l'étoit très-peu. Il dédaignoit les brigues, les prôneurs, autant qu'il redoutoit les protecteurs; il ne pouvoit se plier au manége de l'intrigue; il n'avoit point la souplesse nécessaire pour se faire des partisans et des prosélytes. Il repoussoit, et même avec humeur, ce commerce d'éloges dont l'amour-propre est si facilement la dupe. Nous savons qu'il se mit un jour véritablement en colère contre un homme qui le comparoit à Platon, et qui, pour prix de sa complaisance, attendoit peut-être que Platon le comparât à Socrate.

Mettant la liberté au rang des biens, il voulut être pauvre pour pouvoir être libre; c'est à ce prix qu'il acheta le droit de dire la vérité. Comment, en effet, avoir le courage de la professer, lorsqu'on est dans la dépendance de la fortune, et que ses chaînes nous atteignent de toutes parts; quand on a tant à craindre, tant d'abus à caresser, de protecteurs à ménager, tant de choses à perdre? Si MABLY nous parla souvent de mœurs et de modération, ce n'est point, comme Sénèque, en nageant dans l'opulence et les délices: il vécut jusqu'à soixante ans avec un revenu au dessous du médiocre, et il en avoit de reste pour faire du bien.

Il retraçoit la simplicité des mœurs antiques; mais sous ces dehors simples et modestes, il avoit une ame grande et fière; il conserva

toujours la dignité d'homme de lettres : on ne
le vit jamais prostituer sa plume, ni à la faveur,
ni à l'esprit de parti. Il ne s'abaissa point, pour
plaire à la multitude, à prendre le goût à la
mode, le ton du jour, à caresser les opinions
dominantes ; il préféra les vérités sévères à des
choses agréables. Il ne prit jamais la plume que
dans l'espoir d'être utile. Il dédaigna les louanges
banales et les lecteurs vulgaires : il n'écrivit que
pour les honnêtes gens, les ames pures et élevées.
Il osa être sérieux, grave et solide dans un siècle
frivole ; il parla de mœurs et de vertu dans un
siècle corrompu. Il étoit, dans sa conversation
comme dans ses écrits, simple, sans apprêt,
mais ferme et vrai ; et il poussa quelquefois la
franchise jusqu'à la rudesse. On lui reprochoit
une dureté qui n'étoit que l'indignation d'une
ame vertueuse. Il ne manquoit aucune occasion
de venger le mérite modeste et la vertu, des
sarcasmes et des mépris, de l'orgueil et de la
sottise. Un grand, parlant un jour devant lui
d'un homme d'un mérite très-distingué, mais
qui avoit le tort de n'être ni riche ni d'une
haute naissance, dit, avec dédain : qu'il l'avoit
tiré de son grenier. MABLY ne craignit pas
d'élever la voix : " Monsieur le comte, dit-il, ce
sont les gens de mérite qui logent dans des
greniers, et les sots.... habitent dans des hôtels. »

Il me semble qu'il est aussi une règle pour mesurer les ames : nos goûts, notre inclination, nos caractères nous portent vers les objets qui nous sont analogues : vers tel homme plutôt que vers tel autre, parce que son ame répond à la nôtre : des éloges involontaires, des expressions échappées nous décèlent. L'homme que Jean-Jacques a le plus loué, c'est Fénelon. Celui qui obtint tous les hommages de MABLY, c'est Caton ; et le gouvernement qu'il loua le plus, c'est Lacédémone. Aussi comme une femme d'un mérite rare lui applaudissoit sur ce qu'il montroit du caractère : --- Du caractère, madame, on n'en peut avoir dans certains pays, mais si j'étois né à Sparte, je sens que j'aurois été quelque chose.

C'est ce caractère indomptable, cet amour pour la liberté et l'indépendance, qui lui faisoient chérir sa médiocrité. Il ne vouloit prendre d'engagement d'aucune espèce, ni avec la fortune, ni avec les préjugés, ni avec les corps. Il redoutoit toutes sortes de chaînes : il ne fut d'aucune secte, d'aucun parti, d'aucune cabale. L'amour-propre des autres n'étoit point intéressé à vanter son mérite. Non-seulement il ne fit jamais de démarches pour entrer dans aucun corps littéraire, mais il s'opposa à toutes celles que ses amis auroient pu faire pour lui. Quand

on lui proposoit de l'admettre dans quelque
société particulière, il répondoit : « je suis déjà
d'une grande société dont j'ai bien de la peine
à remplir tous les devoirs. » En aucun genre il
ne vouloit prendre l'engagement de penser en
tout point comme son confrère.

Il ne fut donc d'aucune académie. Toutes
les fois qu'il y avoit des places vacantes, le
public se plaisoit à le désigner. La malignité
dit quelquefois de certains écrivains : pourquoi
sont-ils de l'académie ? Peut-être l'orgueil de
MABLY étoit-il secrétement flatté de ce qu'on
demandoit : « pourquoi n'est-il pas de l'académie ? » La réponse est sans doute la même
qu'on a faite à l'occasion d'autres hommes de
lettres, également nommés par la voix publique : « il ne s'est pas présenté. » Je sais qu'une
compagnie célèbre se seroit empressé de le
recevoir dans son sein, et que toutes se seroient honorées de l'adopter, s'il avoit fait les
premières avances. Me seroit-il permis, à ce sujet, de hasarder une réflexion ? Si l'on fait un
juste reproche aux princes de ne pas aller au-
devant du mérite, ne seroit-on pas en droit et
avec plus de justice encore, de faire le même
reproche à des corps littéraires, et qui sont
essentiellement fondés sur le mérite personnel ?
Pourquoi faire dépendre l'honneur de leur adop-

tion de la nécessité de le solliciter ? et pourquoi
forcer un savant timide et modeste à venir vous
dire : « je vaux mieux que tous mes concur-
rens, et vous me devez la préférence ? » Il
nous semble qu'il seroit glorieux à une compagnie littéraire de donner l'honorable exemple
d'aller au - devant du savoir modeste et de la
vertu qui se cachent. Au reste, c'est une question que je soumets à l'académie même, qui
m'honore de son attention. Je lui présente mes
doutes : je me confie à l'intégrité de mes juges. Jamais les souverains ne se sont montrés
plus grands, que lorsque, dans les causes dou-
teuses entre eux et leurs sujets, ils n'ont point
hésité à prononcer contre leurs propres intérêts.

Quoi qu'il en soit, pourroit-on blâmer MABLY
d'avoir conservé son caractère, ces traits primi-
tifs, que la nature avoit gravés dans son ame,
de ne s'être point abandonné à cette facilité de
mœurs, qui prend toutes les formes et toutes
les empreintes, sans en garder aucune ? En convenant même qu'il a peut-être quelquefois porté
trop loin cette roideur et cette austérité de
mœurs et de principes, n'est-elle pas préféra-
ble à cette nullité qui n'offre que des masques
et des surfaces ? N'avons-nous pas assez d'ames
dégradées et jetées dans le même moule ?
Avons-nous peur de manquer d'écrivains qui

soient aux gages de nos passions ? Craignons-
nous que les maximes d'un sage et l'exemple
d'un seul homme ne deviennent contagieux ?
Eh ! s'il a gourmandé nos vices, avons-nous
bonne grâce de nous en plaindre ? Certes, si
jamais il fut permis de rappeler les grands et
éternels principes de la sagesse et de la morale,
c'est dans un siècle où ils sont si scandaleusement méconnus ; dans un temps où l'intérêt
personnel, la soif de l'or, les délires du luxe,
l'oubli de toute vertu, l'effronterie des mœurs
ont perverti toutes les notions naturelles ; où le
vif égoïsme a frappé de stérilité tous les sentimens honnêtes, a dénaturé toutes les qualités
sociales, desséché tous les cœurs, et su rendre
ridicules jusqu'aux noms de vertu et de patrie ;
dans un siècle où il a fallu inventer des mots
nouveaux pour peindre une perversité nouvelle. A
cette vue, comment en effet se défendre d'un
mouvement d'indignation ? et pourroit-on ne
pas pardonner un peu d'humeur à un homme
nourri de principes sévères, habitué à réfléchir
sur les causes qui amènent la décadence des
états ; à un sage qui, regardant le luxe, les
richesses, les arts, la molesse, la perte des
mœurs comme les avant-coureurs de la chute
des empires, auroit voulu nous retenir sur le
bord de l'abîme déjà entr'ouvert sous nos pas ?

Ce vœu n'est-il pas le produit d'une probité rigide et d'un grand caractère ? Si c'est un tort, c'est celui de Caton et celui de la vertu.

Mais cet homme qui s'élevoit si courageusement contre les abus corrupteurs, que les vices publics irritoient, qui s'indignoit contre les prévarications dont tout un peuple est victime, et qui cachoit rarement son indignation, étoit indulgent pour les fautes qui n'altèrent point l'ordre général ; il étoit presque indifférent aux injustices qui n'avoient que lui pour objet. Il étoit bon, humain, généreux, compatissant ; mais où il déployoit sa sensibilité, c'est dans le commerce intime de l'amitié ; il en connut tout le prix : c'est un plaisir réservé aux âmes pures ; elles seules en éprouvent toutes les jouissances délicieuses ; elles seules en savent goûter tout le charme. MABLY, incapable de se plier aux convenances d'une société qui laisse le cœur vide, lui qui fuyoit le joug des liaisons sans intimité, aimoit à s'abandonner aux doux épanchemens de l'amitié ; il en remplissoit affectueusement tous les devoirs. Il aimoit à se refugier dans son sein ; mais il étoit d'autant plus sévère dans le choix de ses amis : il connoissoit trop tout ce qu'exige ce titre sacré, pour en jamais prodiguer le nom et les démonstrations ; il y cherchoit l'entière confiance, la liberté, l'accord des ames, et la douce égalité, sans laquelle il n'y a point de parfaite amitié. Il y cherchoit plus encore les qualités du cœur que celles de l'esprit. Heureux ceux qui lui ont inspiré ce sentiment ! Leur seul titre d'amis d'un homme de bien est aujourd'hui pour eux un éloge. Aussi, quand il a été enlevé aux lettres, à la vertu, à l'amitié, ont-ils amérement pleuré sa perte. Sa gloire leur en est devenue plus chère ; leurs sentimens et leurs regrets l'ont suivi bien au-delà du tombeau (5).

Peut-être eux seuls étoient dignes de nous révéler ces vertus sociales et domestiques, qui ne se développent que dans l'intimité; de nous retracer cette probité journalière qui s'étend sur toutes les actions et sur tous les instans de la vie; ce caractère que rien ne pouvoit ébranler, inaccessible à la crainte comme aux espérances; cette ame stoïque et pure qui ne gauchit jamais dans le sentier de la vertu. Ils nous auroient fait sentir le rapport intime de sa morale avec ses actions, de ses maximes avec sa conduite, de ses vertus avec ses écrits, et jusqu'à quel point ses ouvrages ont pris la teinte de son caractère. Dans leurs peintures vives et fidelles auroient respiré tous ses traits: le langage de l'amitié a je ne sais quoi de touchant et d'affectueux qui entraîne et persuade ; on ne peut résister à ses doux accens. Sans doute l'éloge de leur ami y auroit gagné ; mais cet éloge appartenoit à tous les gens de bien : c'est une dette nationale qu'il falloit acquitter, un tribut public qu'il falloit payer à un ami de l'ordre et des mœurs.

O toi, qui as si bien mérité de la patrie, philosophe aussi vertueux qu'éclairé ! s'il est vrai que tu n'as eu d'autre passion que celle d'être utile, d'autre motif que le noble orgueil de faire le bien et de nous arracher à nos vices ; si tes travaux, tous les instans de ta vie ont été consacrés à l'instruction, au bonheur et à l'utilité de tes semblables ; si tu n'as cessé d'opposer, presque seul, ton inflexible sévérité au torrent des mœurs publiques, et de nous rappeler aux antiques vertus, aux grandes vérités morales et politiques qui font la félicité des hommes et la splendeur des états ; si tous tes écrits respirent les leçons de la sagesse, l'amour des lois, la haine du despotisme ; si tu n'as cessé de plaider courageusement la cause des peuples, des foibles et des infortunés, contre les puissans, les riches et les oppresseurs ; en un mot, s'il est vrai que tu te sois montré, dans tous les temps et par-tout, l'organe de la vérité, l'apôtre des mœurs, le défenseur de la liberté, le vengeur des droits et de la dignité de l'homme ; sans doute tu méritois un hommage public dans ta patrie , l'estime de l'Europe et la reconnoissance de l'humanité entière !

Heureux celui qui', chargé de ce dépôt sacré , s'acquittera dignement d'un si noble emploi , et dont l'écrit, interprète fidelle des sentimens particuliers et du vœu général , pourra mériter également le suffrage de ses amis qui le pleurent, des sages qui l'apprécient, et de tous les gens de bien qui chérissent sa mémoire !

NOTES HISTORIQUES.

Note Iere, page 4 de l'Éloge.

Naissance et jeunesse de l'Abbé MABLY.

(1) L'ABBÉ DE MABLY nâquit à Grenoble le 14 Mars 1709, d'une famille honorable. Il avoit pour frère l'abbé de Condillac : ses neveux, fils de M. de MABLY, grand prévôt de Lyon, ont eu l'honneur d'avoir quelque temps JEAN-JACQUES pour instituteur ; c'est pour l'un d'eux que Rousseau fit le petit écrit qui a pour titre : Projet pour l'éducation du jeune Sainte-Marie ; c'est peut-être à ce premier essai que nous avons dû l'Emile.

Le jeune MABLY fit ses humanités à Lyon chez les Jésuites, école célèbre, d'où sont sortis tant d'illustres disciples, et dont peut-être on sent trop aujourd'hui le vide.

Sa famille étoit alliée des Tencin. Une dame qui a rendu ce nom célèbre réunissoit alors chez elle l'élite des gens de lettres; outre ses dîners de beaux esprits, elle avoit des dîners politiques; Montesquieu en étoit ; MABLY y fut admis. Il venoit de donner le parallèle des Romains et des François, dont on disoit du bien. Madame de Tencin, entendant le jeune Abbé parler des affaires publiques, et raisonner avec beaucoup de sagacité sur les événemens politiques, jugea que c'étoit l'homme qu'il falloit à son frère, qui commençoit à entrer en faveur et dans la carrière du ministère.

Le cardinal, occupé jusqu'alors des affaires d'église, étoit fort peu instruit des intérêts de l'Europe. C'est pour l'instruction particulière de ce ministre, pour l'endoctriner, que le jeune abbé fit l'Abrégé des traités depuis la paix de Westphalie jusqu'à nos jours; ce travail, perfectionné depuis, a produit le Droit public de l'Europe.

Le cardinal sentoit sa foiblesse dans le conseil : pour le tirer d'embarras, l'abbé de MABLY lui persuada de demander au roi la permission de donner ses avis par écrit : c'étoit MABLY qui préparoit ses rapports et faisoit ses mémoires. Il avoit souvent communication des instructions et des dépêches des ambassadeurs. Ce fut lui qui, en 1743, négocia secrétement à Paris avec le ministre du roi de Prusse, et dressa le traité que Voltaire alla porter à ce prince. Frédéric, qui ne l'ignoroit pas, conçut dès-lors une grande estime pour l'abbé de MABLY : c'est une singularité bien digne de remarque, que deux hommes de lettres, sans caractère public, fussent chargés de cette négociation importante, qui alloit changer la face de l'Europe.

On détermina Louis XV à se mettre à la tête de ses troupes. Le conseil vouloit établir les armées sur le Rhin ; c'étoit le sentiment de Noailles et de Tencin : MABLY soutint qu'il falloit faire la campagne dans les Pays-Bas ; il se trouva que le roi de Prusse demanda la même chose. MABLY eut la gloire de s'être rencontré avec le monarque : il avoit jugé juste.

Ce fut encore lui qui dressa les mémoires qui devoient servir de base aux négociations du congrès ouvert à Breda au mois d'Avril 1746 : ces divers travaux décidèrent sa vocation pour la politique.

Mais peu de temps après il se brouilla avec le cardinal, pour une querelle qu'ils eurent à l'occasion d'un mariage Protestant que Tencin vouloit casser. Il disoit qu'il vouloit agir en cardinal, en évêque, en prêtre. MABLY lui soutenoit qu'il devoit agir en homme d'état. Le cardinal ajouta qu'il se déshonoreroit s'il suivoit son avis; l'abbé, indigné, le quitta brusquement, et ne le revit plus.

Pour complaire à sa famille, l'abbé de MABLY étoit entré de bonne heure dans les ordres; mais il s'en tint au sous-diaconat, et on ne put jamais l'engager plus avant. Il ne vouloit point se mettre, par son état, en contradiction avec ses principes. En quittant le cardinal, il sacrifia sa fortune à sa liberté; il s'adonna tout entier à l'étude, et vécut dans la retraite.

Note IIe, page 6 de l'Éloge.

Son amour pour les anciens.

(2) MABLY s'est nourri dans tous les temps de la lecture des anciens : il savoit presque par cœur Platon, Thucidide, Xénophon, Plutarque, et les ouvrages philosophiques de Cicéron.

Il fut toujours leur admirateur passionné; et véritablement les anciens sont encore et seront toujours nos maîtres : ils sont et seront les législateurs du goût, de la morale et de la vertu, tant qu'il y aura des hommes éclairés et sensibles sur la terre. L'étude de l'antiquité n'est pas moins indispensable pour les littérateurs que pour les Artistes. Ils nous ont donné des modèles que nous n'avons pas encore surpassés : ils étoient plus près de la nature ; et c'est sans contredit une des plus belles et des plus utiles institutions des peuples modernes, que d'avoir établi dans leur sein une société d'hommes choisis, qui fussent, en quelque sorte, les dépositaires des beautés et des trésors des anciens, dont la principale occupation fût de nous conserver et de nous transmettre les lumières qui brillent dans leurs écrits, comme le feu sacré de Vesta : ce sont les prêtres du temple ; ils veillent sans cesse à ce que ce sacré foyer ne s'éteigne ou ne s'évapore dans un siècle futile ou chez un peuple frivole. C'est à cette école des anciens, et sur-tout dans l'histoire et les écrits des peuples libres, que l'on puise avec leur génie, des leçons de morale, de grandeur d'ame, d'amour de la patrie, des lois et de la liberté ; ceux qui ne voient que du grec et du latin dans cette étude, s'abusent étrangement : tant qu'on pourra puiser à cette source pure, l'ignorance et la servitude ne s'empareront pas tout-à-fait de l'univers ; il y aura toujours de l'espoir. C'est là que s'est formé MABLY ; et il a peut-être encore plus cherché dans ces saintes émanations les traces de leurs vertus que le feu de leur génie.

On lui a reproché d'avoir outré cette admiration pour les anciens ; mais s'il l'a poussée trop loin, ce dont on peut douter, s'il est vrai que cet amour de l'antiquité l'ait rendu quelquefois trop sévère envers ses contemporains, il faut avouer aussi que l'engouement du public pour certaines nouveautés, l'oubli des bons principes, le torrent qui nous précipite dans un

goût

goût et dans les mœurs dépravées, dont nous ne pouvons prévoir le terme, ne justifient que trop peut-être
ses craintes et ses alarmes.

Note IIIᵉ. relative aux pages 8 et 80 de l'Éloge.

Notice des ouvrages de l'abbé de MABLY, *par ordre*
chronologique.

L'abbé de MABLY n'est pas encore assez connu.
Nous avions d'abord formé le projet de donner l'ana-
lyse raisonnée de tous ses ouvrages : peut-être seroit-
il agréable et intéressant de lire dans une centaine de
pages l'extrait de vingt volumes : ce travail est à peu
près fini ; mais il auroit pu paroître prématuré avant
le jugement de l'académie, et il ne doit appartenir
qu'à celui que son suffrage en aura déclaré le plus
digne. Nous nous contenterons de doner ici une notice
chronologique de ses ouvrages.

1°. *Parallèle des Romains et des François.*

Deux volumes in-12, 1740.

(Page 15 de l'Éloge.) Le public accueillit l'ouvrage, et encouragea le jeune auteur. Un critique sévère trouvoit ce livre noblement écrit, et, en plusieurs endroits, avec beaucoup d'esprit et de génie.
(Observations sur les écrits modernes ; année 1740.)
Un autre disoit : Je ne sais si Sparte et Athènes ont
eu quelque citoyen plus éclairé que l'abbé de MABLY
sur leurs intérêts. (Mercure d'Octobre 1740, pag.
2210 - 2217.)

L'auteur fut plus sévère que le public. Il trouva le
livre mauvais, et il le dit : « Pour moi, quand je vins

à revoir mon ouvrage de sang froid, je trouvai qu'un plan qui m'avoit paru très-judicieux, n'étoit en aucune façon raisonnable : nul ordre, nulle liaison dans les idées, des objets présentés sous un faux jour : ce n'étoient pas là les seuls défauts où m'avoit fait tomber la manie du parallèle, etc. (Avertissement des Observations sur les Romains.)

Il est rare de trouver une contradiction de cette nature entre un auteur et ses critiques : au reste, cet aveu noble et courageux annonçoit dès lors un ami de la vérité, un homme droit et austère, et peut-être la conscience du talent qui se sent en état de mieux faire. « Au lieu de corriger mon Parallèle incorrigible, ajoute-t-il, j'en fis deux ouvrages séparés et absolument nouveaux. » Ce sont les observations sur les Romains et les observations sur l'histoire de France.

MABLY étoit tellement honteux du succès de son livre, qu'un jour, le trouvant chez M. le comte d'Egmont, il s'en saisit malgré ceux qui étoient présens, et le mit en pièces.

2°. *Droit public de l'Europe, fondé sur les Traités, depuis la paix de Westphalie, en 1648, jusqu'à nos jours.*

(La première édition est de 1748 en 2 volumes, la seconde de 1754 en 3 vol. ; la meilleure est celle de Genève 1764, aussi en 3 volumes.)

(Page 8 de l'Eloge.) Le droit public de l'Europe parut la même année que l'esprit des lois.

Cette science du droit public, jusqu'alors hérissée de difficultés, parut claire, méthodique et facile sous la plume de l'auteur. Le succès n'en fut pas douteux.

Ce livre écrit pour des hommes d'état, et même pour de simples citoyens, s'ils savent penser (*), est dans tous les cabinets de l'Europe, depuis la cour de Pétersbourg jusqu'à la république de Lucques. On l'enseigne publiquement dans les universités d'Angleterre. Il est traduit dans toutes les langues, et il plaça l'auteur au rang des premiers publicistes de l'Europe.

Ce n'est pas sans éprouver d'obstacles qu'il enrichit la France de cet ouvrage nécessaire ; quand MABLY voulut le faire imprimer, l'homme en place à qui il s'adressa, le reçut fort mal, et lui dit : Qui êtes-vous, M. l'abbé, pour écrire sur les intérêts de l'Europe ? êtes-vous ministre ou ambassadeur ? Il auroit pu faire la même réponse que Rousseau fit à ceux qui demandoient s'il étoit prince ou législateur, pour écrire sur la politique. ——— « Si j'étois prince ou législateur, je ne perdrois pas mon temps à dire ce qu'il faut faire, je le ferois ou je me tairois. » (Contrat Social, pag. 2.)

La permission d'imprimer lui fut donc durement refusée ; l'abbé de MABLY contint son imagination , et se retira sans rien dire. Il fit imprimer son livre chez l'étranger, mais il fallut toute la protection d'un autre ministre moins timide (†), pour empêcher qu'on n'en saisît les exemplaires.

L'esprit des lois et quelques autres livres qui honorent la langue et la nation , ont été arrêtés par les mêmes obstacles, qu'ils n'éprouveroient certainement pas aujourd'hui sous un ministère ami des lettres, qui

---

(*). V. Préface du Droit public.
(†) M. d'Argenson.

loin de les redouter , semble solliciter les lumières des esprits supérieurs.

3°. *Observation sur les Grecs.*

Un volume, Genève , 1749.

. . . . . *Rerum cognoscere causas.* VIRGILE.

(Page 16 de l'Eloge.) Dans une épître dédicatoire à un ami , et il n'en fit jamais d'autres, l'auteur donne lui-même ses motifs. « Je cherche les causes de la prospérité et de la décadence de la Grèce. L'histoire, envisagée sous ce point de vue , devient une école de philosophie ; on y apprend à connoître les hommes ; on y enrichit, on y étend sa raison, en mettant à profit la sagesse et les erreurs des siècles passés. »

C'étoit faire pour les Grecs ce qu'un grand homme venoit d'exécuter pour les Romains. Aussi dit-on alors de cet ouvrage que c'étoit une espèce de pendant de Montesquieu. (Voyez les 5 années littéraires, tom. I pag. 268.)

Ce en quoi il s'est le plus éloigné de son modèle, dont il ne parle d'ailleurs qu'avec les égards que l'on doit même aux erreurs d'un homme de génie , c'est à l'occasion du système des climats , système plus brillant que solide, imaginé par Bodin , et que l'auteur de l'Esprit des lois a revêtu de tout l'éclat de son imagination vive et féconde.

En effet, tous les climats ont vu tour à tour naître, tomber et renaître la liberté et l'oppression : le despotisme a successivement promené sa faulx dévorante sur la surface du globe , et sur le sol brûlant de l'Asie.

et dans les marais glacés du Nord. La constitution politique, l'education et les lois ont fait alternativement germer dans le même pays ou des héros ou des esclaves, et il n'est point de lieux que la liberté n'ait honorés de sa présence.

4°. *Observations sur les Romains.*

Un volume, Genève, 1751.

(Page 18 de l'Eloge.) Cet ouvrage sentoit encore plus l'imitation que le précédent; ce n'est pas que l'auteur prétendît lutter contre Montesquieu; il avoit une intention différente, et malgré les désavantages de la comparaison, son livre a obtenu des éloges.

Ce n'étoit pas une petite entreprise de dire des choses nouvelles sur un sujet que Montesquieu venoit de traiter, ni une gloire médiocre pour l'auteur, de se faire lire après ce grand homme, comme ce ne seroit pas un médiocre éloge pour un peintre, quel qu'il fût, d'attirer encore les regards près d'un tableau de Raphaël, de Michel-Ange ou de David.

5°. *Principes des négociations.*

Un volume, la Haye, 1757.

(Il y en a une seconde édition de 1767.)

. . . . . *Humanis quæ fit fiducia rebus.*
Admonet.   VIRGILE.

(Page 12 de l'Eloge.) Cet ouvrage de MABLY est proprement une introduction à son Droit public de l'Europe; c'est la connoissance et l'exposé des vrais principes par lesquels doivent se conduire les nations à l'égard les unes des autres, pour entretenir entr'elles la concorde et la paix.

Une chose sur laquelle nous n'avons pas assez insisté dans l'Eloge, c'est le courage avec lequel l'auteur s'élève contre ces traités, ouvrage de la mauvaise foi, où, par des équivoques et des obscurités affectées, on se ménage des prétextes de rompre à la première occasion. Il démontre qu'un traité cauteleux est une semence de discorde et de haines ; qu'il peut procurer un succès passager, mais qu'il rend à jamais odieux, et traîne après soi des craintes et des inquiétudes qui empoisonnent les jouissances de l'ambition ; il fait voir que la fourberie a ses revers, et la mauvaise foi ses remords. S'exprimer clairement et franchement dans un traité, c'est souvent prévenir une guerre ; et le temps n'est pas loin que des articles obscurs et louches ont été un flambeau de discorde qui a incendié les deux mondes. Il proscrit également les traités secrets qui ne sont que des misérables palliatifs qu'on met à la hâte sur les plaies de l'état, et qui se chargent en poisons : d'un autre côté, dicter des conditions injustes ou trop dures, c'est inviter à les enfreindre ; et la seule base sur laquelle une puissance victorieuse puisse asseoir une paix durable, c'est la bonne foi ; la justice, et la modération qui désarme les haines et sait gagner les cœurs. Cette politique n'est pas tout - à - fait celle que prêche Machiavel, mais c'est celle qu'à professée MABLY ; et l'expérience démontre que c'est encore la plus sûre et la plus utile.

On y voit avec le même plaisir que c'est encore notre adorable Henri IV, qui, le premier chez les nations modernes, connut et pratiqua ces vrais printipes : sa manière franche et noble de négocier, et ses instructions à ses ambassadeurs y sont proposées pour modèles, ainsi que les dépêches du Cardinal d'Ossat, son fidelle et vertueux ministre.

6°. *Entretiens de Phocion.*

Un volume, Amsterdam,

. . . . Quid leges sine moribus
Vanæ proficiunt ? HORACE.

(Page 26 de l'Eloge.) Cette production en paroissant, fut estimée l'une des meilleurs du siècle ; et quand la société de Berne lui décerna la couronne, ce n'est point suivant l'usage ordinaire des académies, qui ne proclament que les ouvrages dont elles ont elles-mêmes donné le sujet ; ce fut un choix fait sur la foule des livres qui paroissent journellement en Europe, et qui se fixa sur celui qu'on regarda comme le plus utile à l'humanité entière : c'étoit le premier exemple d'un pareil concours.

La même chose s'est renouvelée en 1765. La République décerna une semblable couronne à l'auteur du Traité des délits et des peines, comme une marque d'estime due à un bon citoyen, qui ose élever sa voix en faveur de l'humanité contre les préjugés les plus affermis.

On ne se rappelle pas que d'autres écrits aient depuis partagé le même honneur.

Nous n'ajouterons qu'une seule remarque sur les entretiens mêmes de Phocion, donnés sous le nom de Nicoclès, l'un des disciples de ce grand homme.

Il y est dit : « que l'amour de la patrie doit être

subordonné à l'amour de l'humanité. » Peut-être cette maxime ainsi énoncée est-elle le seul passage qui décèle l'ouvrage d'un moderne. L'amour de la patrie, chez les anciens, étouffoit, ou du moins diminuoit tout autre sentiment. L'auteur l'a senti ; aussi dans les notes prétend-il que Phocion a puisé cette doctrine à l'école de Platon son maître, qui la tenoit de Socrate, « qui, le premier des philosophes, appliquant la philosophie à l'étude des mœurs, se crut citoyen de tous les lieux où il y a des hommes. » (V. Entr. de Phocion, p. 122, 123, 124.)

Il est certain que ce sentiment de bienveillance universelle, tout sublime qu'il est, doit affoiblir l'amour de la patrie, qui, comme toutes les sortes d'amours, n'est qu'un sentiment de préférence.

7°. Observations sur l'histoire de France.

Deux volumes, Genève, 1765.

(Page 22 de l'Eloge.) L'auteur éprouva pour ces Observations les mêmes difficultés que pour le Droit public. Chaque ouvrage utile est une conquête qu'il faut remporter sur les préjugés. Des courtisans ne manquèrent pas de trouver ce livre dangereux, comme contenant des vérités trop palpables. C'est l'histoire des réverbères de Duclos ; et sans la protection d'un ministre qui ne craignoit pas les réverbères (*), cet excellent ouvrage auroit été étouffé dès sa naissance

Quelques personnes qui en avoient une autre idée, désiroient que l'auteur donnât à son livre le titre

_____

(*) Le Duc de Choiseul.

d'Histoire de notre ancien gouvernement, et de ses révolutions : sa modestie ne lui a pas permis d'adopter un titre aussi ambitieux, quoiqu'il avouât lui-même avec candeur qu'il regardoit ces observations, comme l'histoire jusqu'alors inconnue de notre ancien Droit public. (Préface des observations.)

En effet, ses preuves marchent d'un pas égal avec ses raisonnemens ; sa critique est sûre, ses exemples bien choisis, ses citations précieuses et décisives : également éloigné des systèmes de Dubos et des paradoxes de Boulainviliers, il les combat tous deux avec avantage ; il cherche et trouve souvent la vérité. Les points les plus obscurs sont ceux auxquels il s'attache de préférence : il n'élude jamais les difficultés ; tout ce qu'il traite il l'éclaircit. Aux connoissances du savant, il joint le mérite plus rare d'un jugement sain, d'une étudition bien digérée, d'une critique lumineuse. Cet ouvrage doit être le guide de tous ceux qui veulent étudier à fond notre histoire. Il y a plus ; si jamais la France a son Tite-Live, et peut enfin s'énorgueillir d'une histoire nationale, c'est sur-tout dans les écrits de MABLY qu'il faudra puiser les principes sûrs, les idées justes, les vues patriotiques, enfin l'esprit général qui doit animer ce bel ouvrage, encore à faire, le seul peut-être que les Francois aient à envier aux Romains.

Ce qui reste à imprimer des Observations, formera trois volumes égaux aux premiers. Parmi les nombreux morceaux qui peuvent exciter l'intérêt, nous nous contenterons d'indiquer le chapitre intitulé : « Des causes par lesquelles le gouvernement a pris en Angleterre une forme différente qu'en France ; » la peinture des

désordres du règne de Charles VI, et de la sombre
politique de Louis XI, qui nous ont paru des tableaux
dignes du pinceau de Tacite; ce que l'écrivain dit
des Etats-Généraux, des trois ordres, des prétentions
des corps, de la politique de Richelieu, etc. etc. etc.

L'auteur s'est arrêté au commencement du règne
de Louis XIV : il a seulement ajouté quelques réflexions générales sur la dernière révolution de la magistrature, et sur le caractère des ministres qui l'ont
opérée. L'abbé de MABLY affectionnoit singulièrement
cette suite des Observations, comme y ayant déposé
des vérités qui deviendroient un jour utiles à ses concitoyens ; et nous en parlant vers les derniers temps
de sa vie, il nous dit : « cet ouvrage est mon testament. »

8°. *Doutes proposés aux économistes, sur l'ordre naturel et essentiel des sociétés.*

Un volume, 1768.

(Page 69 de l'éloge.) On a appelé les économistes,
les convulsionnaires de la politique ; nous sommes bien
éloignés d'adopter cette dénomination ; d'ailleurs nous
ne voulons point insulter aux morts : nous dirons seulement que, sous le titre modeste de DOUTES, l'abbé
de MABLY bat en ruine un système qu'il a cru dangereux autant que ridicule. Cette critique n'est que
l'ouvrage des circonstances ; mais l'auteur en prend
occasion de remonter aux vrais principes et aux fondemens de la société ; de développer des vérités très-
importantes ; de relever la dignité de l'homme, avilie
par des sophismes, et de combattre des erreurs dont
les conséquences pourroient être dangereuses. Sa logique
est pressante et ses raisonnemens concluans : il y mêla

quelquefois une ironie fine et délicate, mais point d'injures, ame de ceux qui ont tort; point de sarcasmes ni de personnalités. Il usa de ménagemens et d'égards; il donna même des éloges à l'auteur qu'il critiquoit : c'est ainsi qu'en devroient toujours user les gens de lettres ; ils ne se rendroient pas la fable des sots; eux, le public et la vérité y gagneroient.

9°. *Du gouvernement de Pologne.*

Un volume écrit en 1770 et 1771, et imprimé seulement en 1781.

(Page 36 de l'Eloge.) C'est M. le comte Wielhorski qui fut chargé par les confédérés de Pologne de consulter en France le philosophe de Genève et l'abbé de MABLY. Jean-Jacques en fait un bel éloge; et c'est à lui que MABLY adressa son ouvrage : on n'en fit tirer qu'un très-petit nombre d'exemplaires, que l'auteur donnoit à ses amis et à ceux qu'il honoroit d'une confiance particulière.

En 1770, l'abbé de MABLY avoit fait avec cet excellent patriote un voyage en Pologne, pour mieux étudier la nation sur laquelle il avoit à travailler : il y demeura plus d'un an avec lui.

Son ouvrage pour cette république, et son séjour dans le pays, y ont laissé un tendre souvenir d'estime et de reconnoissance. Nous avons vu une lettre du prince Potocki, où tous ces sentimens sont exprimés d'une manière bien honorable pour l'abbé de MABLY. Nous citerons une partie de cette lettre, datée de Varsovie le 2 Septembre 1777.

« Monsieur, vous jouissez du privilège des hommes célèbres : connu dans les pays les plus éloignés, vous ignorez ceux qui vous lisent et que vous éclairez. On a toujours cherché, consulté et quelquefois ennuyé les philosophes : souffrez, à ce titre, les désagrémens de votre état. Le conseil préposé à l'éducation nationale m'a chargé, Monsieur, de suppléer aux livres élémentaires pour lesquels il n'a plus jugé de publier la concurrence : de ce nombre est la logique. Comme je connois vos ouvrages, et que le conseil a suivi vos principes dans le système de l'instruction publique pour les écoles Palatinales, personne assurément ne sauroit mieux que vous remplir cette importante tâche. Vous avez travaillé pour un prince souverain, refuseriez-vous d'appliquer votre ouvrage à l'usage d'une nation qui devroit l'être ? . . . Si vos occupations ne vous permettoient pas d'entreprendre cet ouvrage, vous me feriez un plaisir bien sensible de m'indiquer la personne que vous croiriez en France, aidée de vos lumières et de votre direction, en état de répondre à nos vues : ce ne sera toujours qu'un de vos élèves. Il est à souhaiter pour l'humanité que vous en ayez dans toutes les nations. Je suis, etc.

Ignace POTOCKI.»

1°. De la Législation, ou principes des Lois.

Deux volumes en un, Amsterdam, 1776.

Ad respublicas firmandas et ad stabiliendas vires, sanandos populos, omnis nostra pergit oratio.

CICERON, de Leg.

(Page 45 de l'Éloge.) Plusieurs personnes regardent cet ouvrage de MABLY comme un chef-d'œuvre. Il n'est point de sujet plus important, puisque les prin-

cipes qui doivent servir de base à la législation , embrassant le bonheur possible de tous les hommes , de
tous les lieux et de tous les temps.

Mais prétendroit-on , avec certains critiques , que
ces savantes théories sont inutiles ; et l'écrivain qui
se sent pressé de dire des vérités qu'il croit utiles ,
doit-il les renfermer dans son sein ? Nous ne le croyons
pas : il est toujours bon de montrer le but où nous
devons aspirer , même lorsqu'on ne peut y atteindre.
Ces vérités générales , semées comme au hasard , peuvent enfin germer dans la tête d'un législateur ; et
l'exemple récent d'un prince plus grand par son génie
que par ses états , qui n'a pas craint d'avouer qu'il
avoit puisé en partie dans nos écrits ces principes
d'humanité qu'il a transportés dans son code , en seroit
une nouvelle preuve , s'il en étoit besoin. Léopold
(nom heureux dans les fastes de l'humanité !), Léopold, qui sait également mériter et refuser des statues (*), vient de donner un modèle à l'Italie et un
grand exemple à l'Europe ; et peut-être à notre tour
il nous prendra un jour envie de l'imiter. D'ailleurs
ces leçons de morale , de politique et de philosophie ,
présentées par un écrivain sage , qui instruit sans aigreur , qui ne prend le ton, ni d'une énergumène ni
d'un inspiré , qui se contente de parler le langage

_____

(*). Le grand duc de Toscane a refusé une statue que ses
sujets , d'un vœu unanime , lui offroient en reconnoissance du
nouveau Code criminel qu'il vient de publier , et le produit
de ces souscriptions volontaires doit être employé à des fon-
taines publiques. (Voyez Gazette de France du 23 Février
1787).

de la raison, préparent doucement les esprits, pré-
munissent contre nombre d'erreurs, augmentent la
masse des connoissances, entretiennent une nation
dans l'espoir d'une réforme salutaire, et quand un grand
homme se présente, il trouve la matière toute pré-
parée; l'opinion publique le précède ou le seconde ;
il peut alors s'élancer dans la carrière, s'abandonner
à son génie, à son amour pour le bien public et à
cette passion, le besoin des grandes ames, d'immor-
taliser son nom et ses bienfaits. Le philosophe sème,
c'est aux états à recueillir.

11°. *De l'étude de l'histoire.*

Un volume, 1778.

(Page 40 de l'Eloge.) Un prince à jamais regret-
table, le Dauphin, père de notre auguste monarque,
appeloit l'histoire la leçon des princes et l'école de la
politique : il ajoutoit que l'histoire est la ressource
des peuples contre les erreurs des rois. On n'en pouvoit donner une plus belle définition : il semble que
MABLY ait entrepris de la justifier.

Son traité de l'étude de l'histoire avoit d'abord été
imprimé dans le cours d'étude de l'abbé de Condillac
son frère ; il a été fait pour l'instruction du jeune
prince, devenu duc de Parme et de Plaisance en 1765.

MABLY lui adresse la parole, comme Bossuet, dans
l'Histoire Universelle, au grand dauphin. Le commencement en est admirable : Voulez-vous être un grand
homme? lui dit-il, oubliez que vous êtes prince, etc.
etc. Sans prétendre en aucune façon comparer la hau-
teur du génie et l'éloquence entraînante et sublime de

l'aigle de Meaux à la sagesse de l'écrivain moderne, nous oserions dire que l'écrit du dernier, s'il étoit bien médité, est plus propre encore à former un prince à ses devoirs, à lui inspirer des sentimens de justice, à le prémunir contre l'empire des passions, et sur-tout à lui enseigner la route qu'il faut suivre pour faire le bonheur de ses peuples, que le chef-d'œuvre de l'éloquence Françoise.

Il nous seroit facile de justifier par des citations tous les éloges que nous avons faits de ce traité; mais nous aimons mieux espérer qu'enfin on le lira : d'ailleurs ces notes sont déjà trop longues. Un écrivain qui paroît avoir beaucoup médité sur ces matières, dit, en parlant de ce livre de l'étude de l'histoire : « Nous croyons que la première partie de ce petit ouvrage est ce que M. l'abbé de M A B L Y a jamais imprimé de plus neuf et de plus utile. » (Jugement sur l'ouvrage de Pierre Chabrit, par M. Garat.)

12º. *De la manière d'écrire l'histoire.*

Un volume, 1773.

(Page 70 de l'Eloge.) A l'exception des jugemens, sans doute trop sévères et même, nous osons le dire, injustes à plusieurs égards, que MABLY a portés contre Voltaire et l'illustre Roberston, nous pourrions peut-être le justifier avec avantage sur tous les reproches qu'on lui a faits ; mais par de justes égards que nous croyons devoir à l'homme de lettres estimable d'ailleurs, et qui, trop jeune encore, s'est laissé emporter à l'impulsion du moment , ou à des impressions étrangères, et que son zèle a égaré en l'attaquant, nous

nous interdirons toute discussion sur cette querelle. Nous pensons qu'on ne sauroit faire trop de sacrifices au bien de la paix et à l'honneur des lettres. Seulement qu'il nous soit permis d'opposer aux détracteurs de l'abbé de MABLY, s'il en étoit encore, un suffrage qui vaut mieux que le nôtre, et dont on peut être orgueilleux. MABLY n'avoit encore fait ni les entretiens de Phocion, ni les observations sur l'histoire de France, ni le gouvernement de Pologne, ni les principes des lois, ni ceux de morale, ni l'étude de l'histoire, qu'il étoit déjà cité par un écrivain, après Fénélon, l'abbé de Saint-Pierre, Montesquieu, l'ami des hommes, etc., au nombre des bons François et des gens éclairés, qui n'ont pas craint de dire des vérités utiles, et de dévoiler les fautes de la législation; et cet écrivain, c'est Jean-Jacques. Voyez sa réponse à un écrit anonyme, à la suite de sa lettre à d'Alembert sur les Spectacles.

13°. *Principes de morale.*

Un volume, 1784.

(Page 68 de l'Eloge.) Ce livre n'a pas excité moins d'orages que le précédent : le même motif du bien de la paix nous engage au même silence.

Le grand Condé, arrachant quelques feuillets de son histoire, où l'on racontoit ses exploits contre son pays, est l'image de ce que je voudrois faire pour l'auteur de cet excellent écrit. Je le représenterois, par égard pour les esprits timides, arrachant quelques pages de ses principes de morale, et je croirois par ce sacrifice

avoir

avoir acquis le droit de dire tout le bien que j'en pense.

Au reste dans toutes les attaques qu'on a portées à l'abbé de MABLY, ses amis ont pu chercher à le venger (voyez les lettres sur la censure de la Sorbonne); mais pour lui, il n'a jamais écrit une seule ligne pour sa défense.

14°. *Observations sur les États-Unis d'Amérique.*

Un volume, 1784.

(Page 77 de l'Eloge.) Ce sont quatre lettres adressées à l'un des envoyés des États-Unis, M. John Adams, qui avoit désiré les remarques de l'auteur sur les constitutions de l'Amérique : c'est ce qui avoit induit en erreur et fait dire dans le temps, que les Colonies Angloises l'avoient choisi pour leur législateur.

Ses observations parurent sévères, mais il crut pouvoir dire la vérité toute entière. « Les Américains, dit-il, ne sont plus sujets du roi d'Angleterre : ils sont aujourd'hui des hommes libres ; et si mon opinion leur paroissoit aussi dure et aussi sauvage qu'elle peut le paroître en Europe, je ne pourrois m'empêcher d'en tirer un mauvais augure pour l'avenir. » (Observations, page 76.)

Aussi est-il très-faux qu'on ait brulé en Amérique, ou trainé dans la boue l'ouvrage de MABLY, comme on l'a prétendu dans quelques papiers publics : il étoit plus digne d'un peuple si sage d'y répondre.

C'est ce que vient de faire M. Adams dans un ouvrage intitulé : Apologie des constitutions des États-Unis de l'Amérique. Nous n'avons pas encore vu ce

livre, qui n'est qu'annoncé ; mais nous connoissons
une lettre imprimée de M. Adams (Journal Encyclop.
du mois de Mai 1787, pag. 113 et suiv.), où il semble se défendre d'avoir invité l'abbé de MABLY à
écrire ce qu'il pensoit sur les constitutions Américai-
nes ; il invoque le témoignage de MM. les abbés de
Chalut et Arnoux , amis communs de M. Adams et
de l'abbé de MABLY ; et nous, nous sommes prêts à
donner, s'il en est besoin ; la déclaration de ces deux
messieurs , que nous avons entre les mains , et qui
éclaircit pleinement la question à l'avantage de l'abbé
de MABLY.

Au reste, s'il avoit besoin de justification pour avoir
regardé les Américains comme étant déjà trop vieux,
et sur ce qu'il sembloit redouter pour eux du commerce et des vices de l'ancien monde, nous la trouverions dans l'ouvrage même du sage ministre qui a
succédé en France au John Adams et aux Francklin.
M. Jefferson, dans ses observations sur la Virginie (*),
craint aussi pour l'Amérique que les étrangers n'y
apportent leurs vices, leurs préjugés et leur servilité
d'Europe ; et les semences de discorde qui commencent
à éclater, les mécontentemens, les réclamations armées, etc. sont peu propres peut-être à nous rassurer
sur ces craintes.

(*) *Notes on Virginia.* Voyez Merc. du 2 Juin 1787 ,
pag. 28.

15°. OUVRAGES MANUSCRITS.

1°. *Des droits et des devoirs du citoyen.*

Petit in-folio pouvant faire deux vol. in-12.

(*Page 69 de l'Eloge*) Ce sont des entretiens que l'auteur suppose avoir eus avec milord *Stanhope*. Ce livre fait connoître à l'homme ses devoirs, ses droits et sa dignité. Il éclaire l'esprit, il échauffe le cœur ; l'ame s'élève à la lecture de ces lettres : c'est le catéchisme du citoyen.

Il y a des pensées grandes et fières, à la manière de Montesquieu. Par exemple : « La pompe des noms et des titres n'impose plus à mon imagination : dans les hommes les plus humiliés par la fortune, je crois voir des princes détrônés qu'on retient dans les fers.

Tout peuple qui n'est pas barbare, a une religion ; et Dieu ne manque jamais d'avoir révélé aux prêtres ses volontés ; c'est ce qu'on appelle ordinairement lois divines. »

Nous regrettons de ne pouvoir en citer d'avantage ; mais le temps nous instruira mieux, et nous dévoilera ce que nous devons penser de cette production.

2°. La suite des Observations sur l'histoire de France, dont nous avons fait mention sous le n°. 7 de cette notice.

3°. etc. Un Traité du Beau, et d'autres Traités des talens, des passions, etc. etc., dont nous n'avons pas une connoissance particulière.

Note IVe. page 82 de l'Éloge.

Sa personne et son caractère.

(4) En faisant dans plusieurs de ses écrits l'éloge d'un philosophe pratique, sans faste, et qui fuit toute espèce d'ostentation, même celle de la vertu, MABLY semble avoir tracé son portrait : voilà pourquoi l'on a peu d'anecdotes sur sa personne. Sa vie est toute entière dans ses écrits, comme l'éloge d'un législateur est tout entier dans ses lois.

Nous ajouterons seulement ici quelques traits de caractère à ceux que nous avons déjà cités.

Son désintéressement étoit tel qu'il ne retira jamais rien de ses ouvrages ; à peine exigeoit - il quelques exemplaires pour les présens d'usage ; bien différent de ces littérateurs qui n'estiment dans le commerce des muses que le profit que ce commerce leur rapporte. Riche du retranchement de tous les besoins factices, il pouvoit s'écrier comme Socrate, en se promenant dans Athènes : « que de choses dont je n'ai que faire ! »

Il n'eut jamais qu'un seul domestique ; et sur la fin de ses jours il se priva de ces commodités de la vie que son âge et ses infirmités lui rendoient cependant plus nécessaires, afin d'accroître la petite fortune de ce serviteur fidelle. Il pratiquoit à la lettre cette maxime si douce et si humaine, « de regarder ses domestiques comme des amis malheureux. »

Faire sa cour, est une expression qui n'étoit point à son usage. On voulut un jour l'entraîner chez un ministre qui même l'avoit invité ; on ne put jamais l'y déterminer : mais il dit qu'il le verroit volontiers, lorsqu'il ne seroit plus en place.

M. le maréchal de Richelieu pressoit un jour l'abbé de MABLY de se mettre sur les rangs pour l'académie Françoise ; MABLY refusa. « Mais, lui dit le vainqueur de Mahon, si je faisois toutes les démarches, et que vous fussiez agréé, refuseriez-vous ?.. » Le maréchal le pressa tant, il y mit tant de grâces, que, vaincu par ce noble procédé, MABLY n'osa persister, et fut comme force de promettre. Mais aussi-tôt qu'il fut sorti, il courut chez son frère de Condillac, lui raconta comment la chose s'étoit passée, et le conjura de le dégager à quelque prix que ce fût. « Mais pourquoi cette grande résistance ? » lui dit son frère. --- « Pourquoi ? Si j'acceptois, je serois obligé de louer le cardinal de Richelieu, ce qui est contre mes principes ; ou si je ne le louois pas, devant tout à son petit-neveu dans cette circonstance, je serois coupable d'ingratitude. »

Condillac se chargea de la négociation, et les choses en demeurèrent là. Nous tenons cette anecdote d'un ami particulier de l'abbé de MABLY, et lui-même est membre de l'académie Françoise.

Le bruit avoit couru qu'on lui proposeroit l'éducation de l'héritier d'un grand empire ; il dit hautement, que la base de son éducation seroit ; « que les rois sont faits pour les peuples, et non les peuples pour les rois, » et que ce seroit la chose sur laquelle il reviendroit sans cesse : il ne fut point nommé.

Il aimoit à répéter cet adage de Leibnitz, « le temps présent est gros de l'avenir ; » et son propre exemple en prouve la justesse et la profondeur. Il s'étoit tellement exercé à étudier le jeu et la marche des passions, et à rechercher dans les révolutions des Empires les causes et la chaîne des événemens ; il avoit acquis une telle expérience des hommes et des choses, que cette connoissance du passé avoit, pour ainsi dire, déchiré pour lui le voile de l'avenir : il a en quelque sorte tiré l'horoscope des états. Dès la paix de 1762 ; et au moment où l'Empire Britannique étoit à son plus haut période de gloire et de puissance, MABLY prédit la révolution de l'Amérique ; il prévoyoit dès lors la défection des Colonies Angloises. « *Si un jour elles se rendent libres et indépendantes*, dit-il, etc. (Voyez le droit public de l'Europe, tom. 2, page 422, édit. de 1764 ; et tom. 3, pag. 412 et 414, et Principes des Négociations, édit. de 1767, pag. 90. ») Ce qui s'est passé à Genève, il l'avoit également prévu. (Voyez Principes des lois, Ire part. pag. 169.) Et si l'on veut savoir ce qui se passe aujourd'hui en Hollande, il faut voir les Principes des Négociations (pag. 162.) et le traité de l'Étude de l'Histoire (pag. 213, 214.) Cette expérience lui donnoit quelquefois de l'humeur ; ses amis lui en faisoient le reproche, et l'appeloient en plaisantant, « Prophète du malheur. » « Il est vrai, répondoit-il, que je connois assez les hommes pour ne pas espérer facilement le bien. »

Note V^e et dernière, page 90 de l'Éloge.

Sa mort et son épitaphe.

(5) Ses amis, la France et l'Europe le perdirent le 23 Avril 1785, étant âgé de 76 ans.

Son Épitaphe, ouvrage de l'amitié éclairée, contient tout son éloge ; nous ne pouvons nous refuser au plaisir de la copier.

D. O. M.

HIC JACET

GABRIEL BONNOT DE MABLY,

GRATIANOPOLITANUS,

JURIS NATURÆ ET GENTIUM

INDICATOR INDEFESSUS, AUDAX, FELIX

DIGNITATIS HUMANÆ VINDEX,

ORBIS UTRIUSQUE SUFFRAGIIS ORNATUS,

POLITICIS SCRIPTIS NULLI SECUNDUS;

EVENTUM PRÆTERITORUM CAUSAS

DETEXIT,

FUTUROS PRÆNUNCIAVIT,

QUÆ AD PRÆPARANDOS, QUÆ AD AVERTENDOS

DOCUIT;

RECTI PERVICAX

QUID PULCHRUM, QUID TURPE,

QUID UTILE, QUID NON,

DIXIT:

"VIR PAUCORUM HOMINUM,

CENSU BREVI NIHIL RERUM INDIGUS

HONORES, DIVITIAS,

OMNIMODA SERVITII VINCULA

CONSTANTER ASPERNATUS;

VITA INNOCUUS, RELIGIONIS CULTOR,

ÆQUISSIMO ANIMO

OBIIT 23â. D. APR. 1785. NAT. 14â.

D. MART. 1709.

H. M.

MODICUM ET MANSURUM,

AMICO ÆTERNUM FLEBILI,

TESTAMENTI CURATORES POSUERE.

Les mêmes amis de l'abbé de MABLY, qui ont si bien caractérisé son ame et ses écrits, avoient formé le projet de consacrer à sa mémoire un modeste monument dans l'église où il a été inhumé; tout alloit être exécuté, quand des ordres émanés des supérieurs ecclésiastiques ont tout arrêté. On a refusé un tombeau au moderne Phocion; c'est une ressemblance de plus avec le Phocion d'Athènes.

Ces amis, vraiment dignes de ce nom, ont voulu perpétuer ses traits : on ne pouvoit du moins leur envier cette douce satisfaction. L'abbé de MABLY, différent des gens de lettres, qui commencent par gratifier le public de leurs gravures, en attendant qu'ils soient illustres, n'avoit pas souffert qu'on gravât son portrait pendant sa vie; mais après sa mort, ils le firent exécuter par un artiste habile, M. Pugos, et ce portrait est parfaitement ressemblant. Tous les traits de l'homme de bien y sont vivans; la vertu sévère y respire : au bas on lit ce vers de JUVENAL, qui semble fait pour lui :

ACER ET INDOMITUS, LIBERTATISQUE MAGISTER.
(Satire 2, v. 78.)

Ainsi donc, après que l'éloge public qui lui a été décerné, aura obtenu le suffrage et la sanction de l'académie, et qu'elle aura ainsi imprimé à son nom le sceau de l'immortalité, il ne manquera plus rien à sa gloire qu'une statue à côté de celles de ces grands citoyens qui ont bien mérité de la patrie.

FIN DE L'ÉLOGE.

AVERTISSEMENT

DE LA PREMIÈRE ÉDITION.

JE me propose dans cet ouvrage de faire connoître les différentes formes du gouvernement auxquelles les François ont obéi depuis leur établissement dans les Gaules ; et de découvrir les causes, qui , en empêchant que rien n'ait été stable chez eux, les ont livrés , pendant une longue suite de siècles , à de continuelles révolutions. Cette partie intéressante de notre histoire est entièrement inconnue des lecteurs qui se bornent à étudier nos annalistes anciens , et nos historiens modernes. Je l'ai éprouvé par moi-même ; dès que je remontai aux véritables sources de notre histoire, c'est-à-dire, à nos lois, aux capitulaires, aux formules anciennes, aux chartes, aux diplomes , aux traités de paix et d'al-

liance, etc. Je découvris les erreurs grossières et sans nombre où j'étois tombé
dans mon Parallèle des Romains et des
François. Je vis paroître devant mes
yeux une nation toute différente de celle
que je croyois connoître. J'appris trop
tard combien la lecture de nos anciennes
annales est peu instructive, si on n'y
joint pas l'étude des pièces ; je vis qu'il
ne faut lire qu'avec une extrême circonspection nos historiens modernes, qui tous
ont négligé l'origine de nos lois et de nos
usages, pour ne s'occuper que de siéges
et de batailles ; et qui en faisant le tableau des sièles reculés, ne peignent jamais que les mœurs, les préjugés et les
coutumes de leur temps.

Les François n'eurént point de lois
tant qu'ils habitèrent la Germanie ; et
quand ils s'établirent en-deçà du Rhin,
leur politique se borna à rédiger des
coutumes qui ne pouvoient plus suffire à
un peuple qui avoit acquis des demeures

fixes, et jeté les fondemens d'un grand empire. La férocité de leurs anciennes mœurs les attachoit autant que l'habitude et leur ignorance aux usages Germaniques ; mais les vices nouveaux que leur donna le commerce des Gaulois, de nouveaux besoins et de nouveaux intérêts les forcèrent malgré eux de recourir à des nouveautés. Ils firent des lois avant que de connoître l'esprit qui doit les dicter, et la fin qu'elles doivent se proposer ; et ces lois, souvent injustes et toujours insuffisantes, n'acquirent presque aucun crédit. Les François continuèrent de se laisser conduire au gré de leurs passions et des événemens ; et confondant la licence avec la liberté, le pouvoir des lois avec la tyrannie, ne formèrent qu'une société sans règle et sans principe. Ils se familiarisèrent dans l'anarchie, avec les désordres auxquels ils n'avoient pas l'art de remédier ; l'intérêt du plus fort sembla toujours décider de l'intérêt public , et jusqu'au règne de Philippe-de-Valois, les droits de la souveraineté appartinrent tour à tour ou à la fois à tous ceux qui purent ou voulurent s'en emparer. Si j'ai réussi à développer la suite et l'enchaînement de ces révolutions, causes à la fois et effets les unes des autres, j'ai composé l'histoire inconnue de notre ancien droit public. Quelques personnes ont désiré que je donnasse à mes observations le titre d'histoire de notre gouvernement ; je n'ai pas osé suivre leur conseil ; je sens combien mon ouvrage est inférieur à ce qu'auroit promis un pareil titre. Je n'ai fait qu'un essai ; et c'est assez pour moi, s'il peut être de quelque secours aux personnes qui veulent approfondir notre histoire.

Rien n'est plus propre à nous faire aimer et respecter le gouvernement auquel nous obéissons, qu'une peinture fidelle des malheurs que nos pères ont éprouvés, pendant qu'ils ont vécu dans l'anarchie. Quel danger peut-il y avoir à faire connoître nos anciennes coutumes er notre ancien droit ? Qui ne sait pas que les lois, les mœurs et les coutumes des peuples n'ont rien de stable ? Personne n'est assez ignorant pour confondre les premières lois qu'ait eues une nation, avec ses lois fondamentales : la loi fondamentale d'un état n'est point un amas de lois proscrites, oubliées ou négligées, mais la loi qui règle, prèscrit et constitue la forme du gouvernement.

En se rappelant la situation déplorable du prince, du clergé, de la noblesse et du peuple, jusqu'aux premiers Valois, on ressemblera à ces voyageurs qui, après avoir échoué contre cent écueils et essuyé de violentes tempêtes, abordent enfin au rivage et jouissent du repos. En voyant la peinture de nos erreurs et de nos calamités, quel lecteur ne connoîtra pas le prix d'une sage subordination ? Loin de regretter des coutumes barbares et contraires aux premières notions de l'ordre et de la société, on s'applaudira de vivre sous la protection d'une autorité assez forte pour réprimer les passions, donner aux lois la puissance qui leur appartient, et conserver la tranquillité publique. C'est sans doute ce qu'ont pensé des ministres éclairés, quant ils ont invité des savans à fouiller dans la poussière de nos archives, et à publier ces recueils précieux de pièces dont mon travail n'est que le résultat.

Les observations que je donne aujourd'hui ne s'étendront pas au-delà du règne de Philippe-de-Valois, ou de la ruine du gouvernement féodal. Avant que de poursuivre un ouvrage très-laborieux, il est prudent, je crois, de consulter le goût du public, et de lui demander s'il pense que la manière dont j'envisage notre histoire, soit utile. Si on goûte cet essai, ce sera pour moi un encouragement, et j'avoue que j'en ai besoin pour mettre en ordre les matériaux que j'ai entre les mains, et qu'il est infiniment plus difficile de rédiger que de recueillir. Je continuerai à examiner notre histoire sous Philippe-de-Valois et ses successeurs. Je ferai voir combien les lumières qui commençoient à se répandre dans la nation instruite par ses malheurs, étoient encore incapables de lui faire connoître ses vrais intérêts ; et combien nous avons eu de peine à triompher des préjugés et des passions que plusieurs siècles de barbarie et le bizarre gouvernement des fiefs avoient fait naître.

Il n'est pas juste qu'on m'en croie sur ma parole, quand je contredirai les idées reçues sur notre ancien gouvernement, et qu'on a prises dans des écrivains qui ont travaillé avant moi à débrouiller l'histoire de France. Il est essentiel à mon ouvrage d'y joindre les autorités sur lesquelles je fonde mon opinion, et même d'exposer quelquefois dans un certain détail, les raisons par lesquelles je me détermine à prendre tel ou tel sentiment. Mais j'ai cru qu'à l'exception des savans, accoutumés à la fatigue pesante de l'érudition, on ne verroit qu'avec peine suspendre le fil de mon récit, pour entendre des dissertations critiques, ou lire des morceaux barbarement écrits de nos anciennes lois. J'ai renvoyé ces espèces de discussions à des remarques indiquées par des chiffres dans le corps de mon ouvrage. Leur nombre et sur-tout leur longueur m'ayant empêché de les placer au bas des pages, elles formeront un corps à part à la suite de mes observations, et serviront de pièces justificatives.

OBSERVATIONS

OBSERVATIONS

SUR

L'HISTOIRE DE FRANCE.

LIVRE PREMIER.

CHAPITRE PREMIER.

Des mœurs et du gouvernement des François en Germanie.--- Leur établissement dans les Gaules.

ON ne peut faire que des conjectures sur l'origine des François : s'ils ne sont pas Germains, il est sûr du moins, soit qu'ils viennent de Pannonie, du Nord, ou des provinces voisines des Palus Méotides, qu'ils habitèrent assez long-temps la Germanie pour en prendre les mœurs et le gouvernement. On diroit que les lois Saliques et Ripuaires sont l'ouvrage de ces Germains mêmes dont Tacite nous a tracé le portrait, tant elles supposent les mêmes coutumes, les mêmes préjugés, les mêmes vices et les mêmes vertus. Cet attachement des peuples Germaniques à leurs principes, seroit une espèce de prodige chez des nations où l'oisiveté, l'avarice, les richesses et le luxe affoiblissent l'empire des lois, et en exigent sans cesse de nouvelles; mais chez des peuples encore à demi sauvages, et assez heureux pour avoir peu de besoins, la pauvreté et l'ignorance sont un obstacle aux révolutions.

La guerre et la chasse étoient les seules occupations des François; leurs troupeaux et les esclaves qui en avoient soin, faisoient toutes leurs richesses. L'empire Romain qui craignoit leur valeur farouche, tenta de les civiliser pour les amollir. Après avoir obtenu par hasard quelqu'avantage sur eux, il pût exiger qu'ils se soumissent à cultiver la terre. Il voulut les attacher aux pays qu'ils habitoient, pour les forcer à aimer le repos; mais dès que leurs forces furent réparées, ils regardèrent cette loi comme un affront, continuèrent à croire que tout appartient aux plus braves et aux plus forts, et qu'il ne convient qu'à des lâches de ne pas conquérir leur subsistance. Les Gaules, qu'ils regardoient comme un pays ennemi, parce qu'elles leur offroient un riche butin, furent continuellement pillées, ou obligées de se racheter du pillage en achetant la paix par des traités qui étoient bientôt violés. Comment les François auroient-ils soupçonné qu'il pût y avoir un droit des gens, que deux nations voisines eussent des devoirs réciproques à remplir, et qu'il leur importoit de respecter la foi des traités ? A peine savoient-ils qu'ils étoient citoyens, et qu'ils formoient une société.

En effet, au lieu de lois, ils n'avoient pour toute règle que des coutumes grossières, conservées par tradition, et dont un père instruisoit ses enfans, en leur apprenant à se servir de son épée et de sa francisque. On les accoutumoit à tout oser, et à tout attendre de leur courage. Quelque soldat distingué par sa valeur ou son expérience formoit-il une entreprise hasardeuse, il devenoit le capitaine de tous ceux à qui il avoit communiqué son audace et ses espérances ; et l'on vit souvent de ces bandes d'aventuriers se séparer de leur nation, infester les mers, piller des provinces d'Espagne et d'Italie, et porter leurs ravages jusques sur les côtes même de l'Asie Mineure. Chaque famille formoit en quelque sorte une république séparée, qui avoit ses intérêts particuliers ; et qui, se réunissant pour venger les injures ou les dommages faits à quelqu'un de ses membres, se faisoit elle-même justice par la voie des armes. Cet état de guerre empêchoit qu'il ne se formât parmi les François, les liens les plus nécessaires à l'ordre de la société ; et leurs querelles particulières les auroient infailliblement ruinés, si les maux mêmes qu'elles produisoient, ne les eussent forcés de se plier à une sorte de police favorable aux foibles, et qui peint cependant encore mieux que tout le reste leur ignorance er la barbarie de leurs mœurs.

Quand, après avoir fait une injure, on ne se sentoit pas en état de se défendre contre son ennemi, on étoit le maître de se soustraire à son ressentiment, en lui donnant, selon la nature de l'offense, une certaine quantité de bœufs ou de moutons; c'est ce que nos anciennes lois appellent une composition, et il n'étoit pas permis à l'offensé de la refuser. Les magistrats, si l'on peut donner ce nom auguste au général d'une nation de brigands, et aux capitaines de chaque bourgade, étoient obligés de prendre sous leur protection les coupables, dont un ennemi trop vindicatif n'auroit pas voulu recevoir la composition, pour se réserver le droit de les punir à son gré. Ils ne venoient au secours de l'offensé que quand il étoit trop foible pour se venger, et contraindre son ennemi à lui payer une composition, ou que l'auteur de l'offense étoit inconnu. Le juge alors, comme capitaine du canton, menaçoit de la guerre l'agresseur, et le forçoit à satisfaire sa partie; ou si on ne faisoit que soupçonner un citoyen

d'avoir commis le délit, il l'obligeoit à se justifier, soit en subissant l'épreuve ridicule du fer
chaud ou de l'eau bouillante; soit en produisant, selon la nature de l'accusation, un plus
grand ou un moindre nombre de témoins, qui
affirmoient avec lui son innocence.

Il est aussi indifférent de savoir si le chef de
la nation françoise fut appelé du nom de roi
ou de duc, qu'il importe de connoître l'étendue
et les bornes de son autorité. Tacite nous apprend que le gouvernement des Germains étoit
une démocratie, tempérée par le pouvoir du
prince (1) et des grands. Quand on ne retrou-
veroit pas dans les monumens les plus anciens
et les plus respectables de notre histoire, une
assemblée générale, appelée le champ de Mars,
en qui résidoit la puissance législative, et un
conseil composé du roi et des grands, qui n'é-
toit chargé que du pouvoir exécutif, ou de décider provisionnellement les affaires les moins
importantes ou les plus pressées; on jugera sans
peine, après ce que j'ai dit de la fortune et des
mœurs des François, qu'ils devoient être sou-
verainement libres. Un peuple fier, brutal, sans
patrie, sans loi, dont chaque citoyen soldat ne
vivoit que de butin, qui ne vouloit être gêné par
aucun châtiment, et ne punissoit de mort que la
trahison, ou l'assassinat, et la poltronnerie, devoit

avoir un capitaine, et non pas un monarque. Les François pouvoient tolérer, de la part de leur chef, quelques violences atroces même, parce qu'elles étoient dans l'ordre des mœurs publiques ; mais une autorité suivie, raisonnée et soutenue, eût été impraticable. De quelque titre que le général des François fût revêtu, la coutume ne lui donnoit que quelques prérogatives, qu'il eût été dangereux pour lui de vouloir étendre. Il recevoit les respects d'une cour sauvage, qui ne pouvant ni le corrompre par ses flatteries, ni être elle-même corrompue par ses libéralités, le jugeoit toujours avec justice. En un mot, le prince, comme roi, n'avoit point de sujets ; puisque, comme général, il ne commandoit que des soldats qui combattoient pour leurs propres intérêts.

En effet, le butin que faisoit une armée appartenoit à l'armée ; et le roi lui-même n'avoit que la part que le sort lui assignoit. On se rappelle sans doute que Clovis, après la bataille (2) de Soissons, n'osa disposer, sans le consentement de ses soldats, d'un vase précieux qu'ils avoient pris sur le territoire de Rheims, et que l'évêque de cette église lui redemandoit. Suivez-moi jusqu'à Soissons, dit-il à l'envoyé du prélat, c'est-là que se doit faire le partage de notre butin ; et je vous satisferai. Dès qu'on se fut disposé à faire les lots , le prince supplia son armée de lui accorder, outre sa part, le vase enlevé à l'église de Rheims ; mais un soldat , choqué de cette demande , quoique faite dans les termes les plus propres à ne pas révolter, l'avertit, avec toute la brutalité germanique , de se contenter de ce qui lui écherroit en partage , et déchargea en même temps un coup de sa francisque sur le vase. Si Clovis eût été le souverain , et non pas simplement le général de son armée, pourquoi n'auroit-il pas usé du droit de la souveraineté ? Si le soldat , qui fut choqué de sa demande , eût été coupable , sans doute que le prince fier , emporté et victorieux , auroit vengé sur le champ son autorité méprisée. Il sentit vivement , dit *Grégoire de Tours*, l'injure qu'on lui faisoit ; l'armée la désaprouvoit ; et cependant il attendit , pour se livrer à son ressentiment , que le soldat lui eût fourni un prétexte de le punir, en commettant une faute contre la discipline.

Les François avoient déjà erré dans différentes provinces de la Germanie , lorsqu'ils s'établirent sur la rive droite du Rhin. L'empire Romain subsistoit encore , parce que les barbares, accoutumés à ne faire que des courses , et qui ne vouloient que du butin , faisoient la guerre sans être conquérans. Mais les circonstances changèrent bientôt ; les provinces appauvries et presque désertes ne valurent plus la peine d'être pillées ; et les empereurs, dont les finances étoient épuisées, ne furent plus en état d'acheter la paix, ni de mettre leurs frontières en sureté, en payant une espèce de solde ou de tribut à quelques nations Germaniques, dont ils mendioient depuis long - temps la protection. Cependant les barbares, qui s'étoient fait de nouveaux besoins par le commerce qu'ils avoient avec les Romains, devoient peu - à - peu se dégoûter de cette nouvelle situation ; il falloit qu'ils prissent de nouvelles mœurs, et se fissent une nouvelle politique. La guerre ne pouvant plus suffire à leur subsistance, ils devoient employer leur esclaves à cultiver la terre ; et dès qu'ils consentiroient à avoir une patrie et des demeures fixes, ils étoit naturel qu'ils voulussent abandonner les forêts et les marais de la Germanie, pour s'établir sur des terres fertiles, et sous un ciel moins sauvage. L'exemple de leurs pères, les préjugés de leur éducation, et la force de l'habitude, empêchoient seuls cette révolution qu'un événement imprévu rendit enfin nécessaire.

Quelques jeunes Huns chassoient sur les bords des Palus Méotides ; une biche qu'ils avoient lancée, traversa un marais qu'ils regardoient comme une mer impraticable ; et en suivant témérairement leur proie, ils furent étonnés de se trouver dans un nouveau monde. Ces chasseurs, impatiens de raconter à leurs familles les merveilles qu'ils avoient vues, retournèrent dans leurs habitations, et les récits par lesquels ils piquoient la curiosité de leurs compatriotes, devoient changer la face des nations. Jamais peuple ne fut plus terrible que les Huns; ils se répandirent dans l'Europe par le chemin qu'ils venoient de découvrir, et tous les barbares qu'ils attaquèrent furent détruits, ou devinrent esclaves. Ils s'avancèrent dans la Germanie, et la terreur s'empara des Goths, des Alains, des Vandales, des Suèves, etc. qui, ne se trouvant plus en sureté dans leurs anciennes habitations, se virent contraints, pour sauver leur liberté, de conquérir un asile dans les provinces de l'empire.

Cet exemple donna de l'émulation aux François, et ce fut sous la conduite de Clodion qu'ils passèrent le Rhin, s'ouvrirent Tournay, et y placèrent le siége de leur nouvelle république. Aëtius tenta inutilement de les chasser de cette conquête; et ce qu'il ne fit pas, aucun des généraux qui commandèrent après lui les armées Romaines dans les Gaules ne put l'exécuter. L'histoire ne dit presque rien de Mérovée: occupée des entreprises importantes des Huns, des Visigoths et des Vandales, qui fondoient de gran-

des monarchies, elle passe sous silence les courses et les ravages que ce prince fit dans les Gaules. Sous Chilpéric, son successeur, les François n'étendirent pas leur domination au-delà
du Tournésis. Peut-être faut-il. l'attribuer à leur
manière ancienne de faire la guerre, qu'ils avoient
conservée, ou à la mollesse de leur roi, qui commençant à se familiariser avec des vices inconnus dans la Germanie, étoit plus flatté d'enlever les femmes de ses sujets que des provinces
aux Romains, et fut chassé par sa nation, qui
le crut indigne d'elle. Quoi qu'il en soit, ce n'est
qu'après la ruine entière de l'Empire d'Occident,
que les François prirent un nouveau génie,
étendirent leurs vues, et devinrent conquérans.

Dans la situation déplorable où se trouvoit
l'Empire, il étoit indifférent pour les peuples
qui vouloient s'y établir, que le trône des empereurs subsistât, ou fût renversé ; mais les
barbares, qui ne connoissoient, ni ce qui fait
la force, ni ce qui fait la foiblesse d'un état, se
laissoient tromper par je ne sais quel air de
grandeur, ou plutôt de faste et d'orgueil, que
les empereurs avoient conservé dans leur décadence, et ce fantôme leur imposoit. Odoacre,
pour concevoir, et consommer l'entreprise aisée
de détrôner Augustule, dut être un audacieux :
la révolution dont il fut l'auteur, causa une fer-

mentation générale chez les barbares. Toutes les nations s'agitèrent à la fois, chacun regarda quelque province de l'Empire comme sa proie ; et l'on vit se former et se détruire en même temps mille nouvelles monarchies. Je me borne à parler de ce qui regarde les François. Ils touchoient aux provinces septentrionales des Gaules, qui étoient restées sous la domination des empereurs, tandis que celles du midi avoient passé sous l'obéissance des Visigoths et des Bourguignons ; et ces provinces, consternées de n'avoir en quelque sorte plus de maître, et qu'une longue habitude du joug avoit rendues incapables de recouvrer leur liberté, devoient obéir à quiconque voudroit les gouverner.

Peu de princes, dans ces circonstances, ont été aussi propres que Clovis, je ne dis pas seulement à conquérir, mais à former un Empire. Sous cette férocité qui caractérise son siècle et les héros de la Germanie, ce prince supérieur à à sa nation et à ses contemporains, avoit des lumières, des talens, et même des vertus, qui auroient honoré le trône des Empereurs Romains. Dans une nation policée, la cruauté et la fourberie annoncent une ame foible, lâche et timide : chez un peuple encore sauvage, elle s'associent souvent avec une ame grande, noble et fière. A qui ne connoît pas les bornes étroites qui séparent la vertu du vice, la violence peut paroître du courage, et la perfidie de la prudence. Clovis qui n'avoit pour toute règle de morale que les préjugés de sa nation, son estime ou sa censure, se permit, pour réussir dans ses desseins, tout ce qui ne devoit pas le rendre odieux. Mais la manière différente dont il se comporta, suivant la différence des conjectures, avec les Gaulois, les François, les Bourguignons, les Visigoths, les empereurs d'Orient, et les peuples de Germanie, fait voir en lui un génie aussi droit et ferme dans ses vues, que fécond en ressources, et un courage propre à réussir dans tous les temps, et trop supérieur aux événemens pour recourir par nécessité à des moyens bas et honteux.

Il commença ses conquêtes par la défaite de Siagrius, qui avoit pris le titre de roi, et fait reconnoître son autorité sur les frontières de la Gaule, quand l'Empire fut détruit par Odoacre. Ce premier avantage ouvrit un pays considérable aux François, et Soissons devint leur capitale. Je ne réfute pas ici un écrivain célèbre, qui a prétendu que les François, amis, alliés et auxiliaires des empereurs, dont ils recevoient une solde, ne se sont point emparés des Gaules les armes à la main. M. l'abbé du Bos ne fait de Clovis qu'un officier de l'Empire, un maître de la milice, qui tenoit son pouvoir de Zénon et d'Anastase. Il imagine une république Armorique, des confédérations, des alliances, des traités ; il se livre à des conjectures jamais analogues aux coutumes ni aux mœurs du temps dont il parle, et toujours démenties par les monumens les plus sûrs de notre histoire, qu'il ne cite jamais, ou dont il abuse. Il suppose que les François, aussi patiens et aussi dociles que des soldats mercenaires, n'ont vaincu que pour l'avantage de leur capitaine, et n'auront pas regardé leur conquête comme leur bien, et le droit d'y commander comme une partie de leur butin. En un mot, ce roman, qui n'a pour toute base qu'une hardiesse extrême à conjecturer, et quelques passages obscurs et mal-entendus, ne peut avoir d'autorité que sur des esprits qu'il est presqu'inutile de détromper.

La bataille de Soissons, et la conquête de la cité de Tongres, répandirent une terreur générale dans les Gaules. Quoique Clovis fût obligé d'y suspendre ses progrès pour faire la guerre aux Allemands, peuple puissant et belliqueux de Germanie, qui vouloit faire des conquêtes, et qu'il étoit important de tenir au-delà du Rhin, cette diversion ne nuisit point à sa première entreprise. On eût dit que les Gaulois avoient été battus à Tolbiac, tant ils s'empres-

sèrent de se soumettre au joug du vainqueur
des Allemands. Mais Clovis, dont les succès
rendoient l'ambition toujours plus agissante,
ne se contenta pas de posséder les provinces
de la Gaule soumises aux derniers empereurs
d'Occident. Il avoit eu le bonheur, lorsqu'il se
convertit à la religion chrétienne, d'être instruit
dans nos mystères par un évêque orthodoxe;
et cet avantage seul le rendit redoutable aux
Visigoths et aux Bourguignons, encore mal
affermis sur leurs conquêtes. Ces barbares infectés
depuis long-temps des erreurs de l'Arianisme,
qu'ils cherchoient à éteindre dans les Gaules
par la voie de la force, étoient regardés comme
des impies par le peuple, et comme des tyrans
par le clergé, dont ils gênoient la doctrine et
qu'ils dépouilloient de ses biens. Clovis profita
habilement de cette disposition des esprits; les
évêques favorisèrent son entreprise, il ruina la
puissance des Visigoths au-delà de la Loire; et
après avoir rendu les Bretons ses tributaires, il
ébranla à un tel point la monarchie des Bourguignons, que ses fils en firent aisément la
conquête.

CHAPITRE II.

*Quelle fut la condition des Gaulois et des autres
peuples soumis à la domination des François.*

LE moment où les François établirent leur
empire dans les Gaules, dut paroître effrayant
aux naturels du pays ; je ne parle pas des violences qui se commirent dans le cours de la
conquête, on imagine aisément les ravages d'une
armée dont chaque soldat combat pour s'enrichir, et croit que le droit du vainqueur est
le droit de tout faire impunément. La conduite
des François ne fut pas vraisemblablement moins
dure, quand ils commencèrent à vouloir profiter des avantages de la victoire, et fixer leur
fortune jusqu'alors incertaine. Depuis que Clodion avoit occupé Tournay, et que le commerce
plus fréquent des Romains leur avoit appris à
connoître le prix des richesses, ils étoient devenus d'une avidité insatiable ; et le gouvernement qu'ils avoient apporté de Germanie, étoit
plus propre à favoriser les passions qu'à les
réprimer.

Rien ne nous instruit de la manière dont ils
acquirent des terres ; si, à l'exemple des Visigoths

et des Bourguignons, ils avoient forcé chaque
propriétaire à leur abandonner une certaine
partie de ses possessions, nous en trouverions
infailliblement quelque trace dans nos anciens
monumens. Le silence de nos lois et de Grégoire
de Tours, sur un trait si important, permet
de conjecturer qu'ils se répandirent sans ordre
dans les provinces qu'ils avoient subjuguées, et
s'emparèrent sans règle d'une partie des possessions des Gaulois. Terres, maisons, esclaves,
troupeaux, chacun prit ce qui se trouvoit à sa
bienséance, et se fit des domaines plus ou moins
considérables, suivant son avarice, ses forces,
ou le crédit qu'il avoit dans sa nation.

Si les Gaules ne furent pas réduites en servitude, c'est que les François n'avoient d'idée
que de la liberté, qu'ils traitoient, ainsi que
les autres Germains, leurs esclaves comme des
hommes, et que la tyrannie, bien différente
du brigandage et de la violence, demande des
vues et un art dont ils étoient bien éloignés. La
victoire les rendit insolens et brutaux ; ils s'accoutumèrent à faire des injures aux Gaulois : et
quand ils écrivirent leurs coutumes et les rédi-
gèrent en lois, ils établirent une différence (1)
humiliante entre eux et les vaincus. Le Gaulois
fut jugé un homme vil, son sang fut estimé une
fois moins que celui d'un François ; et, dans
tous

tous les cas, on ne lui paya que la moitié de la composition qu'on devoit à celui-ci.

Il ne faut que jeter les yeux sur nos lois Saliques et Ripuaires, pour voir combien les François étoient attachés aux coutumes dans lesquelles ils avoient été élevés. Ils étoient en même temps trop ignorans et trop heureux dans leurs entreprises, pour se douter de ce qui leur manquoit dans leur nouvelle situation. Cet attachement pour les usages les moins importans, est la preuve la plus forte que leur gouvernement ne souffrit d'abord aucune altération dans ses principes les plus essentiels. La nation toujours libre, et formant une vraie république, dont le prince n'étoit que le premier magistrat, régnoit en corps sur les différens peuples qui habitoient ses conquêtes. Le champ de Mars fut encore assemblé ; les Grands continuèrent à former le conseil du prince, et les cités des Gaules furent gouvernées comme l'avoient été les bourgades de Germanie : les anciens Grafions, sous les noms nouveaux de ducs, ou de comtes, étoient à la fois capitaines et juges des habitans de leur ressort.

Il n'est pas douteux que cet assemblage de nouveautés ne dût paroître le comble des maux pour les Gaulois, dont les mœurs et les lois étoient si différentes, et que le despotisme des empereurs avoit accoutumés à s'effrayer de tout changement. Je crois cependant qu'après être revenus de leur première terreur, et s'être familiarisés avec leurs maîtres, ils n'eurent bientôt plus lieu de regretter leur ancienne situation.

L'avarice des empereurs, et l'insolence de leurs officiers, avoient accoutumé les Gaulois aux injustices, aux affronts et à la patience. Ils ne sentoient point l'avilissement où la domination des François les jetoit, comme l'auroit fait un peuple libre. Le titre de citoyens Romains qu'ils portoient, n'appartenoit depuis long-temps qu'à des esclaves ; et à force d'avoir été pillés et battus par les barbares, ils avoient appris à les respecter. Ils virent passer une partie de leurs biens entre les mains des François, mais ils s'attendoient vraisemblablement à souffrir des pertes encore plus considérables ; et ce qui leur resta, servit à les consoler de ce qu'ils avoient perdu. Comme le pillage se fit au hasard, plusieurs citoyens n'en souffrirent point, et les autres en furent dédommagés par la suppression des anciens impôts.

Ces douanes (2), ces cens, ces capitations, et, pour le dire en un mot, tous ces tributs que l'avarice et le faste des empereurs avoient exigés de leurs sujets, tombèrent dans l'oubli sous le gouvernement des François. Le prince eut pous subsister (3) ses domaines, les dons libres que lui faisoient ses sujets, en se rendant à l'assemblée du Champ de Mars, les amendes, les confiscations, et les autres droits que la loi lui attribuoit. Au lieu d'une société toujours pauvre, parce que les sujets mercenaires s'y devoient faire payer pour remplir les devoirs de citoyens, les Gaulois se trouvèrent dans un état riche, parce que le courage et la liberté en étoient l'ame. Comme les François ne vendoient point leurs services à la patrie, ils n'imaginèrent pas d'acheter ceux des Gaulois ni des barbares qui se soumirent à leur autorité. Toute imposition devint donc inutile, et les sujets simplement obligés, ainsi que leurs maîtres, de faire la guerre à leurs dépens, quand leur cité étoit (4) commandée, ne contribuèrent comme eux qu'à fournir des voitures aux officiers publics qui passoient dans leur province, et à les défrayer; c'étoit moins les assujettir à un impôt, que les associer à la pratique de l'hospitalité, vertu extrêmement précieuse aux Germains, et ils ne furent tenus qu'aux mêmes devoirs que les François.

Non-seulement les Gaulois eurent la satisfaction de conserver leurs (5) lois nationales, avantage dont jouirent également tous les autres peuples soumis à le domination Françoise; mais ils se virent encore élever à une sorte de magistrature. En effet, les ducs, les comtes et leurs centeniers, ou vicaires, distribués en différens endroits de leurs gouvernemens pour y rendre la justice, ne pouvoient prononcer un jugement sans prendre, parmi les citoyens les plus notables, sept assesseurs connus sous les noms de Rachinbourgs, ou de Scabins ; et ces assesseurs, toujours choisis dans la nation de celui contre qui le procès étoit intenté, faisoient la sentence, le chef du tribunal la prononçoit seulement. Les Gaulois se trouvèrent par-là leurs propres juges, prérogative que la vénalité des magistrats, sous le gouvernement de l'Empire, rendoit bien précieuse ; et ils ne durent plus s'en prendte qu'à leur propre corruption, si la justice fut encore vendue ou mal administrée.

Il semble que plus les François seroient attachés à leurs anciennes coutumes, plus le sort des vaincus seroit malheureux ; et il arriva au contraire que, par une suite même de cet attachement, ils abandonnèrent aux Gaulois une grande partie de l'autorité publique. Tacite remarque que les Germains avoient un extrême respect pour les ministres de leur religion : les prêtres jouissoient chez eux des prérogatives les plus considérables ; c'est à eux qu'appartenoit la manutention de l'ordre et de la police dans les assemblées générales de la nation. Ils reprenoient, arrêtoient et châtioient un citoyen qui y manquoit à son devoir ; et cette juridiction devoit leur donner un crédit d'autant plus étendu, qu'on les croyoit inspirés par les dieux dont ils étoient les ministres.

Comment les François, en embrassant le christianisme, n'auroient-ils pas conservé, pour les prêtres de leur nouvelle religion, les sentimens de vénération auxquels ils étoient accoutumés à l'égard des prêtres de leurs idoles ? Ils trouvèrent dans les Gaules un clergé que la liberté des Empereurs avoit comblé de priviléges, qui avoit des mœurs au milieu des richesses qu'il devoit à la piété des fidelles, qui faisoit des miracles, ou qui avoit la réputation d'en faire, et qui profitant, dans la décadence de l'Empire, de la foiblesse du gouvernement, s'étoit attribué une autorité favorable au bien public, à laquelle il eût été dangereux de vouloir porter atteinte, et qui fut utile à Clovis même, quand il fit la guerre aux Visigoths et aux Bourguignons.

Des prêtres qui convertissent une nation, en sont les maîtres s'ils veulent l'être. Les évêques se contentèrent d'être chez les François chrétiens, ce que les prêtres de leurs faux-dieux avoient été chez les François idolâtres. Quoique pendant long-temps ils fussent encore tous Gaulois de naissance, et se gouvernassent par conséquent par les lois Romaines, non-seulement ils entrèrent dans les assemblées de la nation, mais y occupèrent même la première (6) place. Sous le règne de Clotaire I, ils travaillèrent, de concert avec les François, à corriger les lois Saliques et Ripuaires, et obtinrent, par ces lois mêmes, des distinctions supérieures à celles de tous les autres citoyens. Ils exercèrent une sorte d'intendance sur tous les tribunaux de la nation; et dans l'absence du Roi, à qui on appeloit des jugemens rendus par les comtes et les ducs, on s'adressa aux évêques, qui eurent, comme lui, le droit de châtier les juges qui malversoient dans l'exercice de leur emploi, de casser et de réformer leurs sentences.

Il est vraisemblable que les ecclésiastiques, encore plus accrédités par leurs lumières, quoique fort ignorans, que par le rang qu'ils occupoient, servirent de lien entre les deux nations, et employèrent leur crédit et leur autorité pour empêcher l'oppression de leurs compatriotes et de leurs parens. C'est à leur prière sans doute que les Gaulois, d'abord humiliés, méprisés et traités en vaincus, obtinrent le privilége qu'avoit tout barbare établi sur les terres de la domination Françoise, de s'incorporer à la nation

victorieuse (7), et de se nasuraliser François.
C'est-à-dire qu'un Gaulois, après avoir déclaré
devant le prince, ou en présence du duc et du
comte dans le ressort duquel il avoit son domicile, qu'il renonçoit à la loi Romaine pour
vivre sous la loi Salique ou Ripuaire, commençoit à jouir des prérogatives propres aux
François, obtenoit les mêmes compositions, de
sujet devenoit citoyen, avoit place dans les
assemblées du champ de Mars, et entroit en
part de la souveraineté et de l'administration
de l'état.

Malgré tant d'avantages attachés à la qualité
de François, il est vrai que la plupart des pères
de famille, soit Gaulois, soit barbares établis
dans les Gaules, ne s'incorporèrent pas à la nation Françoise, et continuèrent à être sujets.
On ne concevroit point cette indifférence à profiter de la faveur de leurs maîtres, si on ne
faisoit attention que la liberté que tout Gaulois
et tout barbare avoit de devenir François, levoit la honte ou le reproche de ne l'être pas.
Le long despotisme des Empereurs, en affaissant
les esprits, avoit accoutumé les uns à ne pas
même désirer d'être libres, et les autres, par
une vanité mal entendue, conservoient le plus
grand attachement pour les lois et les usages
particuliers de leur nation. L'habitude a des

chaînes qu'il est difficile de rompre ; il parut sans
doute trop dur aux Gaulois de renoncer à leurs
lois , à leurs mœurs et à leurs coutumes, pour
se soumettre à un code aussi barbare que celui
des vainqueurs. Les devoirs qu'ils devoient à
l'état , n'auroient été ni moins nombreux , ni
moins étendus ; ils n'auroient même évité aucune injure de la part des François naturels ,
qui toujours désunis , féroces , brutaux et em-
portés , se traitoient en ennemis , sans égard
pour leur origine commune.

Ce qui détermina principalement les Gaulois
et les autres sujets des François à préférer de
vivre sous leurs lois nationales , aux avantages
que leur promettoit la naturalisation ; c'est que
les principes du gouvernement populaire apporté
de Germanie , furent ébranlés et détruits presqu'aussitôt que les Gaules furent conquises.
Les grands et le prince, comme on va le voir ,
s'étant emparés de toute l'autorité publique , au
préjudice du reste de la nation , les étrangers
d'une fortune obscure , ou même médiocre , auroient renoncé à leurs coutumes pour suivre la
loi Salique ou la loi Ripuaire, sans cesser d'être
sujets.

CHAPITRE III.

Des causes qui contribuèrent à ruiner les princi-pes du gouvernement démocratique des François. --- Comment les successeurs de Clovis s'emparè-rent d'une autorité plus grande que celle qui leur étoit attribuée par la loi. --- Tyrannie des Grands. -- Etablissement des seigneuries.

LES François ayant enfin une patrie, des terres et des habitations fixes, ne tardèrent pas à éprouver l'insuffisance des lois Germaniques. Leurs anciennes mœurs, qui les portoient au brigandage, étoient en contradiction avec leur nouvelle situation. Faute de principes économi-ques et politiques, ils étoient embarrassés, com-me citoyens, de leur fortune domestique; et comme souverains, de tous ces peuples différens qui leur obéissoient sans avoir de liaison entre eux, et avec des préjugés opposés.

Les François auroient eu besoin d'un discer-nement profond pour se déterminer avec sagesse dans le choix des nouveautés qu'un ordre des choses tout nouveau rendoit nécessaires ; mais leur ignorance les forçoit à adopter indifféremment tous les moyens que le bonheur ou le malheur des conjonctures leur suggéroient. Attachés par habitude à leurs coutumes, mais fatigués des désordres qu'elles produisoient, ils essayèrent de chercher dans les lois Romaines un remède aux maux qu'ils éprouvoient. Le code même des Ripuaires en offre une preuve certaine ; et quoiqu'il nous reste peu d'ordonnances faites sous les premiers Mérovingiens, nous voyons qu'avant la fin du sixième siècle, les François avoient déjà adopté la doctrine salutaire des Romains au sujet de la prescription ; et que, renonçant à cette humanité cruelle qui les enhardissoit au mal, ils infligèrent peine de mort contre l'inceste, le vol et le meurtre, qui jusqueslà n'avoient été punis que par l'exil, ou dont on se rachetoit par une composition.

Les François, en réformant quelques-unes de leurs lois civiles, portèrent la sévérité aussi loin que leurs pères avoient poussé l'indulgence ; et, faute de proportionner les châtimens à la nature des délits, ils firent souvent des lois absurdes, tyranniques, et par conséquent impraticables. Mais quand elles auroient été plus sages que celles des Romains, elles n'auroient produit aucun bien solide ; à quoi sert de régler avec prudence les droits respectifs des citoyens, et de leur prescrire une conduite favorable à l'ordre public, si ces lois n'ont pour base un gouvernement propre à les protéger et les faire observer ?

Une démocratie tempérée par le conseil des grands et l'autorité du prince, avoit donné aux François, tandis qu'ils ne vivoient que de pillage, tout ce qui est nécessaire pour la sureté et les progrès d'une société de brigands. On sait que les politiques ont regardé cette forme de gouvernement comme la plus capable d'éclairer une nation sur ses intérêts, et d'aiguiser l'esprit et le courage des citoyens. Vraisemblablement elle auroit encore fait naître parmi les François les qualités et les institutions nécessaires à un peuple qui a une fortune et des établissemens fixes, s'ils avoient travaillé à l'affermir; mais à peine avoient-ils été établis dans les Gaules, que l'amour de la liberté n'avoit plus été leur première passion. Leurs conquêtes relâchèrent les ressorts de leur gouvernement; de nouveaux besoins et de nouvelles cisconstances, en leur donnant des idées différentes de celles qu'ils avoient apportées de Germanie, les détachèrent insensiblement de leurs anciens principes politiques.

Au lieu de s'établir dans une même contrée, les François s'étoient répandus çà et là dans toute l'étendue de leurs conquêtes; ne conservant ainsi aucune relation entre eux, les forces de la nation semblèrent en quelque sorte s'évanouir, les citoyens n'eurent plus un même intérêt, et ne purent éclairer et régler avec la même vigilance qu'autrefois la conduite de leurs chefs. Le besoin de butiner avoit attaché autrefois chaque particulier au corps de la nation, parce qu'aucun n'avoit une fortune qui lui suffît : ce lien ne subsista plus après la conquête, chaque François crut avoir tout fait, quand il eut acquis un patrimoine, et se livra au plaisir de faire valoir ses nouvelles possessions, ou de troubler ses voisins dans les leurs. Le bien public fut sacrifié à l'intérêt particulier, et ce changement dans les mœurs annonçoit une révolution prochaine dans le gouvernement.

Tacite a remarqué que les Germains étoient peu exacts à se rendre à leurs assemblées publiques ; peut-être étoient-ils excusables, car la pauvreté tient lieu de bien des vertus et de bien des lois ; et des hommes qui ont peu de besoins, et à qui on ne peut ôter que la vie, sont toujours libres quand ils veulent l'être. Mais les François étoient devenus riches, sans se douter que leurs richesses étoient un appas capable de tenter la cupidité des plus puissans d'entre eux, et que leurs nouveaux besoins étoient autant de chaînes dont on pouvoit les garroter. Le gouvernement, qui toléroit leurs injustices, parce qu'il ignoroit l'art de les réprimer et d'établir l'ordre, leur inspira une sécurité dangereuse.

Moins les lois civiles conservoient de force sur les citoyens, plus les François auroient dû craindre pour la perte de leur fortune domestique et de leur liberté ; mais ils étoient encore trop loin de cette vérité pour l'entrevoir. Confondant au contraire la licence la plus extrême avec la liberté, ils crurent qu'ils seroient toujours libres, parce qu'on ne pouvoit pas les réprimer ; ils s'abandonnèrent avec sécurité à l'avarice et à leur paresse naturelle, et négligèrent de se rendre aux assemblées du champ de Mars, qui ne se tinrent plus régulièrement, et qu'on cessa bientôt de (1) convoquer.

Toute l'autorité dont le corps entier de la nation avoit joui, se trouva ainsi renfermée dans le conseil composé du prince et des grands, qui n'avoit jusqu'alors possédé que la puissance exécutrice. Mais cette aristocratie naissante ne portoit elle-même sur aucun fondement solide ; les fils de Clovis étoient devenus trop riches et trop ambitieux pour se contenter du pouvoir borné de leurs pères ; et depuis que les lois avoient admis les évêques à l'administration des affaires, et que quelques Gaulois avoient même été élevés à la dignité de Leudes, les grands, qui n'avoient plus un même esprit, avoient des intérêts opposés. Ils ne connoissoient ni l'étendue, ni les bornes de leur autorité ; et tandis que les uns n'aspiroient qu'à devenir des tyrans, les autres ne demandoient qu'à être esclaves.

Les évêques, accoutumés au pouvoir arbitraire sous des empereurs qui ne respectoient aucune loi, n'avoient joui qu'en tremblant des immunités qu'ils tenoient de la piété de Constantin et de quelques-uns de ses successeurs; et ne les avoient conservées qu'en avouant toujours qu'on pouvoit les leur ôter. Le clergé, plus instruit des matières de la religion que de celles de la politique, et dont le caractère propre est de conserver, par une sorte de tradition, le même langage, crut être encore sujet dans une monarchie, quand il étoit devenu le premier corps d'une république. Il ne s'aperçut pas que la nature de ses priviléges avoit changé avec le gouvernement des Gaules; et que les prérogatives qu'il ne possédoit que d'une manière précaire sous les empereurs Romains, il les tenoit actuellement de la constitution Françoise, et qu'elles étoient devenues des droits aussi sacrés que ceux de tous les autres ordres de la nation.

Saint Paul avoit recommandé l'obéissance la plus entière aux puissances, c'est-à-dire, aux lois dans les gouvernemens libres, et au monarque dans les monarchies; car la religion chrétienne n'a rien voulu changer à l'ordre politique des sociétés : mais les évêques ne faisoient pas cette distinction nécessaire. Parce que le premier magistrat des François s'appeloit roi, ils imaginèrent que le gouvernement étoit, ou devoit être monarchique. N'entendant pas mieux Samuël que Saint Paul, ils crurent qu'il étoit de l'essence de tout roi de faire tout ce qu'il vouloit, que c'étoit un péché de ne pas respecter aveuglément ses caprices ; et que Dieu, par le plus incompréhensible de tous les mystères, trouvoit mauvais que des hommes qui s'étoient fait un chef de leur égal, pour faire observer les lois, et y obéissant lui-même, osassent lui demander compte de l'administration dont ils l'avoient chargé pour le bien public.

Si Clotaire veut imposer une taxe sur les biens de l'église, l'évêque Injuriosus ne s'y oppose point comme à une entreprise contraire à la liberté de la nation, mais comme à un sacrilège. Il oublie qu'il est citoyen, pour ne parler qu'en évêque (2), qui croit que les possessions de l'église sont le patrimoine de Dieu et des pauvres. Dans mille endroits des écrits de Gregoire de Tours, on voit avec étonnement que ce prélat raconte des faits qui prouvent la liberté des François, avec les tours et les expressions d'un homme qui ne connoît que le pouvoir arbitraire. Ne croiroit-on pas qu'il parle à un empereur Romain, revêtu de tout le pouvoir de sa nation, lorsqu'il dit à Chilpéric : « Si quelqu'un de nous s'écarte des règles de la justice, vous pouvez les corriger ; mais si vous les violez vous-même, qui vous reprendra ? Nous vous faisons des remontrances, et vous les écoutez, si vous les jugez à propos ; mais si vous les rejetez, Dieu seul est en droit de vous juger. »

Il est vraisemblable cependant que les successeurs de Clovis n'auroient attaqué, ni si promptement ni si hardiment les libertés de la nation, si les grands, qu'on appeloit Leudes (3), fidelles, ou Antrustions, eussent encore été tels dans les Gaules qu'ils avoient été en Germanie. Ce n'étoit qu'après s'être distingué par quelqu'acte éclatant de courage, qu'un François étoit autrefois admis à prêter le serment de fidélité au prince. Par cette cérémonie, on étoit tiré de la classe commune des citoyens, pour entrer dans un ordre supérieur, dont tous les membres, revêtus d'une noblesse personnelle, avoient des privilèges particuliers, tels que d'occuper dans les assemblées générales une place distinguée, de posséder seuls les places publiques, de former le conseil toujours subsistant de la nation, ou cette cour de justice dont le roi étoit président, et qui réformoit les jugemens rendus par les ducs et les comtes. Les Leudes

ne

ne pouvoient être jugés dans leurs différends que par le prince, et ils exigeoient une composition plus considérable que les simples citoyens, quand on les avoit offensés.

Après la conquête des Gaules, la fortune commença à tenir lieu de mérite. Ce ne furent plus les citoyens les plus dignes de l'estime publique, qui composèrent seuls l'ordre des Leudes; les plus riches ou les plus adroits à plaire y furent associés : c'étoit accréditer l'avarice et la flatterie. Les princes admirent au serment des Gaulois qui s'étoient naturalisés François, et ces nouveaux Leudes ne furent pas moins indifférens sur la liberté, ni moins courtisans que les évêques. Toute émulation fut éteinte, quand des esclaves même que leurs maîtres venoient d'affranchir, furent scandaleusement élevés aux dignités dont on récompensoit autrefois les services et les talens les plus distingués.

Les prédécesseurs de Clovis, et vraisemblablement ce prince lui-même s'étoient fait respecter des grands, en ne leur donnant que quelque présent médiocre, tel qu'un cheval de bataille (1), un javelot, une Francisque ou une épée. Ces récompenses, alors si précieuses, parurent viles après les changemens survenus dans la fortune des François et les mœurs des Leudes. Les rois Mérovingiens, toujours intéressés à

ménager ces derniers, pour agrandir la prérogative royale sans soulever le reste de la nation,
imaginèrent donc un nouveau genre de libéralités plus propre à leur plaire ; ils donnèrent
quelque portion de leur domaine même ; et c'est
ce que nos anciens monumens appellent indifféremment bénéfice ou fisc, et que quelques
écrivains modernes ont eu tort de confondre
avec les possessions qu'on a appelées depuis
des fiefs.

Soit par défaut de connoissances ou d'économie, soit par une suite des partages survenus
dans les successions, les François voyoient diminuer de jour en jour la fortune que leurs
pères avoient acquise. Le prince, qui réparoit
ces disgraces, ne parut plus le simple ministre
des lois. Sous une vaine apparence d'aristocratie,
les fils de Clovis, qui avoient subjugué le conseil de la nation par leurs bienfaits, s'en trouvèrent les maîtres ; ils s'emparèrent d'autant plus
aisément de toute la puissance publique, que,
pour s'assurer de la reconnoissance des courtisans, et s'attacher par l'espérance ceux-mêmes
à qui ils n'accordoient aucune grâce, ils avoient
eu la précaution de se réserver le droit de
reprendre à leur gré les bénéfices qu'ils avoient
accordés.

Rien ne pouvoit résister à des princes qui

savoient si bien user de leur fortune. Loin de s'opposer à leurs injustices, des Leudes qui vouloient les enrichir pour les piller, et les rendre puissans pour abuser de leur puissance, les encourageoient à mépriser les lois, et leur apprenoient l'art de se faire de nouvelles prérogatives. Je ne crois pas qu'il soit impossible de distinguer les entreprises inspirées par les Leudes Gaulois d'origine, de celles qui étoient l'ouvrage des François. L'établissement des douanes, des capitations, et des impôts sur les terres ; ces préceptions odieuses, ou ces diplômes par lesquels le prince accordoit des priviléges particuliers, dispensoit de la loi, et ordonnoit même quelquefois de la violer de la manière la plus criminelle, ont une analogie évidente avec l'ancien gouvernement des empereurs, et supposent des connoissances et un raffinement que les François n'avoient pas. S'emparer, au préjudice des héritiers légitimes, de la succession de ceux qui mouroient sans testament ; autoriser les fermiers des domaines royaux à faire paître leurs troupeaux sur les terres de leurs voisins ; se croire le maître de tout, parce qu'on est le plus fort et le plus injuste : tout cela ne demande que l'insolence et la brutalité que les François avoient apportées de Germanie.

Cependant les rois Mérovingiens ne sachant

point agrandir leur autorité avec méthode , et forcer toutes les parties de l'état à se courber à la fois sous le poids de leur sceptre ; plusieurs grands, qui conservoient encore l'ancien esprit de la nation , ou qui étoient les plus riches et les plus puissans, eurent le courage et le bonheur d'échapper au joug qu'on leur avoit préparé. Soit qu'ils craignissent les forces de la cour, et fussent intimidés par l'indifférence avec laquelle le peuple voyoit la decadence du gouvernement, soit qu'ils aimassent moins la liberté publique que leur propre élévation , ils n'entreprirent rien en faveur des lois , et profitèrent au contraire des exemplaires d'injustice qu'on leur donnoit. Les nouveautés , avec lesquelles les François commençoient à se familiariser, et les désordres qui en résultoient, sembloient autoriser toutes les violences ; on essaya ses forces ; on tenta des entreprises , et dès que quelques grands espérèrent de pouvoir devenir impunément des tyrans, ils se firent des droits sur leurs voisins qui possédoient des terres avec la même indépendance qu'eux , et donnèrent ainsi naissance à nos seigneuries (5) patrimoniales.

Quoique la plupart des premières seigneuries doivent vraisemblablement leur origine à l'injustice des Leudes qui , abusant de leur crédit ou de leurs forces, exigèrent des corvées et des redevances de leurs voisins ; les gênèrent par des péages, et se rendirent les arbitres de leurs querelles, pour percevoir à leur profit les mêmes droits que les plaideurs devoient à leurs juges naturels : je ne doute pas cependant que d'autres n'aient été le fruit d'une protection justement accordée, et de la reconnoissance qu'elle méritoit.

En effet, les différens princes qui, après le règne de Clovis, partagèrent entre eux les provinces de la domination Françoise, étoient continuellement en guerre les uns contre les autres, ou contre leurs voisins. Tandis que leurs armées, sans discipline, traversoient les Gaules en ravageant tout sur leur passage, ne distinguoient point si elles étoient en pays ami ou ennemi, et regardoient les hommes mêmes comme une partie du butin ; les habitans de la campagne, pour se mettre à l'abri du pillage, et même de la servitude, se réfugioient, avec leurs effets les plus précieux, dans les châteaux de quelques Leudes puissans, ou dans les églises, dont le patron, célèbre par ses miracles, avoit sur-tout la réputation d'être peu patient (6) et fort vindicatif. Ils s'ouvroient ces asiles par des présens ; et ce qui ne fut d'abord que le gage de la reconnoissance envers leurs protecteurs devint, avec le temps, la dette d'un sujet à son seigneur.

Les ducs, les comtes et les centeniers avoient tous acheté leur emploi, ou s'en étoient rendus dignes par quelque lâcheté, depuis que le prince s'étoit attribué le pouvoir d'en disposer sans consulter le champ de Mars ; et ces magistrats, chargés de toutes les parties du gouvernement dans leurs provinces, faisoient un commerce scandaleux de l'administration de la justice. Après avoir violé toutes les lois, dont les préceptions ou les ordres particuliers du roi tenoient la place, on en étoit venu jusqu'à ne plus daigner s'en tenir aux formalités ordinaires. Pour se soustraire à la tyrannie de ces tribunaux iniques, de malheureux citoyens se soumirent dans leurs différends, à l'arbitrage de ceux qui les avoient protégés contre l'avarice et la cruauté des soldats. Bientôt ils ne reconnurent plus d'autre juge. Malgré les efforts des comtes et des ducs, la nouvelle juridiction des seigneurs fit chaque jour des progrès, et quand cette coutume eut acquis une certaine force, et fut assez étendue pour qu'on n'osât plus tenter de la détruire, l'assemblée des Leudes défendit expressément aux magistrats publics d'exercer aucun acte de (7) juridiction dans les terres des seigneurs.

Je ne m'arrêterai pas à faire le tableau des maux que produisirent les nouveautés dont je viens de parler ; les plaintes de nos anciens historiens ne sont point exagérées à cet égard. A quel excès ne doivent pas se livrer les François, puisqu'ils avoient joint aux vices féroces qu'ils apportèrent de Germanie, les vices lâches qu'ils avoient trouvés dans les Gaules ? Effarouchés par les obstacles, enhardis par les succès, ils s'accoutumèrent à commettre de sang froid des actions atroces, que l'emportement le plus furieux ne pourroit justifier. Les lois de l'humanité, les droits du sang furent violés sans remords ; aucune bienséance ne suppléoit aux règles inconnues de la morale ; la perfidie étoit respectée ; et les rois, comme leurs sujets ne mettoient aucun art à déguiser leurs plus grands attentats. Si Childebert II veut se défaire de Magnovalde, il le flatte, le caresse, l'attire à sa cour sous prétexte d'une fête, et le fait assassiner au milieu du spectacle. On jette son cadavre par les fenêtres du palais ; et en se saisissant de ses biens, le prince ne daigne pas même faire connoître les motifs d'un forfait qui rompt tous les liens de la société. Marculfe nous a conservé le modèle des lettres par lesquelles les Mérovingiens mettoient sous leur sauvegarde un assassin qu'ils avoient chargé du soin de les servir.

Je dois le remarquer avec soin, ces attentats infames dont nos chroniques sont souillées, sont devenus entre les mains de quelques écrivains modernes autant d'argumens pour prouver que le gouvernement des François étoit et devoit être purement arbitraire : ils ont conclu du fait au droit ; ils ont pris l'abus des mœurs pour la loi politique ; et pour la constitution naturelle de l'état, la contorsion forcée dans laquelle la violence d'une part, et la foiblesse de l'autre, tenoient le corps entier de la nation. Mais les faits ne supposent, ni ne donnent aucun droit, s'ils ne sont reconnus pour les actes d'une autorité légitime. La loi qui les condamne est violée, et non pas détruite ; et cette loi, qui n'a pas été la règle de quelques princes ou de quelques citoyens avares, sanguinaires et ambitieux, doit au moins en servir aux philosophes qui jugent leurs actions. Qui veut peindre avec fidélité les révolutions de notre gouvernement sous la première race, doit dire que dans l'anarchie où le mépris des lois fit tomber les François, la nation fut au pillage. Les Leudes, les princes, chacun usurpa de nouveaux droits, et l'empire de la force subsista jusqu'à ce qu'enfin les événemens ramenèrent des lois sous le règne de Pepin.

CHAPITRE IV.

De la conduite et des intérêts des différens ordres de l'État. --- Comment les bénéfices conférés par les rois Mérovingiens deviennent héréditaires. --- Atteinte que cette nouveauté porte à l'autorité que ces princes avoient acquise.

S I les fils de Clovis avoient été les seuls maîtres de l'état , il est vraisemblable que les François , quoiqu'ils regardassent chaque violence en particulier comme un événement commun, ordinaire et analogue à la férocité des mœurs publiques , n'auroient pas souffert patiemment cette longue suite d'injustices et de vexations , qui en menaçant également tous les ordres du royaume , devoit faire craindre à chaque citoyen en particulier d'être la victime du mépris des lois. La multitude ne se souleva pas , parce qu'elle ne connoissoit plus ses forces depuis la cessation des assemblées du champ de Mars ; d'ailleurs , elle n'eut ni ne put espérer aucun chef. On a vu que la plupart des Leudes tenoient de la libéralité du prince , des bénéfices amovibles qu'ils craignoient de perdre , ou ne cherchoient qu'à s'en rendre dignes par des complaisances. Les grands qui n'étoient pas courtisans , s'occu-

poient à se faire des seigneuries particulières,
et croyoient qu'il étoit de leur intérêt d'humilier le peuple et de l'accoutumer à la patience ;
tandis que ceux à qui on avoit donné des duchés, et des comtés, ne pouvant en sous-ordre
exercer un pouvoir arbitraire dans leurs provinces, qu'autant qu'ils favoriseroient l'ambition
du prince, étoient eux-mêmes les plus grands
ennemis des lois.

Les nouveaux seigneurs, qui se faisoient des
principautés en quelque sorte indépendantes dans
le cœur de l'état, ne pouvoient affermir leur
autorité qu'en prescrivant des bornes à l'autorité royale. Si on laissoit le temps au prince
d'acquérir de trop grandes forces, et d'accoutumer ses courtisans et le peuple à regarder ses
prétentions comme autant de droits, il étoit
naturel qu'il tournât toute sa puissance contre
les seigneurs ; et qu'en les forçant de renoncer
à leurs usurpations, il les mît dans la nécessité
d'obéir. Cet intérêt étoit facile à démêler ; et
si ces seigneurs l'avoient connu, sans doute que
leur inquiétude et leurs révoltes, en divisant
l'état, auroient ouvert l'entrée des Gaules aux
barbares de la Germanie, et causé la ruine entière du nom François. Heureusement ils se
croyoient trop puissans pour avoir quelque crainte.
Ils ne prévirent rien, l'inconsidération fut tou-

jours le vice fondamental de notre nation ; et ils auroient été bientôt punis de leur imprudence et de leur tyrannie , si les Mérovingiens, aussi inconsidérés qu'eux, n'avoient fait une faute encore plus grande , et qui devint le principe de la décadence de leur autorité , avant qu'ils eussent atteint le but qu'ils se proposoient.

Je ne sais par quelle fatalité les hommes injustes nuisent presque toujours à leurs intérêts , en multipliant sans besoin les moyens de réussir. Tout favorisoit les entreprises des rois de France; et le temps seul auroit affermi le gouvernement monarchique , s'ils n'avoient admis à l'honneur de leur prêter le serment que les François dont le crédit et les talens pouvoient servir à l'agrandissement et au maintien de leur pouvoir ; ils reçurent au contraire , comme Leudes , sous ceux qui, pour échapper à l'oppression publique, ou se mettre à portée d'obtenir des bénéfices , voulurent se faire courtisans. Ils crurent augmenter par cette politique le nombre de ses créatures et devenir plus puissant , et ils se trompèrent. Plus les Leudes se multiplioient , moins leur état étoit avantageux. Tous ne purent pas obtenir des bénéfices ou des emplois publics, et les produits de l'injustice furent enfin trop petits pour le nombre des tyrans ; des espérances trompées firent naître des plaintes et des murmures ; et pour les étouffer, le prince, qui n'avoit été jusques-là que libéral, fut obligé d'être prodigue.

Tandis que les Leudes mettoient impitoyablement à contribution l'orgueil des Mérovingiens et leur envie de dominer, les ecclésiastiques, qui songeoient de leur côté à tirer parti des autres passions de ces princes, avoient soin de leur mettre sous les yeux toute la rigueur des jugemens de Dieu, et par je ne sais quelle inconséquence, pensoient cependant qu'on peut désarmer sa colère à force de fondations pieuses. On croyoit en quelque sorte dans ces siècles grossiers, que l'avarice étoit le premier attribut de Dieu, et que les saints faisoient un commerce de leur crédit et de leur protection. De là les richesses immenses données aux églises par des hommes dont les mœurs déshonoroient la religion ; et de là le bon mot de Clovis, « que Saint Martin ne servoit pas mal ses amis, mais qu'il se faisoit payer trop cher de ses peines. » Les richesses de la couronne ainsi mises au pillage , (1) furent bientôt épurées ; et les rois, dégradés par leur pauvreté, n'auroient plus été que d'odieux prête-noms d'une injustice dont les Leudes et le clergé auroient retiré tout l'avantage, s'ils n'eussent eu recours à l'artifice pour se soutenir.

Ils opposèrent les partis les uns aux autres, devinrent chefs de cabales, et par leurs intrigues fournirent une pâture à l'inquiétude de leur cour. Avoit-on quelque raison de moins ménager un grand, on lui enlevoit ses bénéfices, son comité ou son duché, pour les donner à celui qui, lassé d'attendre inutilement des faveurs, commençoit à se faire craindre. C'est en cela que Gontran (2) apprit à son neveu, Childebert II, que consistoit principalement l'art de régner. On fit quelquefois périr un Leude riche, pour donner ses dépouilles à deux ou trois autres. Il dut être bien dangereux d'avoir une grande fortune, sans être assez fort pour la défendre ; puisque les princes, pressés par la nécessité des circonstances, en vinrent souvent jusqu'à piller les monastères, et redemander aux églises les domaines qu'ils leur avoient donnés.

Cette odieuse politique réussit jusqu'à ce que tous les grands en eussent été successivement les dupes ; mais indignés enfin de la manière arbitraire dont le prince donnoit, retiroit, rendoit et reprenoit ses bénéfices, ce qui ne leur donnoit que des espérances et des craintes, jamais une fortune solide, ils songèrent à remédier à cet abus. Nous ignorons tous les détails de leur conduite ; mais quelle qu'elle ait été, il est sûr que s'étant rendus les maîtres du roi par ses propres bienfaits , ils réussirent à s'en faire craindre ; et qu'étant assemblés à Andely pour traiter de la paix entre Gontran et Childebert , ils forcérent ces princes à convenir dans leur traité , qu'ils ne seroient plus libres de retirer à leur gré les bénéfices qu'ils avoient conférés , ou qu'ils conféreroient dans la suite aux églises et aux Leudes. On rendit les bénéfices à ceux qui en avoient été dépouillés à la mort des derniers rois ; il est très-vraisemblable que les grands qui avoient négocié les erticles de la paix , crurent même avoir rendu les bénéfices (3) héréditaires dans les familles qui les possédoient.

Ce traité , en établissant une espèce de règle , n'étoit propre qu'à perpétuer les désordres et aigrir les esprits. Il dut avoir pour ennemis les deux princes qui l'avoient contracté , et tous les Leudes qui , dans le moment de sa conclusion , ne possédoient aucun bénéfice , ou qui en furent dépouillés. Un intérêt commun les réunit sans doute contre ceux qui s'étoient emparés de la plupart des domaines de la couronne , et qui de leur côté durent se lier , et furent plus attentifs que jamais à défendre leurs nouveaux droits ; de sorte que l'hérédité , ou du moins la possession assurée des bénéfices , toujours attaquée par une cabale considérable , et toujours défendue par un parti puissant , devint le principal mobile de tous les mouvemens des François. Le traité d'Andely, violé quand les circonstances le permirent, et exécuté quand il fut impossible de le violer, ne causa pas une révolution subite dans l'état, mais la rendit nécessaire, en ne laissant aucune voie d'accommodement entre les grands.

Telle étoit la situation des François, lorsque Brunehaud se vit à la tête des affaires des royaumes d'Austrasie et de Bourgogne, dont Théodebert II et Thieri II ses petits-fils étoient rois. Cette princesse, fière, hardie, avare, ambitieuse, qui avoit des talens pour commander, et à qui d'ailleurs un crime ne coûtoit rien pour trancher les difficultés qui l'arrêtoient, fut incapable de se prêter aux ménagemens sans lesquels son ambition ne pouvoit réussir. Elle se comporta comme si le traité d'Andely eût été oublié ; et soit qu'elle ne tentât pas de persuader aux royalistes qu'elle ne vouloit rentrer dans les domaines de la couronne, et n'être encore maîtresse d'en disposer que pour les enrichir ; soit que le parti opposé fût plus fort que le sien ; il éclata une révolte contre elle en Austrasie ; et elle n'échappa au danger qui la menaçoit, qu'en se retirant avec précipitation à la cour de Thieri.

Sa disgrace irrita ses passions au lieu de les modérer, et continuant à gouverner la Bourgogne comme elle avoit gouverné l'Austrasie, elle eut pour ministre et pour amant Protadius (4) homme avare, qui élevoit sa fortune sur les ruines de celle des grands, dont il partageoit les dépouilles avec Brunehaud. Cette conduite souleva à un tel point les Leudes bénéficiers d'Austrasie et de Bourgogne, qu'après la mort de Thieri, ils refusèrent d'élever sur le trône les fils de ce prince, dans la crainte que Brunehaud n'exerçât encore leur autorité. Ils déférèrent la couronne à Clotaire II, déjà roi de Neustrie, qui, pour marquer sa reconnoissance aux conjurés, poursuivit Brunehaud leur ennemie, se rendit son accusateur, et donna à son armée le spectacle d'une reine condamnée à périr par le supplice le plus cruel et le plus ignominieux.

La mort de Brunehaud étoit l'ouvrage des partisans du traité d'Andely ; et ils furent sans doute secondés dans cette entreprise par les possesseurs des seigneuries, qui craignoient que leurs droits encore équivoques ne fussent détruits, et n'attendoient qu'une révolution pour les faire autoriser. Ils comprirent que par la condamnation d'une reine puissante au dernier supplice, ils avoient dégradé la royauté, et que le prince ne pourroit plus leur résister. Ils profitèrent de leur avantage, et Clotaire II se sentant en quelque

sorte

sorte frappé du coup qu'il avoit porté à Brunehaud, fût obligé d'obéir à des hommes dont il avoit trop bien servi la vengeance.

La célèbre assemblée que les évêques et les Leudes ennemis de Brunehaud tinrent à Paris en 615, décida irrévocablement (5) la question de l'hérédité des bénéfices, et légitima les droits que les seigneurs avoient acquis dans leurs terres. C'étoit l'avarice des grands, et non l'amour du bien public, qui dicta les lois portées dans cette assemblée; ainsi ils ne songèrent point à donner une forme constante et durable au gouvernement, et s'ils l'avoient tenté, il est vraisemblable qu'ils n'auroient pris que des mesures fausses et inutiles.

Satisfaits d'avoir fait décider en leur faveur une question d'où dépendoit leur fortune, les bénéficiers et les seigneurs n'ôtèrent à Clotaire que les droits nouvellement établis sous les régences de Frédégonde et de Brunehaud, et lui laissèrent la jouissance de tous ceux que ses prédécesseurs s'étoient faits jusqu'à la fin des règnes de Gontran, de Chilpéric et de Childebert. L'usage funeste des préceptions fut conservé; et les évêques exigèrent seulement que les rois s'engageassent à ne plus donner de ces rescrits pour autoriser quelques-uns de leurs courtisans à enlever des religieuses de leurs monastères, et à les épouser. Il n'est point parlé de la nomination aux duchés et aux comtés, dans l'ordonnance que l'assemblée de Paris publia. Peut-être que cette importante matière étoit réglée dans les articles qui ne sont pas venus jusqu'à nous. Il est cependant plus vraisemblable que les grands ne réclamèrent pas le privilège (6) de les conférer; puisque Clotaire, de son autorité privée et sans le consentement des évêques ni des Leudes, éleva à la dignité de maire du palais de Bourgogne, Varnachaire, qui avoit été le chef de la conjuration contre Brunehaud; et que ce ministre disposa à son gré des premières dignités. Le clergé consentit que l'abus par lequel les prédécesseurs de Clotaire s'étoient souvent arrogé le droit de nommer aux prélatures vacantes, et d'en faire la récompense des vices de leurs courtisans, devint une loi du royaume. Quelque jaloux que fussent les évêques du pouvoir arbitraire qu'ils affectoient sur le clergé du second ordre, ils le déposèrent en quelque sorte entre les mains du prince, en s'engageant à ne point punir un ecclésiastique, quelle que fût sa faute, quand il reviendroit avec une lettre de recommandation de la part du roi.

L'autorité qu'on avoit laissée à Clotaire II. étoit encore bien étendue; et il semble qu'il auroit dû lui être aisé de s'en servir , pour prendre ce qu'on lui avoit ôté. Cependant ce reste de pouvoir étoit prêt à s'évanouir. Quelqu'union qu'il parût entre Clotaire et l'assemblée de Paris , ils se craignoient et se haïssoient malgré eux , et l'état devoit dès-lors éprouver de nouvelles agitations. Tandis que les familles qui s'étoient enrichies aux dépens de la couronne, étoient pleines de défiance à son égard , il étoit naturel que Clotaire vît avec chagrin ses domaines aliénés pour toujours. On devoit le soupçonner de vouloir les recouvrer , et par conséquent les grands devoient se tenir sur leurs gardes , et tout tenter pour empêcher que les articles de l'assemblée de 615 , n'eussent le même sort que le traité d'Andely. On attaque , parce qu'on craint d'être attaqué ; telle est la marche ordinaire des passions : dès que des grands inquiets , jaloux et soupçonneux formeroient des entreprises contre l'autorité royale , quelles ressources le prince pouvoit-il trouver pour se défendre ? L'hérédité des bénéfices lui avoit ôté le moyen le plus efficace d'acheter des créatures ; il avoit aliéné les royalistes en trahissant ses propres intérêts ; ses droits n'étoient encore établis que sur des coutumes nouvelles ; et quand les lois auroient parlé en sa faveur, les François n'étoient-ils pas accoutumés à les mépriser ?

En effet, la prérogative royale diminua de jour en jour : cette révolution n'est ignorée de personne ; mais les détails nous en sont entièrement inconnus. Nos Historiens ne nous fournissent aucune lumière satisfaisante, et le temps nous a dérobé les ordonnances qui furent vraisemblablement faites dans les (7) assemblées des évêques et des Leudes, qui se tinrent encore quelquefois dans les dernières années du règne de Clotaire II. Ce prince perdit, les uns après les autres, tous les droits que l'assemblée de Paris lui avoit conservés. Il n'est plus le maître de disposer de la mairie même du palais, sans le consentement des (8) grands ; ou plutôt il est réduit au frivole honneur d'installer dans cet office celui qu'ils ont choisi. Clotaire se voit contraint de céder toutes les fois qu'il est attaqué, et ne laisse à ses successeurs qu'une autorité expirante, dont les grands sont jaloux, qu'ils usurpent, et qu'ils voient échapper de leurs mains dans le moment qu'ils croient en jouir.

CHAPITRE V.

De l'origine de la noblesse parmi les François.——
Comment cette nouveauté contribua à l'abaisse-
sement de l'autorité royale, et confirma la ser-
vitude du peuple. —— Digression sur le service
militaire rendu par les gens d'église.

TANT que les bénéfices ne furent pas héréditaires, les distinctions accordées aux Leudes
ne furent que personnelles. Leur noblesse, qui
ne se transmettoit pas par le sang, laissoit leurs
enfans dans la classe commune des citoyens,
jusqu'à ce qu'ils prêtassent le serment de fidélité entre les mains du prince. Les citoyens,
en un mot, formoient deux classes différentes ;
mais les familles étoient toutes du même (1)
ordre.

Quand au contraire les bénéfices changèrent
de nature en devenant héréditaires, les fils d'un
bénéficier, par le droit même de leur naissance,
qui les appeloit à la succession de leur père,
se trouvèrent eux-mêmes sous la truste ou la
foi du roi, et furent d'avance ses obligés ou
ses protégés. La naissance leur donnant une prérogative qu'on n'acquéroit auparavant que par
la prestation du serment de fidélité, on s'ac-

coutuma à penser qu'ils naissoient Leudes. La vanité, toujours adroite à profiter de ses avantages, est encore plus attentive à les étendre sur le plus léger prétexte. Ces Leudes d'une nouvelle espèce se crurent supérieurs aux autres, et on commença à prendre de la noblesse l'idée que nous en avons aujourd'hui : les familles bénéficiaires, qu'on me permette cette expression, formèrent une classe séparée, non-seulement de celles qui n'avoient pas prêté le serment de fidélité au prince, mais des familles mêmes dont le chef avoit été fait Leude suivant l'usage ancien.

On ne balancera point à regarder ce que je dis ici de l'origine de la noblesse chez les François, comme une vérité incontestable, si on remarque que la prestation du serment de fidélité, qu'on exigea dans la suite indifféremment (2) de tout le monde, et qui ne fut qu'un gage de l'obéissance, ne valut presque dès-lors aucune distinction, ou du moins ne donna pas une certaine prérogative de dignité et de prééminence, dont les seules familles bénéficiaires jouissoient. Cette prérogative est réelle, puisque les familles distinguées par leur illustration, leurs alliances et leurs richesses, mais qui dans le moment de la révolution ne se trouvèrent pourvues d'aucun bénéfice, se crurent dégradées,

et cherchèrent par d'autres voies que la prestation du serment de fidélité, à réparer le tort
que l'hérédité des bénéfices leur avoit fait. De
quoi se seroient-elles plaintes, si elles n'avoient
pas vu que les familles bénéficiaires formoient
dans l'état un ordre distingué de citoyens, et
que la loi, la coutume ou le préjugé leur accordoient quelque droit ou quelque honneur particulier ?

Leur jalousie fut extrême, et pour satisfaire
leur orgueil alarmé, il fallut avoir recours à
une des plus étranges bizarreries dont parle notre
histoire ; ce fut, ainsi que nous l'apprend Marculfe, de changer ses propres, ou, comme on
parloit alors, son aleu en (3) bénéfice : c'est-à-
dire, que le propriétaire d'une terre la donnoit
au prince, qui, après l'avoir reçue en don, la
rendoit au donateur en bénéfice. Cette mode
de faire changer de nature à ses biens auroit
été la manie la plus extravagante, si les bénéfices n'avoient communiqué une prérogative particulière aux familles qui les possédoient. C'eût
été rendre sa fortune incertaine, et s'exposer à
perdre une partie de son patrimoine même, si
quelqu'événement imprévu rendoit au prince ses
anciens droits sur les bénéfices.

Soit que l'abaissement de la puissance royale,
d'où les bénéfices tiroient leur origine, les dé-

M 4

gradât et les avilît; soit que les esprits s'accou-
tumassent peu à peu à ne regarder dans les
bénéfices que les droits seigneuriaux qui donnoient une autorité réelle ; il arriva , par une
seconde révolution que toutes les seigneuries,
indistinctement communiquèrent à leurs possesseurs les priviléges , les droits et la dignité qui
n'avoient d'abord appartenu qu'aux seuls bénéfices. En effet, on négligea sur la fin de la première race de conserver les titres primordiaux
de ses possessions. Étoient-elles dans leur origine un bénéfice ou un aleu ? Cette question
devint inutile. Sans doute que la possession d'un
bénéfice ne conféra plus aucune prérogative particulière , elle fut même si peu un titre de noblesse , quand les seigneuries formèrent , sous
les successeurs de Clotaire II , l'usage général
du royaume , que les seigneurs employèrent au
contraire toutes sortes d'artifices pour dénaturer
ces possessions , et persuader qu'elles étoient des
propres.

Dès qu'il y eut dans l'état des citoyens qui
possédoient des priviléges particuliers , et ne
les tenoient que de leur seule naissance, ils durent mépriser ceux qui ne furent plus leurs
égaux, se réunir , ne former qu'un corps , et
avoir des intérêts également séparés de ceux du
prince et du peuple. A la qualité de juges, les

seigneurs joignirent celle de capitaines des hommes de leurs terres ; ou plutôt ils ne séparèrent
point des fonctions qui jusques - là avoient toujours été unies dans le prince , les ducs , les
comtes et les autres magistrats publics de la
nation, et qui pendant plusieurs siècles encore
ne formèrent qu'un seul et même emploi. La
noblesse par-là également redoutable au peuple
par son droit de justice , et au prince par la
milice qu'elle commandoit , s'étoit rendue maîtresse des lois , et tenoit entre ses mains toutes
les forces de l'état. Il n'en falloit pas davantage
pour ruiner l'autorité royale , et ôter aux Mérovingiens toute espérance de la relever. Les
seigneurs auroient de même affermi leur empire
sur le peuple , si par leur modération ils lui
avoient appris à le regarder comme légitime ;
mais ils ne savoient pas que rien n'est stable
sans le secours des lois , s'étant élevés en les
violant , ils continuèrent à n'avoir d'autre règle
que leur avarice , leur orgueil et leur emportement.

Tant de changemens survenus dans la fortune des François , produisirent une nouveauté
encore plus extraordinaire , et qui ne fut pas
moins funeste à la nation. Les évêques et les
abbés qui s'étoient fait des seigneuries , voyant
que les seigneurs laïcs étoient les capitaines de

leurs terres, et ne souffroient plus que leurs
sujets allassent à la guerre, sous la bannière du
comte ou du duc dans la juridiction duquel ils
étoient autrefois compris, crurent que leurs
domaines et la dignité du clergé seroient dégradés, s'ils ne jouissoient pas de la même prérogative ; ils allèrent donc à la guerre, et commandèrent en personne la milice de leurs terres.
A consulter les canons, c'étoient une chose monstrueuse de voir les successeurs des apôtres, et
des hommes consacrés au silence et à la soli-
tude, profaner ainsi la sainteté du ministère de
paix et de charité, ou par une espèce d'apos-
tasie, violer les vœux qu'ils avoient faits à Dieu.
Mais les barbares, avides et jaloux des richesses du clergé, commençoient depuis quelque
temps à être admis à la Cléricature, et ils avoient
corrompu la discipline ecclésiastique. Des prélats nommés pour la plupart par le prince, et
qui avoient acheté l'apostolat à prix d'argent ou
à force de lâchetés, avoient enfin accoutumé
les esprits à voir sans étonnement les abus les
plus scandaleux.

Indépendamment du tort que cette conduite
du clergé fit aux mœurs publiques, en accré-
ditant l'injustice, la force et la violence, elle
lui donna des intérêts opposés à ceux du prince
et du peuple. Des évêques usurpateurs, guer-

riers, et assez puissans pour n'avoir plus besoin d'une protection étrangère, ne devoient
plus voir dans Saint Paul cette obéissance aveugle qu'ils avoient autrefois prêchée. Qui ne sait
pas respecter les lois, méprise nécessairement
les droits du peuple. Les ecclésiastiques favorisèrent les entreprises de la noblesse, et profa-
nèrent la religion, jusqu'à en faire l'instrument
de leur avarice et de leur ambition.

Le simple exposé de la manière dont les gens
d'église s'engagèrent à porter les armes suffit,
si je ne me trompe, pour faire connoître que
leur service militaire fut dans son origine une
prérogative seigneuriale, et non pas, ainsi que
des écrivains obscurs l'ont avancé dans ces derniers temps, une charge de l'état qu'ils fussent
obligés d'acquitter. Quelque peu raisonnable qu'ait
été la conduite des François, jamais cependant
ils n'auroient imaginé d'enlever des pasteurs à
leurs églises, et des solitaires à leurs cloîtres,
pour en faire de mauvais capitaines. Au contraire, il ne faut point douter que si les évêques et les abbés eussent permis à leurs sujets
d'aller à la guerre, sous les ordres du duc ou du
comte qui les commandoit avant l'établissement
des seigneuries, ou en eussent grossi les milices
de quelque seigneur voisin, la noblesse ne l'eût
regardé comme une faveur.

Qu'on me permette de m'étendre sur une matière si importante, et très-propre à répandre de la lumière sur nos antiquités. Si les évêques avoient été obligés au service militaire par la constitution primitive de l'état, pourquoi dans le temps que Grégoire de Tours composoit son histoire, n'y auroit-il encore eu qu'un Falonius, évêque d'Embrun, et un Sagittaire, évêque de Gap, qui se fussent acquittés de ce devoir? Pourquoi cet écrivain, qui occupoit lui-même un des premiers siéges des Gaules, leur reprocheroit-il le scandale qu'ils donnoient à l'église en portant les armes, s'ils n'avoient fait que remplir une des fonctions de leur état? Pourquoi les traiteroit-il de scélérats? et rapporteroit-il, pour justifier ses reproches, que ces prélats n'avoient point eu honte de servir dans l'armée que Mummole conduisit contre les Lombards? Grégoire de Tours, qui connoissoit les devoirs de l'épiscopat et de la vie religieuse, se seroit contenté de s'en prendre à la barbarie du gouvernement et des lois, et d'inviter les François à corriger un abus aussi contraire à l'état qu'à la religion même. Quand nos pères auroient été assez grossiers pour exiger le service militaire des évêques, comme ils l'exigeoient peut-être des prêtres de leurs faux Dieux en Germanie, est-il vraisemblable que les conciles qui se tinrent dans les Gaules sous le règne de Clovis, ne s'y fussent pas opposés ? Pourquoi leurs représentations à cet égard auroient-elles été inutiles, dans un temps que la nation se convertissoit, et accordoit au clergé la plus grande autorité ?

Rapportons-nous-en au siècle de Charlemagne, plus à portée sans doute que le nôtre de juger de la nature des fonctions militaires que faisoient les évêques et les abbés. Si leur service eût été une dette qu'ils eussent acquittée, et non pas une prérogative seigneuriale dont ils eussent joui ; je demande par quelle raison les chefs du clergé, eux qui avoient le premier rang dans l'état, et la plus grande influence dans les affaires de la nation, auroient été tenus à remplir des devoirs dont les capitulaires mêmes nous apprennent que les derniers clercs (4) étoient exempts ? Quand le gouvernement prit enfin une meilleure forme sous le règne de Charlemagne, et que la nation, éclairée par les lumières et les vertus de ce prince, sentit combien il étoit contraire aux principes de la religion, au caractère de l'épiscopat, à l'honnêteté des mœurs publiques, et à la vigueur de la discipline militaire, que des évêques et des moines fissent dans des camps le métier de soldats ; ce ne fut pas une exemption de porter les

armes qu'on leur accorda, on leur fit une défense (5) de faire la guerre ; et cette loi fut portée sur la requête et les remontrances de quelques prélats qui connoissoient leurs devoirs et
les anciennes règles de l'église, et qui firent
appuyer leur demande par les seigneurs les plus
accrédités.

Tant s'en faut qu'on regardât alors cette défense comme une faveur accordée aux évêques,
que le public crut au contraire qu'on les avoit
dépouillés d'un privilège, et que le corps entier
du clergé en seroit dégradé. Il fallut que l'assemblée qui avoit porté la loi, en fît connoître
les véritables motifs. « Ce n'est, dit Charlemagne
(6), que par une méchanceté digne du démon
même, que quelques personnes mal intentionnées
ont pu penser que j'aie voulu offenser la dignité
du clergé et nuire à ses intérêts temporels, en
faisant la loi qu'il m'a lui-même demandée, et
qui lui défend de porter les armes et de faire
la guerre ; j'ai des sentimens tout opposés. Il
n'en deviendra que plus respectable, lorsqu'il
s'attachera tout entier aux fonctions divines de
son état. »

CHAPITRE VI.

Progrès de la fortune des maires du palais sous les successeurs de Clotaire II. — Inconsidérations de la noblesse à leur égard. — Ils s'emparent de toute l'autorité. — Charles Martel établit de nouveaux bénéfices. — Pepin monte sur le trône.

LES maires du palais, qui n'avoient été dans leur origine que les chefs des officiers domestiques du prince, joignirent d'abord à l'intendance générale du palais, la qualité de juges de toutes les personnes qui l'habitoient. Leur emploi devint plus important à mesure que les rois agrandissoient eux-mêmes leur puissance. Ces courtisans habiles corrompirent leurs maîtres pour les dominer; en leur apprenant à négliger dans les plaisirs les soins pénibles du gouvernement, ils en attiroient à eux toutes les fonctions. Ils gouvernèrent les finances, commandèrent les armées, et présidèrent enfin ce tribunal suprême où le roi devoit rendre lui-même la justice aux Leudes, et juger définitivement les procès qui y étoient portés par appel de toutes les provinces du royaume. Etant parvenus à se rendre les dépositaires de toute la puissance royale, il doit paroître surprenant qu'au lieu d'être accablés les premiers sous ses ruines, quand l'hérédité des bénéfices rendit la noblesse maîtresse absolue du royaume, leur fortune au contraire fasse de nouveaux progrès et ne connoisse plus de borne ; ils ne font que changer leur qualité de ministres, de capitaines et de favoris du prince, en celle de ministres, de capitaines et de favoris de la nation.

Si la conduite que les grands avoient tenue jusques-là, et qu'ils tinrent encore dans la suite, permettoit qu'on pût raisonnablement les soup-çonner d'agir par des vues réfléchies, de prévoir l'avenir, et d'embrasser à la fois tout un système de gouvernement ; peut-être pourroit-on croire que pour détruire plus facilement et plus sure-ment le pouvoir du roi, ils lui débauchèrent son ministre, et laissèrent au maire du palais, son crédit et son autorité, pour s'en faire un protecteur plus puissant. Mais il est vraisemblable que la fortune, les circonstances et les événemens tinrent lieu de politique aux familles bénéficiaires et aux seigneurs. Si quelque prudence se mêla dans cette affaire, elle vint toute de la part des maires, qui, pour n'être pas les victimes de la royauté en décadence, trahirent les intérêts de Clotaire II et de ses successeurs, au lieu de les secourir ; et se mirent à la tête de la con-juration.

Varnachaire,

Varnachaire, selon les apparences, n'accepta, après le supplice de Brunehaud, la mairie du royaume de Bourgogne, que dans le dessein d'éclairer de plus près la conduite de Clotaire II, et de le perdre, ou du moins d'empêcher qu'il ne tentât de reprendre les droits qu'il avoit perdus. Cet homme ambitieux, implacable dans ses haines, et accoutumé aux mouvemens des partis et des cabales, n'auroit pas exigé de Clotaire qu'il lui promît par serment de ne lui jamais ôter sa dignité, s'il n'avoit eu que des vues favorables à l'autorité royale. Il ne songea qu'à ses intérêts particuliers : il écrivit à tous les grands pour leur promettre qu'il seroit en toute occasion leur protecteur. Il ne travailla qu'à étendre son pouvoir, et sa conduite servit de modèle à ses successeurs.

Il seroit difficile de dire quel fut le gouvernement des François, depuis que le clergé et la noblesse s'étoient emparés de la puissance publique. En ôtant à la royauté les prérogatives acquises insensiblement par adresse, et que les anciennes lois de Germanie ne lui attribuoient pas, on ne lui avoit pas même laissé ce qui devoit raisonnablement lui appartenir. Réduite à n'être qu'une magistrature impuissante, ce n'étoit plus qu'un vain titre. D'ailleurs les rois presque toujours enfans, ou corrompus par une éducation qui les rendit méprisables , étoient prisonniers dans leur palais, et inconnus de leur nation.

Les seigneuries, dont le nombre devoit être encore très-médiocre, quand les bénéfices devinrent héréditaires , se multiplièrent fort rapidement dans les dernières années du règne de Clotaire II et sous ses premiers successeurs. Chaque gentilhomme , chaque évêque, chaque monastère, se crut en droit de devenir le tyran de ses voisins. Les assemblées des grands ne se tinrent que très-rarement, et sans doute elles offroient l'image d'une bande de brigands qui , après avoir volé une caravane , partage le butin. La noblesse ne formant point un corps régulier qui eût ses lois , sa police, ses magistrats, ses syndics et ses assemblées réglées ; chaque seigneur voulut jouir en particulier dans ses terres de tout le pouvoir de son ordre. Quoique les justices seigneuriales restreignissent de jour en jour la juridiction des ducs et des comtes , et diminuassent par conséquent les droits de leurs gouvernemens , ils ne s'opposèrent pas aux progrès de l'usurpation. Ils profitèrent eux-mêmes de l'anarchie et de leur crédit , pour se faire de grandes terres , dont les droits les dédommageoient de ce qu'ils perdoient en qualité de ducs et de comtes ; et il étoit naturel qu'ils sacrifiassent les intérêts d'une dignité qui n'étoit pas héréditaire à ceux de leurs terres, qui étoient le patrimoine de leurs enfans. Enfin, à la tête de ce gouvernement monstrueux étoit un maire du palais, comme premier magistrat, qui avoit soin que toutes les lois fussent détruites et violées ; et que, sous le nom de coutumes, toutes les passions et tous les caprices de la noblesse, des évêques et des moines fussent respectés.

Ces désordres étoient si agréables aux seigneurs, qu'abandonnant leur fortune au zèle que leur marquoient les maires, ils ne prirent aucune précaution pour les empêcher d'abuser de leur crédit : ces officiers ne tardèrent pas à s'apercevoir de cette imprudence grossière. Après avoir humilié les rois, ils formèrent le projet d'asservir les grands. Jamais entreprise ne fut moins hardie ; ils pouvoient tout se promettre du mépris où les lois étoient tombées, de la tyrannie extrême que les seigneurs exerçoient sur le peuple, de leur désunion, et sur-tout de l'ignorance où ils étoient de leurs intérêts. Tandis que les grands croyoient l'autorité royale anéantie sans retour, elle se trouvoit déjà toute entière, sous un autre nom, entre les mains des maires, qu'ils regardoient par habitude comme les tuteurs de la liberté publique ; mais ces nouveaux rois, après avoir affermi avec art leur autorité, ne tardèrent pas à vouloir en abuser, et firent bientôt éprouver à la noblesse qu'elle avoit un maître.

La pesanteur du joug la tira enfin de son erreur, mais en voulant essayer ses forces, elle ne sentit que sa foiblesse. Les maires, en autorisant toutes sortes de vexations, avoient affoibli ou détruit les seigneurs qui leur étoient suspects, et s'étoient faits des courtisans et des flatteurs, personnages toujours prêts à servir d'instrument à la tyrannie. Dans ce haut degré de fortune, ils eurent la foiblesse d'envier aux rois leur pompe inutile et les vains respects qu'on leur rendoit ; ou plutôt, s'ils formèrent le projet de les chasser de leur trône pour s'y placer, ce n'est pas qu'ils y gagnassent rien personnellement, mais ils vouloient, selon les apparences, affermir la fortune de leur maison : la royauté étoit héréditaire, et la mairie n'étoit qu'élective.

A la mort de Sigebert II, qui portoit le nom de roi en Austrasie, Grimoald son maire fit disparoître le légitime héritier, dont il publia la mort, et mit la couronne sur la tête de son fils. Soit qu'il eût des ennemis puissans, ou que les François, par une sorte de contradiction assez ordinaire dans le cœur humain, conservassent encore quelque reste d'attachement (t) pour la postérité de Clovis qu'ils laissoient que

primer ; soit par quelqu'autre motif dont le temps
nous a dérobé la connoissance , les Austrasiens
se soulevèrent contre leur maire , refusèrent de
reconnoître son fils , et demandèrent des secours
à Archambaud qui gouvernoit la Neustrie. Ce
maire assembla avec diligence une armée , et
eut la générosité de punir les usurpateurs, quoiqu'il fût de l'intérêt de son ambition de les favoriser , et que leur succès en Austrasie fût devenu un titre pour lui en Neustrie. Childéric ,
fils de Clovis II , succéda à Sigibert ; et Pepin
de Heristal , qui fut élevé à la dignité de maire,
jeta les fondemens de la grandeur où son petit-
fils parvint.

Pepin , aussi ambitieux que son prédécesseur
et ses collègues , mais sage et patient dans ses
entreprises , se fit une politique bien extraordinaire pour le siècle et la nation où il vivoit ; et
dont il étoit impossible que les François , toujours aveugles dans leurs espérances , toujours
dupes des événemens présens , et toujours em-
portés dans leur conduite , fussent capables de
démêler les ressorts. Pepin jugea que si les premiers maires avoient pu se permettre les plus
grandes injustices pour se rendre puissans , il
n'y avoit plus que la modération et la justice
qui pussent justifier leur ambition , et affermir
la haute fortune où il étoit élevé. Ce fut à force

de prudence, de douceur, de courage et de ménagemens, qu'il tenta de gagner le clergé et la
noblesse, qui, souffrant avec impatience le gouvernement injuste des maires, auroient voulu
rendre au prince l'autorité qu'il avoit perdue.

Rien n'est plus dangereux qu'un tyran qui a
quelques vertus, ou qui sait en emprunter le
masque : aussi les Austrasiens tombèrent-ils
grossièrement dans le piège que Pepin leur avoit
tendu. Ils regardèrent comme solidement affermi
un bonheur qu'ils ne devoient qu'aux qualités
personnelles de leur maire, et n'imaginèrent pas
qu'il pouvoit avoir un successeur indigne de lui.
Pepin eut un crédit sans bornes, et quand
Thieri III fut tiré du monastère de saint Denis
pour succéder à ses frères Clotaire et Childeric,
il refusa de le reconnoître. Il ne tenoit qu'à
lui de se faire proclamer roi dans un des trois
royaumes que comprenoit la domination Françoise ; mais il ne permit aux François Austrasiens
que de lui donner le titre de duc dans leur
royaume ; et même pour n'exciter aucune envie,
ou du moins ne s'exposer qu'à une partie de
ses traits, il voulut avoir un collègue.

La conduite toute différente des maires de
Bourgogne et de Neustrie, annonçoit dans ces
deux royaumes une révolution prochaine. Leur
tyrannie étoit telle, que les grands désespérant

de pouvoir défendre leur liberté, n'avoient plus que le choix des plus extrêmes résolutions. Tous les jours exposés à des injures et à des violences, les uns étoient chassés de leurs terres, les autres les abandonnoient pour prévenir l'oppression, et tous cherchoient un asile en Austrasie; où par leurs plaintes, ils fournirent à Pepin un prétexte de satisfaire son ambition, en feignant de n'être que le vengeur des opprimés. Il assembla une armée, qu'il fit marcher contre Bertaire, qui se trouvoit à la fois maire de Bourgogne et de Neustrie. Si ce tyran eût été vainqueur, les François auroient été traités comme les esclaves les plus vils; ou du moins il ne leur restoit d'autre ressource que ce désespoir subit et violent, que le sentiment de la liberté excite quelquefois dans un peuple qui n'est pas encore accoutumé au joug, ni familiarisé avec les affronts. Heureusement Bertaire fut défait, et il périt dans la déroute de ses troupes.

Pepin, qui s'étoit fait une habitude de sa modération, ne sentit peut-être pas, dans le moment qu'il en recueilloit le fruit, tout ce qu'il pouvoit se promettre de sa victoire, de l'attachement des Austrasiens, et de la reconnoissance inconsidérée des François de Bourgogne et de Neustrie. Peut-être aussi jugea-t-il qu'il étoit égal pour ses intérêts que Thieri III fût

roi ou moine. L'ambition éclairée se contente
de l'autorité, et dédaigne des titres qui la rendent presque toujours odieuse ou suspecte ; Pepin laissa à Thieri son nom, ses palais et son
oisiveté, et ne prit pour lui que la mairie des
deux royaumes qu'il avoit délivrés de leur tyran.

Il étoit en état, s'il eût aimé véritablement
le public, de corriger une partie des abus, et
de donner enfin une forme constante à un gouvernement dont toutes les parties avoient éprouvé
de continuelles révolutions. Pepin avoit des lumières supérieures, on ne peut en douter ; et
une longue suite de malheurs avoit appris aux
François qu'on ne peut cesser d'être l'esclave
des passions des hommes qu'en se soumettant
à l'autorité des lois. Mais on diroit que Pepin,
plus jaloux de commander arbitrairement que de
mériter la gloire d'un législateur équitable, voulut qu'il subsistât des désordres, dans la vue,
sans doute, de se rendre plus nécessaire, et
d'occuper continuellement les esprits de ses entreprises. Il rendit une sorte de dignité aux
grands qui avoient perdu leur crédit en cessant
d'être unis. Il en convoqua, il est vrai, assez
souvent les assemblées, pour faire croire qu'il
en étoit autorisé, mais trop rarement pour qu'il
en fût gêné. Il gouverna avec un pouvoir absolu, qu'on ne lui contesta point, parce qu'il

sut le déguiser en politique aussi adroit qu'ambitieux. Il eut l'art enfin de se rendre tellement propre l'autorité que les maires avoient usurpée, qu'il accoutuma les François à regarder le duché d'Austrasie et les mairies de Bourgogne et de Neustrie comme une portion de son patrimoine même ; et sans le secours d'aucune loi, ses dignités devinrent héréditaires dans sa famille.

Tant de puissance devoit être le partage de Charles Martel ; mais soit que Pepin voulût punir sur ce fils les chagrins domestiques que sa mère lui avoit causés, soit que cet homme, qui gouvernoit arbitrairement les François, fût lui-même gouverné plus arbitrairement par sa seconde femme, il revêtit de toutes ses dignités son petit-fils Théodebald ; de sorte qu'à la honte de toute la nation, Dagobert III, encore enfant, eut pour maire un autre enfant, qui étoit sous la tutelle de Plectonde sa grand'mère et veuve de Pepin.

Cette régente se trouvoit dans la situation la plus critique. L'élévation de son petit-fils étoit, par sa bizarrerie même, une preuve certaine qu'il n'y avoit ni principe, ni règle dans le gouvernement ; et que les seigneurs se conduisant au hasard, ne savoient plus ce qu'ils pensoient de la royauté, de la mairie, ni de leur propre

état. Après toutes les révolutions que les François avoient éprouvées, rien ne devoit paroître
extraordinaire ; mais au milieu des caprices de
la fortune dont le royaume étoit le jouet, si
on pouvoit tout oser et tout entreprendre avec
quelque espérance de succès, on devoit craindre
aussi de trouver à chaque pas un écueil inconnu.
Ne pouvant se tracer un plan fixe et suivi de
conduite qui prévînt tous les dangers, le gouvernement se voyoit réduit à changer la politique à mesure que les événemens changeroient,
et couroit par conséquent à sa perte. Tout ce
que put faire l'espèce de souveraine qui gouvernoit à la fois l'Austrasie, la Neustrie et la Bourgogne, ce fut de faire arrêter Charles Martel,
dont elle craignoit l'esprit hardi, ambitieux et
entreprenant ; mais cette démarche ne procura
qu'un calme bien court. Il se préparoit d'un
autre côté une révolution, et elle auroit coûté
une guerre cruelle aux François, si Plectonde
avoit eu quelque demi-talent pour défendre la
dignité de son petit-fils, qui fut conférée à
Rainfroi.

Charles Martel cependant eut le bonheur de
s'échapper de sa prison : et l'Austrasie, où il se
réfugia, le reconnut aussitôt pour son duc.
C'étoit un homme qui avoit toutes les qualités
de l'esprit dans le degré le plus éminent ; son

ambition brillante, audacieuse et sans bornes
ne craignoit aucun péril. Aussi dur et inflexible
envers ses ennemis, que généreux et prodigue
pour ses amis, il força tout le monde à rechercher sa protection. Il crut que Rainfroi occupoit une place qui lui appartenoit; il lui fit la
guerre, le défit, et prit, comme son père, le
titre de maire de Bourgogne et de Neustrie.
Pepin avoit été un tyran adroit et rusé; Charles Martel ne voulut mériter que l'amitié de ses
soldats, et se fit craindre de tout le reste. Il
traita les François avec une extrême dureté; il
fit plus, il les méprisa. Ne trouvant par-tout
que des lois oubliées ou violées, il mit à leur
place sa volonté. Sûr d'être le maître tant qu'il
auroit une armée affectionnée à son service, il
l'enrichit sans scrupule des dépouilles du clergé,
que ses mauvaises mœurs rendoient peu puissant,
qui possédoit la plus grande partie des richesses
de l'état, et qui fut alors traité comme les Gaulois l'avoient été dans le temps de la conquête.

Charles Martel n'ignoroit pas que les rois
Mérovingiens avoient d'abord dû leur fortune,
et ensuite leur décadence à leurs bénéfices. Il
en créa de nouveaux pour se rendre aussi puissant qu'eux; mais il leur donna une forme toute
nouvelle, pour empêcher qu'ils ne causassent
la ruine de ses successeurs. Les dons que les fils

de Clovis avoient faits de quelques portions de leurs domaines, n'étoient que de purs dons, qui n'imposoient aucun devoir particulier (2), et ne conféroient aucune qualité distinctive. Ceux qui les recevoient n'étant obligés qu'à une reconnoissance générale et indéterminée, pouvoient aisément n'en avoir aucune, tandis que les bienfaiteurs en exigeoient une trop grande; et de là devoient naître des plaintes, des reproches, des haines, des injustices et des révolutions.

Les bénéfices de Charles Martel furent au contraire ce qu'on appela depuis des fiefs, c'est-à-dire, des dons faits à la charge de rendre au bienfaiteur, conjointement ou séparément, des services (3) militaires et domestiques. Par cette politique adroite, le maire s'acquit un empire plus ferme sur les bénéficiers; et leurs devoirs désignés les attachèrent plus étroitement à leur maître. Cette dernière expression paroîtra peut-être trop dure; c'est cependant l'expression propre; puisque ces nouveaux bénéficiers furent appellés du nom de vassaux, qui signifioit alors, et qui signifia encore pendant long - temps des officiers domestiques.

Charles Martel, toujours victorieux et sûr de la fidélité de son armée, regarda les capitaines qui le suivoient comme le corps entier de la nation. Il méprisa trop les rois Dagobert, Childéric et Thieri-de-Chelles , dont il avoit fait ses premiers sujets , pour leur envier leur titre. A la mort de ce dernier , il voulut que les François se passassent d'un roi , et en mourant il n'appela pas les grands de la nation , mais ses (4) vassaux , c'est-à-dire , les capitaines de ses bandes et les officiers de son palais , pour être témoins du partage qu'il fit entre ses fils Carloman et Pepin , de toutes les provinces de la domination françoise , qu'il regardoit comme sa conquête et son patrimoine.

Un gouvernement aussi long et aussi arbitraire que celui de Charles Martel avoit effarouché tous les esprits ; et c'est sans doute pour les calmer , que Pepin , moins hardi que Carloman , qui gouverna l'Austrasie en son nom jusqu'au moment qu'il embrassa la vie monastique , fit proclamer Childéric III , roi de Bourgogne et de Neustrie ; et cette vaine cérémonie produisit l'effet que le maire en attendoit. Parce qu'il n'avoit pas les vices de son père , on crut qu'il auroit les vertus de son aïeul. Le peuple qui depuis long-temps ne prenoit aucun intérêt à la chose publique , parce qu'il étoit trop éloigné de rien espérer de favorable , crut , sur la parole de Pepin , qu'il alloit être moins opprimé. La noblesse qui , en sentant sur elle une main moins pesante que celle de

Charles Martel, auroit été capable de se soulever si Pepin ne l'eût flattée, ne fut qu'inquiète et orgueilleuse. Les uns étoient las de la mairie, dont les inconvéniens étoient présens, sans savoir ce qu'il falloit substituer à sa place; les autres regrettoient l'ancienne royauté, dont on n'avoit presqu'aucun souvenir; et personne ne songeoit que pour rétablir l'ordre, il falloit qu'il n'y eût que les lois qui eussent un pouvoir absolu.

Le clergé occupé de la restitution des biens qu'on lui avoit volés, rendoit la mémoire de Charles Martel odieuse, et publioit sa damnation pour obliger son fils à réparer ses injustices. Mais Pepin se bornoit à croire qu'il lui suffisoit de désapprouver la conduite de son père, pour n'être pas son complice. Il étoit trop ambitieux et trop habile pour ne pas ménager les soldats de Charles Martel, qui faisoient toute sa force, et qui, malgré les exhortations et les menaces des évêques et des moines, avoient pris le parti de ne point abandonner leurs usurpations. Le clergé voyant enfin que ses plaintes ne produisoient aucun effet salutaire sur la conscience endurcie des ravisseurs, se mit sous la protection spéciale de Pepin, qui le flatta, le consola, et, en lui donnant des espérances pour l'avenir, l'attacha à sa fortune.

Tout préparoit une révolution dans le gouvernement ; les François la désiroient, les uns parce qu'ils étoient attachés à Pepin, les autres par inconstance ou par lassitude de l'administration présente, et le maire profita de cette disposition des esprits pour s'emparer de la couronne. Mais il voulut la recevoir comme un don de son peuple, et le peuple ne la donna qu'après avoir consulté le pape Zacharie sur les droits de Pepin et de Childéric. Le pontife, qui avoit tout à redouter de l'un, et rien à craindre de l'autre, décida que le maire pouvoit prendre le titre de roi, puisqu'il en faisoit les fonctions ; et Childéric dégradé par ce jugement, fut relégué avec son fils dans un cloître. Ainsi finirent dans l'humiliation les derniers princes d'une maison dont le chef avoit fondé l'empire des François dans les Gaules. Cette révolution ne changea rien à l'autorité réelle de Pepin, ni au sort de la nation ; et la royauté, après avoir éprouvé les disgraces les plus entières, se trouva encore en possession de tous les droits qu'elle avoit eus avant le règne de Clotaire II.

CHAPITRE VII.

Pourquoi la nation françoise n'a pas été détruite
sous la régence des rois Mérovingiens.

PENDANT que les princes Mérovingiens régnè-
rent dans les Gaules, l'Europe fut accablée du
poids des barbares qui la déchiroient. Ce que
Tacite (1) avoit prévu arriva ; la ruine de
l'Empire Romain avoit allumé des guerres civiles
entre toutes les nations, et les barbares, avides
de faire des conquêtes, mais gênés les uns par
les autres, ne pouvoient prendre une assiette
assurée dans le pays qu'ils avoient envahi. Les
révolutions se succédèrent rapidement ; des débris
d'une puissance il s'en formoit plusieurs ; et
si quelqu'une d'entre elles sembloit menacer les
autres de les engloutir, elle s'affoiblissoit par
ses propres victoires, et tomboit en décadence
dès qu'elle vouloit jouir de ses avantages.

Le royaume des Hérules, si fameux par la
fin d'Augustule et de l'Empire d'Occident, ne
subsista lui-même que quatorze ans, et fit
place à la monarchie des Ostrogoths, que Théo-
doric fonda, et qui bientôt après fut détruite
par Narsez. L'histoire ne parle plus des Huns,
des Alains, des Suéves, etc. Les Vandales, qui

ont

ont traversé la Gaule et l'Espagne en conquérans, établissent leur domination en Afrique, et se voient enlever leur proie par Bélisaire. Le royaume de Bourgogne devient une province des François. Les Lombards fondent, l'épée à la main, un nouvel empire en Italie, qui sera bientôt renversé par Charlemagne, après avoir été menacé de sa ruine par Pepin. Les Visigoths, chassés des terres qu'ils occupoient dans les Gaules, voient anéantir leur puissance en Espagne par un peuple sorti de l'Arabie, qui combattoit pour conquérir des royaumes, et étendre sa religion. Les Sarrasins, ambitieux et fanatiques, avoient déjà changé la face de l'Asie et de l'Afrique, et se répandant des Pyrénées dans les Gaules, préparoient aux états des Mérovingiens une servitude aussi prompte que funeste, tandis que la Germanie, si redoutable jusqu'alors, et si féconde en soldats, menaçoit encore tous ses voisins. Les Bavarois, les Allemands, les Turingiens et les Saxons sur-tout, plus puissans que ne l'avoient été les François sous le règne de Clovis, étoient las d'habiter leurs forêts, et à l'exemple des peuples qui les avoient précédés, ne méditoient que des conquêtes. Chaque nation, en un mot, se trouvoit dans un état de crise, et il sembloit qu'un peuple ne pût subsister qu'en détruisant ses voisins.

Tome I. O

Par quelle cause la nation Françoise est-elle presque la seule qui n'ait pas subi le même sort qu'éprouvèrent ces tributs de barbares qui pénétrèrent dans les provinces de l'Empire Romain ? Dire qu'elle fut, ou plus brave, ou plus sage, ce seroit lui donner un éloge qu'elle ne mérite pas. On sait que tous les peuples qui venoient de Germanie avoient un courage égal ; et ce que j'ai dit du gouvernement des François, toujours conduits au hasard par les événemens, doit faire juger qu'il étoit bien difficile d'avoir plus de vices et moins de prudence qu'eux. Les François en effet ne furent que plus heureux. Tout le malheur de quelques peuples fut de paroître les premiers sur les terres de l'Empire. En subjuguant des provinces où ils n'étoient connus que par la terreur que leurs courses et leurs ravages y avoient répandue, ils y inspirèrent une haine violente contre eux ; de sorte que, se trouvant entourés d'ennemis au milieu de leurs conquêtes, il leur fut d'autant moins facile d'y affermir leur puissance, qu'ils laissoient derrière eux des peuples nombreux à qui ils avoient ouvert le chemin, que leur exemple encourageoit, et qui étoient assez forts pour les chasser de leurs nouvelles possessions.

Quand les François au contraire s'établirent en deçà du Rhin, les Gaulois commençoient à se familiariser avec les mœurs et les coutumes Germaniques. Le temps leur avoit appris à trouver en quelque sorte tolérable ce qui leur avoit d'abord paru monstrueux. Clovis et ses sujets, quoique païens, étoient moins odieux que les Bourguignons et les Visigoths, qui avoient apporté les erreurs de l'arianisme dans les Gaules. Les François abjurèrent sans peine leur religion pour prendre celle des vaincus, qui les regardèrent alors comme les protecteurs et les vengeurs de la foi.

Clovis, en s'établissant tard dans les Gaules, laissa derrière lui des ennemis moins puissans et moins nombreux. Les premiers barbares étoient toujours allés en avant, sans songer à se faire des établissemens solides, parce qu'ils étoient poussés par d'autres barbares qui marchoient à leur suite, et qu'ils n'avoient à vaincre devant eux que des Romains consternés, et qui ne savoient pas se défendre. Les François, au contraire, bornés dans les provinces méridionales et occidentales des Gaules par les Bourguignons, les Visigoths et les Bretons, aux dépens de qui il étoit beaucoup plus difficile de s'agrandir, conservèrent le pays qu'ils possédoient en Germanie. Ils y portèrent souvent la guerre, et, en soumettant les Allemands, les Bavarois et les Frisons, qui auroient pu les subjuguer, si on avoit négligé de les contenir au-delà du Rhin, ils s'en firent un rempart contre les autres peuples de Germanie.

Il est assez curieux d'observer que les vices mêmes de la constitution des François contribuèrent au salut de leur empire. A ne considérer que la différence qu'il y avoit entre la férocité des François et les mœurs plus douces et plus humaines des Gaulois, il n'est pas douteux que la conduite de la nation qui rédigea les lois Saliques et Ripuaires, ne paroisse d'abord moins sage que celle des Bourguignons et des Visigoths, qui ne composèrent qu'un même peuple avec les vaincus, en faisant des lois (2) communes, générales et impartiales, qui confondoient leurs droits. Mais c'étoient prendre en partie les mœurs des vaincus. Les Visigoths et les Bourguignons pouvoient emprunter plusieurs choses utiles des Gaulois, mais il leur étoit impossible de les estimer assez pour se mêler et se confondre avec eux, sans qu'ils en fussent amollis, et sans perdre cette valeur à laquelle ils avoient dû leurs premiers avantages.

Les François au contraire en forçant leurs sujets de renoncer aux lois romaines, pour adopter les coutumes germaniques, s'ils vouloient participer aux privilèges de la nation conquérante, donnèrent aux Gaulois les mœurs de leurs vainqueurs. On vit disparoître des Gaules cette paresse, ce découragement, cet affaissement des esprits qui avoient été nécessaires aux empereurs pour établir leur despotisme. Dans les circonstances où se trouvoient alors les barbares, un état devoit tirer bien moins d'avantages d'un commencement de police qui auroit été très-imparfait, que de cette férocité brutale qui conservoit la fierté de la valeur Germanique, et préparoit les Gaulois à devenir des soldats aguerris.

Que les provinces de la domination Françoise n'eussent pas d'abord été partagées en autant de royaumes qu'un roi laissoit de fils; que ces partages, au lieu d'être enclavés les uns dans les autres, et de donner souvent à deux princes différens une même (3) ville, eussent été faits suivant les règles d'une sage politique; les François moins divisés entre eux par des haines et des intérêts domestiques, auroient commencé à être plus citoyens que soldats, et n'auroient pas cependant été assez bons citoyens pour mettre leur pays en sureté contre les étrangers. Que dans leurs guerres ils eussent cessé d'être des brigands, que tout ne fût pas devenu la proie et le butin du vainqueur; ils se seroient bientôt lassés de porter les armes, la guerre ne leur eût paru qu'un métier dur et pénible, il auroit fallu avoir une armée mercenaire, la payer

des impôts levés sur les peuples; et les François,
amollis comme les Vandales, les Visigoths, etc.
n'auroient plus été en état de contenir les Germains au-delà du Rhin, et les Sarrasins au-delà
des Pyrénées. Le génie tout militaire que les
François répandirent dans les Gaules leur conserva leur conquête; il les rendit plus fort que
leurs ennemis, dont le gouvernement n'étoit pas
moins vicieux que celui des rois Mérovingiens.

Fin du livre premier.

OBSERVATIONS

SUR

L'HISTOIRE DE FRANCE.

LIVRE SECOND.

CHAPITRE PREMIER.

Origine du sacre des rois de France.----Du gou-
vernement et de la politique de Pepin. --- Il
s'établit un nouvel ordre de succession au trône.

Jusqu'a Pepin l'inauguration des rois de France
n'avoit été qu'une cérémonie purement civile.
Le prince, élevé sur un bouclier, recevoit
l'hommage de son armée, et étoit ainsi revêtu
de toute l'autorité de ses pères. Pepin, pour
rendre son couronnement plus respectable aux
yeux de ses sujets, y intéressa la religion, et
transporta chez les François une coutume qui
n'avoit été connue que chez les Juifs. Sacré
d'abord par Boniface, évêque de Mayence, dont
la sainteté étoit alors célèbre, il fit réitérer cette
cérémonie par le pape Etienne III, qui vint

implorer sa protection contre les Lombards.

Le pontife, qui sacra aussi les fils de Pepin, ne manqua point de les appeler, ainsi que leur père, les oints du Seigneur. Il confondit toutes les idées, et appliquant les principes du gouvernement tout divin, dont les ressorts étoient autant de miracles, au gouvernement des François, que Dieu abandonnoit au droit naturel et commun à tous les hommes. Etienne compara la dignité de Pepin à la royauté de David, qui étoit une espèce de sacerdoce, et contre laquelle les Juifs ne pouvoient attenter sans sacrilège. Les François venoient d'élire Pepin librement, et sans qu'aucun prophète l'eût ordonné de la part de Dieu; le pontife leur dit cependant que ce prince ne tenoit sa couronne que de Dieu seul, par l'intercession de Saint Pierre et de Saint Paul, et les menaça des censures de l'église, s'ils se départoient jamais de la fidélité et de l'obéissance qu'ils devoient à Pepin et à sa postérité.

Quoique les François n'eussent osé dépouiller les Mérovingiens sans consulter le pape Zacharie, et qu'ils ne fussent guères capables de distinguer ce que Dieu fait par une volonté expresse, par une révélation marquée, comme dans le choix de Saül et de David, de ce qu'il permet et autorise seulement, comme protecteur général de l'ordre et des lois de la société; Pepin craignit que ses nouveaux sujets ne le détrônassent, s'il leur déplaisoit, ainsi qu'ils avoient détrôné Childéric, qui étoit aussi l'ouvrage de Dieu. Il ne compta pas sur la protection de Saint Pierre et de saint Paul ; et crut que, s'il étoit malheureux, un nouveau Zacharie pourroit faire changer de résolution aux deux apôtres, et leur apprendre à céder à la nécessité.

Quelque violente passion que Pepin eût eue de se faire roi, il comprit que le nouveau titre dont il étoit décoré, pouvoit affermir la fortune de sa famille, mais ne lui donnoit pas un pouvoir plus étendu que la mairie, dont le nom étoit odieux. Il ne se laissa point enivrer par la faveur inconstante de sa nation ; pour la conserver, il voulut la mériter. Il falloit ne pas effaroucher des esprits fiers et hardis que les dernières révolutions avoient rendus inquiets et soupçonneux. Les seigneurs avoient acquis le plus grand empire dans leurs terres pendant la régence des premiers maires du palais ; et après avoir éprouvé différentes vexations de la part du gouvernement, ils étoient d'autant plus jaloux de l'espèce de liberté qu'ils avoient recouvrée à la mort de Charles Martel, que commençant, à son exemple, à donner des bénéfices (1) et se faire des vassaux, ils avoient attaché à leurs intérêts toute la petite noblesse, que les malheurs du gouver-

nement avoient ruinée. Pepin s'écarta donc plus
que jamais des principes despotiques de son père,
pour gouverner avec la même modération que
son aïeul. Il ne songea qu'à se rendre agréable
à sa nation, et à la distraire de ses divisions
intestines, en l'occupant au-dehors par de grandes
entreprises. Il convoqua souvent les assemblées
des évêques et des seigneurs, corrigea les abus
qu'on lui permit de corriger, respecta ceux que
la noblesse chérissoit, appliqua en un mot plus
de palliatifs que de vrais remèdes aux maux de
l'état ; et c'est de cette circonspection, ordinaire
dans un gouvernement nouveau, que naquit une
seconde nouveauté chez les François.

Sous les premiers rois Mérovingiens, la couronne fut en quelque sorte patrimoniale, puisque le royaume se partagea d'abord en autant
de parties différentes qu'un prince laissoit d'enfans mâles. Les François avoient apporté cette
coutume de Germanie ; et c'est sans doute ce
qui les avoit divisés en plusieurs tribus que
Clovis réunit. Soit que les François sentissent
enfin combien cet ordre de succession les affoiblissoit, et que des partages toujours nouveaux
et arbitraires n'étoient propres qa'à causer des
troubles domestiques ; soit qu'il faille, selon les
apparences, l'attribuer à quelqu'événement, ou
à quelqu'autre motif moins sage que nous igno-

rons, les idées changèrent à cet égard après la mort de (2) Caribert ; et à la place de ces royaumes de Metz, d'Orléans, de Paris, de Soissons, tout le pays de la domination françoise ne fut plus divisé qu'en trois parties, connues sous les noms de royaumes d'Austrasie, de Bourgogne et de Neustrie. Clotaire II, qui les avoit réunis, conféra l'Austrasie à son fils Dagobert ; et l'exemple qu'il donna de retenir la Neustrie et la Bourgogne fut suivi par ses successeurs, qui ne les séparèrent jamais. Ne subsistant en quelque sorte que deux royaumes, on oublia peu à peu que tout prince, par le droit de sa naissance, devoit être roi ; et on ne fut point étonné que Thieri, le dernier des trois fils de Clovis II, n'eût d'abord aucune part à la succession de son père.

Il n'en falloit pas davantage chez un peuple à qui son indifférence pour les lois et son goût pour les nouveautés n'avoient laissé aucune tenue dans le caractère, pour que les droits de la naissance fussent peu respectés. On y eut encore moins d'égard, après que l'Austrasie se fut mise sous la régence d'un duc, et que les maires, sans autre motif que leur intérêt particulier, élevèrent les princes sur le trône, ou les reléguèrent dans un cloître. Ce défaut de règle en avilissant la race de Clovis, avoit sans doute contribué à l'élévation de Pepin ; mais il pouvoit nuire à sa postérité. Ce prince ne s'en reposa point sur le serment des François, la cérémonie du sacre, et les menaces du pape Etienne. Quand il sentit approcher sa fin, il assembla les grands à Saint-Denis ; et, en demandant leur (3) consentement pour partager ses états entre ses fils Charles et Carloman, il sembla reconnoître que la naissance ne conféroit point le droit de régner. De ces exemples récens, joints au souvenir des coutumes anciennes, il se forma un nouvel ordre de succession : le trône fut héréditaire dans la famille de Pepin, mais électif par rapport aux princes de cette maison.

CHAPITRE II.

Règne de Charlemagne. — De la forme de gouvernement établie par ce prince. — Réforme qu'il fait dans l'état. — Ses lois, ses mœurs.

MALGRÉ les précautions que Pepin avoit prises pour assurer la tranquillité publique, sa mort fut suivie de quelques divisions au sujet du partage de son royaume entre Charles et Carloman. Mais celui-ci ne survécut pas long-temps à son père, et le premier se trouvant seul à la tête de la nation Françoise, fut en état de former et d'exécuter les grands projets qui ont fait de son règne le morceau le plus curieux, le plus intéressant et le plus instructif de l'histoire moderne. Du milieu de la barbarie où le royaume des François étoit plongé, on va voir sortir un prince à la fois philosophe, législateur, patriote et conquérant. Que ne peut-on retrancher de sa vie quelques excès de cruauté où le porta un zèle indiscret pour étendre la religion, qu'il n'est permis que de prêcher ! Les mœurs publiques étoient atroces. Les François, dans leur ignorance grossière, pensoient que Dieu avoit besoin de leur épée pour étendre son culte, comme leur roi pour agrandir son empire. Les évêques eux-mêmes, éloignés du chemin que leur avoient tracé les Apôtres, sembloient avoir entièrement oublié qu'ils vivoient sous la loi de grâce ; et que Dieu n'ordonnoit plus que les Saxons fussent traités comme les Philistins et les Amalécites. Tout autre prince, dans ces circonstances, seroit excusable d'avoir pensé que la violence peut être un instrument de la grâce, mais on ne pardonne point à un aussi grand homme que Charles les erreurs de son siècle ; et à cette faute près, sa politique doit servir de leçon aux rois qui règnent sur les peuples et dans les temps les plus éclairés.

Les François étoient perdus, :Charles, que

j'appellerai désormais Charlemagne, eût eu moins de vertu que de génie. Les peuples également opprimés par les seigneurs ecclésiastiques et laïcs les détestoient également. Le Clergé, dont les mœurs (1) scandalisoient tout le royaume, auroit voulu écraser la noblesse, qui n'étoit riche que de ses dépouilles; et la noblesse, pour se débarrasser des plaintes injurieuses et éternelles des évêques et des moines, vouloit achéver de les ruiner. Les révolutions qui avoient fait oublier les lois n'avoient pas même établi à leur place des coutumes fixes et uniformes. On n'avoit consulté que les conjonctures et les convenances pour agir; et on ne savoit encore obéir que quand on étoit trop foible pour oser se révolter. En un mot, tous les ordres de l'état, sans patrie, sans se douter même qu'il y a un bien public, et ennemis les uns des autres, étoient dans cette situation déplorable que désire, que cherche, que fait naître l'ambition d'un prince assez peu instruit de ses intérêts pour penser que le comble du bonheur consiste à jouir d'un pouvoir sans bornes.

Charlemagne n'avoit qu'à ne pas s'opposer au cours des événemens que devoient produire les vices des François, et la nation alloit se trouver asservie au gouvernement le plus arbitraire. C'eût été un jeu pour un génie aussi grand et aussi fécond en ressources que le sien, que de tourner à son profit les divisions de ses sujets, d'humilier les différens ordres de l'état les uns par les autres, et d'élever la prérogative royale sur la ruine commune de leurs priviléges.

Il n'est pas extrêmement difficile de rémédier aux maux d'un peuple dont le gouvernement n'est pas altéré dans le principe fondamental de l'obéissance et de la subordination : quand il subsiste encore une puissance législative, ou qu'on en reconnoît du moins la nécessité, les esprits ont un point de réunion. Les désordres eux-mêmes deviennent autant de leçons utiles, et il suffit alors de faire à propos quelques règlemens sages, on y obéira. Mais quand les troubles de l'état portent avec eux les simptômes d'une anarchie générale, qu'importe de faire des lois que le foible se fait un art d'éluder, et le puissant une gloire de violer ? Quelque salutaires qu'elles soient en elles-mêmes, elles deviennent inutiles et augmentent souvent la confusion. C'est à la source du mal qu'il faut alors remonter ; et avant que de recommander des choses justes, il faut avoir mis le citoyen dans la nécessité d'obéir.

Bien des princes, en pareil cas, ont cru qu'ils devoient se rendre tout-puissans pour donner de la force aux lois, mais souvent en aigrissant les esprits, ils n'ont éprouvé qu'une plus grande

résistance. S'ils ont réussi, ils ont presque toujours abruti leurs sujets par la crainte ; ou s'ils
ont été assez éclairés pour ne pas abuser du
pouvoir qu'ils ont acquis, ils l'ont laissé à des
successeurs indignes d'eux : et le bien passager
qu'ils ont produit contre les règles et par force,
est devenu l'instrument d'une longue calamité.
Charlemagne, dont les vues embrassoient également l'avenir et le présent, ne voulut pas faire
le bonheur de ses contemporains aux dépens
de la génération qui lui succéderoit : il apprit aux
François à obéir aux lois, en les rendant eux-
mêmes leurs propres législateurs.

Pepin avoit commencé la réforme, en se faisant une règle de convoquer tous les ans, au
mois de Mai, les évêques, les abbés et les
chefs de la noblesse, pour conférer sur la situation et les besoins de l'état. Charlemagne per-
fectionna cet établissement ; il voulut que les
assemblées fussent convoquées deux (2) fois
l'an, au commencement de l'été et à la fin de
l'automne ; et la première loi qu'on publia, fut
de s'y rendre avec exactitude. Ce prince ne crut
pas qu'il suffît d'y appeler les grands ; quelqu'humilié que fût le peuple depuis l'établissement
des seigneuries et d'une noblesse héréditaire, il
en connoissoit les droits imprescriptibles, et
avoit pour lui cette compassion mêlée de respect

pect avec laquelle les hommes ordinaires voient un prince fugitif et dépouillé de ses états. Ce ne fut point seulement par esprit de justice qu'il fit tous ses efforts pour lui faire restituer une partie de sa première dignité ; il savoit encore que c'étoit le seul moyen de l'intéresser au bien public, de rapprocher la noblesse et le clergé du prince, et de les préparer sans effort à renoncer à la tyrannie qu'ils affectoient et qui faisoit le malheur du royaume. Enfin Charlemagne fut assez heureux pour que les grands consentissent à laisser entrer le peuple (3) dans le champ de Mars, qui par-là redevint véritablement l'assemblée de la nation.

Tant que le champ de Mars avoit subsisté sous les premiers successeurs de Clovis, tout homme libre qui vivoit sous la loi salique ou sous la loi ripuaire, avoit le privilége de s'y rendre, et y occupoit une place. Mais depuis que les François possédoient un pays très-étendu, et s'étoient extrêmement multipliés par la naturalisation des étrangers, cette méthode n'auroit plus été praticable ; et pour prévenir le trouble et la confusion d'une assemblée trop nombreuse, Charlemagne établit à cet égard un nouvel ordre. Il fut réglé que chaque comté députeroit au champ de Mars douze représentans, choisis dans la classe des rachinbourgs, ou, à leur défaut, parmi les citoyens les plus notables de la Cité ; et que les avoués des églises, qui n'étoient encore alors que des hommes du peuple, les accompagneroient.

Je ne puis m'empêcher de copier Hincmar en cet endroit. L'assemblée, dit-il, qui se tenoit à la fin de l'automne, après que la campagne étoit finie, n'étoit composée que des seigneurs (4) les plus expérimentés dans les affaires. Elle régloit les gratifications qui devoient se distribuer ; et jetant les yeux sur l'avenir, préparoit les matières qui devoient faire l'objet des délibérations dans l'assemblée suivante. On y discutoit les intérêts du royaume relativement aux puissances voisines ; on revoyoit les traités, on examinoit avec attention s'il étoit à propos de les renouveler, ou s'il étoit plus avantageux de donner de l'inquiétude à quelque voisin. De-là on passoit à l'examen de l'intérieur de l'état ; on cherchoit la cause des abus présens, et on travailloit à prévenir les maux dont on pouvoit être menacé. Jamais le public n'étoit instruit des vues, des débats, des projets, ni des résolutions de cette assemblée. Un secret inviolable empêchoit que les étrangers ne pussent se précautionner contre les entreprises dont ils étoient menacés, et que, dans l'intérieur même du royaume, des mécontens ou des esprits jaloux et inquiets ne s'opposassent par leurs intrigues au bien public.

C'étoit l'assemblée générale du mois de Mai suivant, composée des évêques, des abbés, des comtes, des seigneurs et des députés du peuple, qui recueilloit le fruit de cette première assemblée. C'est-là que se régloit l'état de tout le royaume pour l'année courante ; et ce qu'on y avoit une fois arrêté, n'étoit jamais changé, à moins de quelque événement imprévu, et qui par son importance auroit intéressé le sort général de la nation. Pendant que les trois ordres étoient occupés à régler les affaires, Charlemagne qui, par respect pour la liberté publique, n'assistoit pas à leurs délibérations, mais qui en étoit l'ame par le ministère de quelques prélats et de quelques seigneurs bien intentionnés, auxquels il avoit communiqué une partie de ses vues et de ses lumières, recevoit les présens qu'on lui apportoit, suivant l'usage ancien. Il saluoit les grands, dit Hincmar que je copie toujours, conversoit avec ceux qu'il voyoit rarement, témoignoit de la bonté aux vieillards, et étoit gai et enjoué avec les jeunes gens.

Quelquefois les trois chambres séparées du clergé, de la noblesse et du peuple se réunissoient, soit pour se communiquer les règlemens que chaque ordre avoit faits par rapport à sa

police ou à ses intérêts particuliers ; soit pour
discuter les affaires mixtes, c'est-à-dire, qui tenoient à la fois au spirituel et au temporel, ou
qui, par leur nature, étoient relatives à deux
ou à tous les ordres de l'état. Le prince ne se
rendoit à l'assemblée que quand il y étoit appelé,
et c'étoit toujours pour y servir de médiateur,
lorsque les constitutions étoient trop animées ;
ou pour donner son consentement aux arrêtés
de l'assemblée. Alors il proposoit quelquefois
lui-même ce qu'il croyoit le plus avantageux à
l'état ; et, avant que de se séparer, on portoit enfin
ces lois connues sous le nom de capitulaires,
qui, soit qu'elles fussent l'ouvrage de la nation, soit qu'elle les eût simplement adoptées,
conservèrent l'usage (5) nouvellement établi
d'être publiées sous le nom du prince, qui y
prend le titre de législateur suprême.

« Nous voulons, nous ordonnons, nous com-
mandons, » dit Charlemagne dans ses capitulaires ;
mais ces expressions, qui ont fait croire à plusieurs
écrivains que la puissance législative appartenoit
toute entière au prince, ne présentoient point
alors à l'esprit les mêmes idées que nous y avons
attachées depuis ; la forme seule du gouvernement les modifioit, et la conduite même de
Charlemagne leur ôtoit cette âpreté despotique
dont il étoit ennemi, et qui eût blessé des

oreilles libres. C'est ainsi que les trois colléges de l'Empire d'Allemagne ne sont point offensés aujourd'hui de ces mêmes expressions , dont la chancellerie Impériale conserve l'usage et ne se doutent pas qu'elles puissent être un titre contre la liberté Germanique. Charlemagne vouloit , ordonnoit, commandoit , parce que la nation avoit voulu , ordonné et commandé , et le chargeoit de publier ses lois , de les observer , et d'en être le protecteur et le vengeur.

Il n'est pas permis en effet de douter que la puissance législative ne résidât dans le corps de la nation. Charlemagne et Louis-le-Débonnaire (6.) en avertissent eux-mêmes ; et les capitulaires disent positivement que la loi n'est autre chose que la volonté de la nation publiée sous le nom du prince. Si Charlemagne a le privilége de faire des règlemens provisoires dans les cas extraordinaires et urgens ; sur lesquels la loi n'a rien prononcé , on les distingue (7) formellement des lois ; et ils n'en acquièrent la force et l'autorité , que quand le champ de Mai les a adoptés. Tel est la doctrine qu'enseignent partout les monumens les plus respectables de notre histoire.

Qu'on examine de près la conduite de Charlemagne , et on le verra toujours scrupuleusement attentif à respecter la liberté qu'il avoit rendue

230 OBSERVATIONS SUR L'HIST.

à sa nation, dans la vue d'y détruire l'esprit de servitude et de tyrannie, de l'intéresser au bien public et d'en faire l'instrument des grandes choses qu'il méditoit. Il ne se crut jamais exempt d'obéir au champ de Mai ; il observa toujours les lois, parce qu'elles servoient de fondemens à sa grandeur, et pour apprendre à ses sujets à les respecter.

Si Tassilon, duc de Bavarois, est condamné à mort par la nation, à cause de ses infidélités, Charlemagne, qui est son parent, et qui par son humanité vouloit gagner le cœur des peuples tributaires des François, ne lui accorde point la vie de son autorité privée ; il demande sa grâce à l'assemblée, la sollicite, et l'obtient (8). Veut-il retenir à sa cour l'évêque Hildebold, l'ecclésiastique qu'il jugeoit le plus propre à remplir dans son palais l'emploi important d'apocrisiaire, il s'adresse au pape pour faire exempter ce prélat des canons qui ordonnent la résidence, et à l'assemblée de la nation pour l'affranchir de la loi qui défendoit aux évêques d'être absens de leur diocèse pendant plus de trois semaines de suite. Ce prince ne commande jamais ; il propose, il conseille, il insinue. " Je vous envoie, écrit-il aux évêques assemblés, des commissaires qui, en mon nom, concourront avec vous à corriger les abus qui méritent d'être réformés.

Je les ai chargés de vous communiquer quelques projets de règlemens que je crois nécessaires. Mais, de grâce, ne prenez point en mauvaise part des conseils qui ne sont que le fruit de mon zèle pour tout ce qui vous touche: J'ai lu dans l'écriture, que Josias, ce prince recommandable par sa piété, ne négligeoit rien pour établir le culte du vrai Dieu; et quoique je sente combien je suis inférieur à ce saint roi, je dois tâcher de suivre son exemple ».

Les François étoient encore aussi barbares, mais plus vicieux, que quand ils s'établirent dans les Gaules. Accoutumés à se laisser conduire au gré de leurs passions et des événemens, sans rien prévoir ni rien craindre, ils ignoroient par où devoit commencer la réforme, et par quels principes il falloit procéder dans cette entreprise importante. Les assemblées générales d'une nation qui possède plusieurs grandes provinces, sont peu propres à l'éclairer. On y voit tout nécessairement d'une manière trop vague, trop confuse, trop sommaire, trop indéterminée. Charlemagne craignoit avec raison que les lois ne fussent sans force à leur naissance même, ou ne tombassent bientôt dans l'oubli, s'il ne mettoit les François dans la nécessité de connoître en détail par eux-mêmes tous leurs besoins. Il partagera donc tous les pays de sa domination en différens districts ou légations, dont chacun contenoit plusieurs comtes, et renonçant à l'usage ancien, il n'en confia point l'administration à un duc. Il sentoit qu'un magistrat unique à la tête d'une province négligeroit ses devoirs, ou abuseroit de son autorité. Des officiers, au nombre de trois ou quatre, choisis dans l'ordre des prélats et de la noblesse, et qu'on nomma envoyés royaux, furent chargés du gouvernement de chaque légation, et obligés de la visiter exactement de trois en trois mois.

Outre les assises, qui ne regardoient que l'administration de la justice entre les citoyens (9), ces espèces de censeurs tenoient tous les ans, dans leur province, des états particuliers, où les évêques, les abbés, les comtes, les seigneurs, les avoués des églises, les vicaires des comtes, les centeniers et les rachinbourgs étoient obligés de se trouver en personne, ou par leurs représentans, si quelque cause légitime les retenoit ailleurs. On traitoit dans ces assemblées de toutes les affaires de la province; tous les objets y étoient vus dans leur juste proportion; on examinoit la conduite des magistrats et les besoins des particuliers. Quelque loi avoit-elle été violée ou négligée? on punissoit les coupables. Les abus en naissant étoient réprimés, ou du moins ils n'avoient jamais le temps d'acquérir assez de force pour lutter avec avantage contre les lois. Les envoyés faisant le rapport au prince et à l'assemblée générale, de tout ce qu'ils avoient vu, l'attention publique, quelque vaste que fût l'étendue de l'Empire François, se fixoit en quelque sorte sur chacune de ses parties. Rien n'étoit oublié, rien n'étoit négligé. La nation entière avoit les yeux continuellement ouverts sur chaque homme public. Les magistrats, qu'on observoit, apprirent à se respecter eux-mêmes. Les mœurs, sans lesquelles la liberté dégénère toujours en une licence dangereuse, se corrigèrent ; et l'amour du bien public, uni à la liberté, la rendit de jour en jour plus agissante et plus salutaire.

Le champ de Mai apprit à se défier de la prospérité, à craindre pour l'avenir, à préparer des obstacles aux abus, à remonter à la source du mal, et fut en état de s'élever jusqu'aux principes d'un bon gouvernement, ou du moins de les connoître et de les saisir, quand Ch lemagne les lui présentoit. De là cet amour de la patrie et de la gloire qui parut pour la première fois chez les François, et en fit une nation toute nouvelle. A mesure que les différens ordres de l'état, traitant ensemble par la médiation de Charlemagne, se rapprochoient, et oublioient leurs anciennes inimitiés, ils sentoient accroître leur bonheur particulier et leur attachement pour l'ordre. En disant tout, dit un tyran, je me rendrai tout-puissant. Soyez unis, disoit Charlemagne à ses peuples, et nous serons tous heureux. Agissant enfin avec ce zèle que donne la liberté, et avec cette union qui multiplie les forces, rien ne put résister aux François. Ils soumirent une partie de l'Espagne, l'Italie, toutes ces vastes contrées qui s'étendent jusqu'à la Vistule et à la mer Baltique; et la gloire du nom François, pareille à celle des anciens Romains, passa jusqu'en Afrique et en Asie.

Carloman, frère de Pepin et oncle de Charlemagne, avoit tenté le grand ouvrage de la réconciliation du clergé et de la noblesse, par l'établissement des (10) précaires; c'est-à-dire, qu'en considération des guerres étrangères dont le royaume étoit menacé de tout côté, et des dépenses extraordinaires des seigneurs, on régla que les terres enlevées à l'église sous la régence de Charles Martel, resteroient entre les mains des ravisseurs, qui payeroient un cens modique aux anciens propriétaires. Pour ne pas ôter toute espérance aux ecclésiastiques, et leur laisser cependant le temps de s'accoutumer peu à peu à leurs pertes, on étoit convenu qu'ils rentreroient en possession de leurs biens à la mort des usufruitiers, à moins que les besoins de l'état n'obligeassent à continuer les précaires. On avoit recommandé d'avoir surtout attention que les églises et les monastères dépouillés ne manquassent pas des choses nécessaires ; et on devoit même leur restituer sur le champ leurs terres , s'ils ne pouvoient absolument s'en passer.

Ce traité, dicté par la mauvaise foi, et fait pour établir la paix, n'avoit été propre qu'à perpétuer les divisions. Les ecclésiastiques prétendoient être toujours dans le cas où la restitution devoit avoir lieu ; et les seigneurs vouloient qu'il fût toujours de l'intérêt de l'état de renouveler les précaires. Les monastères exposoient leurs besoins , et la noblesse croyoit en avoir de plus grands. Ces querelles éternelles , et d'autant plus capables de produire d'extrêmes désordres que la forme du gouvernement donnoit plus de chaleur et d'activité aux esprits , furent enfin terminées par Charlemagne.

On fit comprendre aux évêques et aux moines qu'il n'étoit pas raisonnable que , sous prétexte d'être les économes des pauvres , ils ruinassent tous les citoyens , possédassent toutes les terres, et vécussent dans un luxe condamné par leurs maximes. On leur dit sans doute que Dieu méprise les richesses , et n'estime dans les offrandes que la pureté de cœur qui les accompagne et les présente aux pieds des autels. La noblesse persuadée de son côté que ses usurpations avoient été injustes, quoique les gens d'église fussent condamnables d'avoir abusé de la piété du peuple pour se faire des domaines immenses, pensa que le moyen le moins propre pour légitimer ses nouvelles possessions, étoit d'aigrir et d'irriter sans cesse le clergé, dont les plaintes continuelles empêchoient qu'on ne pût enfin lui opposer la loi de la prescription.

On fit des sacrifices de part et d'autre. Les anciens canons, au sujet de la liberté dans les élections ecclésiastiques, furent remis en vigueur, et Charlemagne renonça au privilège qu'on avoit accordé à Clotaire II, de nommer (11) aux prélatures vacantes. On consola l'avarice du clergé en flattant sa vanité ; on le combla d'honneurs, et on ne nomma aucune commission des officiers appelés envoyés royaux, sans y mettre à la tête un ou deux prélats. Par la célèbre ordonnance de 615, dont j'ai déjà fait connoître quelques articles, en parlant de la révolution arrivée sous le règne de Clotaire II, les évêques avoient simplement obtenu que le juge séculier ne connoîtroit point des différends que les clercs auroient entre eux en matière civile, et qu'en matière criminelle, il ne pourroit les juger, à moins que le délit ne fût évidemment prouvé. Dans ce cas-là même, lorsque l'action seroit intentée, contre un prêtre ou un diacre, le procès devoit être instruit selon les règles canoniques. Les affaires entre les clercs et les laïcs devoient encore être jugées par un tribunal mi-parti, composé d'ecclésiastiques et de séculiers ; et toute la prérogative des affranchis, qui avoient obtenu leur liberté par un acte passé dans l'église, se bornoit à ne pouvoir être jugés par le magistrat laïc, sans que l'évêque ou son délégué fût présent au jugement.

Ces bornes, dans lesquelles la juridiction ecclésiastique étoit resserrée, furent levées. Les clercs dans aucune occasion ne reconnurent d'autre juge que leur évêque ; et tout ce qui étoit sous la protection particulière du clergé jouit du même avantage. On ordonna que les comtes, les juges subalternes et tout le peuple obéiroient avec respect aux évêques. Les justices temporelles ou seigneuriales, que les églises possédoient dans leurs terres, n'eurent pas une compétence moins étendue que celle des autres seigneurs, et leurs juges condamnèrent à mort. Enfin la loi mit spécialement sous sa protection tous les biens et tous les priviléges du clergé.

Les seigneurs consentirent de contribuer aux réparations des églises dont ils tenoient quelques terres en forme de précaires, et de leur payer (12) la dixme. Ils se départirent même de

mille droits onéreux auxquels ils avoient assujetti les prêtres de la campagne, sous prétexte
de la protection qu'ils leur accordèrent dans les
temps de désordre où les seigneuries se formèrent. Cette générosité piqua d'honneur les
évêques. Au lieu de prétendre encore que tous
les biens que l'église acquéroit par donation,
par achat ou autrement, dussent être affranchis
des redevances et des servitudes dont ils étoient
grevés, ils se soumirent raisonnablement à ne
plus acquérir aucune possession sans en acquitter
les charges.

Je ne mets pas au nombre des dédommage-
mens que reçut le clergé, le droit de lever la
dixme sur les fruits de la terre. Quoiqu'une foule
de chrétiens, se croyant liée par les lois des
Juifs, regardât dès-lors comme un devoir indispensable d'offrir à Dieu la dixième partie de
ses récoltes; je crois que ces Chrétiens, par leur
libéralité, faisoient un acte de piété, et n'acquittoient pas encore une dette de citoyen. Charlemagne put favoriser cette dévotion et en donner
l'exemple; mais on ne trouve dans aucun de
nos monumens qu'elle ait été convertie sous son
règne en tribut nécessaire. Si quelque loi eût
parlé en faveur du clergé, pourquoi ne se seroit-il pas servi de cette autorité pour exiger la perception d'un droit qu'il se contentoit de prêcher?

On n'a recours à la fraude qu'au défaut d'un titre solide ; et les moines fabriquèrent grossièrement une lettre de Jésus-Christ aux fidelles , par laquelle le Sauveur menaçoit les payens , les sorciers et ceux qui ne payent pas la dixme , de frapper leurs champs de stérilité , de les accabler d'infirmités , et d'envoyer dans leurs maisons des serpens aîlés , qui dévoreront le sein de leurs femmes. Les ecclésiastiques firent même intervenir le Diable en leur faveur ; et, violant toute règle de vraisemblance , le représentèrent dans une assemblée générale de la nation , comme une espèce de missionnaire et d'apôtre , qui prenoit intérêt au salut des François , qui étoit fâché de les voir dans la route de la damnation , et tâchoit chrétiennement de les rappeler à leur devoir par des châtimens salutaires. Ouvrez enfin les yeux , disoit le clergé , et renoncez à une avarice criminelle qui vous jette dans la misère ! C'est le Diable lui-même qui a causé la dernière famine dont vous vous plaignez. C'est lui-même qui a dévoré les grains dans les épis. Il vous punit de vos péchés , n'en doutez pas , puisqu'il l'a déclaré lui-même avec des hurlemens affreux au milieu des campagnes. Sa rage ne s'apaisera point ; et il vous menace d'exercer encore le même châtiment sur les Chrétiens endurcis qui refusent de payer la dixme.

Il étoit moins difficile de contenter le peuple : accoutumé presque par-tout à être malheureux et à ne point penser, il ne faut en quelque sorte que lui donner de la pâture pour l'intéresser au bien public. Il avoit été traité avec
tant d'inhumanité depuis l'établissement des seigneuries et la ruine de l'ancien gouvernement,
qu'ayant perdu toute idée de sa dignité et de ses
droits, et ne se croyant destiné qu'à servir les
passions des grands, il étoit disposé à recevoir
comme une grâce tout le mal qu'on voudroit
ne lui pas faire. Charlemagne donna l'exemple,
et renonçant à tous les droits établis par la tyrannie des maires, il ne voulut jouir que de
ceux qu'un usage immémorial avoit (13) légiti-
més. Les grands, à leur tour, commencèrent à
avoir honte de leurs injustices et de leurs violences, et la loi vint au secours du peuple
opprimé.

On restreignit les charges, les travaux, les
corvées que les seigneurs exigeoient des hommes de leurs terres. On pourvut à l'avenir, en
ordonnant que l'autorité des coutumes, jusqu'alors
trop étendue, toujours équivoque, souvent fondée sur un seul exemple, et par conséquent
toujours tyrannique, seroit subordonnée au pouvoir des lois. S'il ne fut pas possible d'anéantir tous les péages, ni toutes ces espèces de

douanes

douane que la force avoit établis, et qui gênoient prodigieusement le commerce des villes et de la campagne, on y mit du moins de l'ordre. Les plus récens de ces droits furent abolis, de même que ceux dont le public étoit foulé sans en retirer aucun avantage. La perception du droit supposa dans le seigneur le devoir de réparer et d'entretenir les chemins et les ponts. On fut libre de faire prendre à ses denrées la route qu'on voulut; et le particulier qui ne les transportoit pas pour les vendre, ne fut sujet à aucune taxe.

L'iniquité des comtes, des seigneurs et des autres magistrats subalternes dans l'administration de la justice, étoit devenue un fléau d'autant plus redoutable pour le peuple, que leur tyrannie s'exerçoit à l'ombre et par le secours des lois. Soit qu'ils refusassent de juger, ou jugeassent mal, les opprimés étoient obligés de souffrir ces injustices; il étoit trop difficile et trop dispendieux de se pourvoir en déni de justice, ou en cassation par-devant le tribunal du prince. Si on y portoit enfin ses plaintes, on n'y trouvoit pour juges que des courtisans corrompus, prêts également à refuser ou à vendre la justice, et toujours disposés, par leur propre intérêt, à condamner les plus foibles. Les assises, que les envoyés royaux tenoient quatre fois par an dans

leurs légations, remédièrent à la plûpart de ces
abus. La conduite des juges fut éclairée ; ils
furent obligés d'obéir aux lois, dont ils ne furent
plus que les organes. Cette cour suprême du
roi, où il étoit presqu'impossible de parvenir,
fut à la fois présente dans chaque province ; et
la foiblesse du peuple y trouva un asile toujours
ouvert contre la puissance des grands.

Tandis que les envoyés royaux rétablissoient
ou maintenoient l'ordre dans les tribunaux subalternes, Charlemagne s'honoroit autant de la
qualité de premier juge de sa nation, que de
celle de général. On peut voir dans Hincmar
avec quelle sagesse ce prince rendoit lui-même
la justice dans son palais. Quelque nombreuses,
et importantes que fussent ses occupations, on
ne portoit point d'affaire difficile à sa cour, qu'il
n'en prît connoissance (14) par lui-même. Ce,
n'étoient que les procès ordinaires et d'une
discussion aisée qu'il abandonnoit à l'apocrisiaire et au comte du palais, qui présidoient
sous lui son tribunal, l'un pour juger les affaires
des ecclésiastiques, et l'autre celles des laïcs.

Le moyen le plus efficace pour mettre le
peuple en état de subsister aisément, étoit de
remédier aux abus qui s'étoient introduits dans
le service militaire, et qui ruinoient successivement une partie considérable des citoyens.

Tout homme libre, ainsi que je l'ai déjà fait remarquer, étoit soldat, et quand son canton étoit commandé pour la guerre, il devoit marcher à ses dépens (15) sous les ordres de son comte ou de son seigneur. Cependant n'étant pas raisonnable de dégarnir un pays de tous ses habitans, à l'exception des serfs chargés de la culture des terres, et plusieurs citoyens devant même avoir des raisons pour se faire dispenser du service dans de certaines circonstances, les comtes et les seigneurs commettoient les injustices les plus criantes, sous prétexte d'établir à cet égard un ordre avantageux. Ils s'étoient attribué le pouvoir de désigner arbitrairement, avant l'ouverture de chaque campagne, ceux qui serviroient, et ceux qui resteroient dans le sein de leur famille. Dès-lors les plus riches citoyens s'étoient exemptés du service, en achetant la faveur de leur comte ou de leur seigneur; mais ils furent les premiers punis de l'injustice qu'on leur avoit chèrement vendue. Il fallut permettre à des soldats qui n'avoient rien et que l'état ne payoit pas, de commencer par piller leur canton, pour avoir de quoi fournir aux frais de la campagne. Des hommes ramassés dans la lie de la nation, incapables d'agir par amour de la gloire, et qui, sans fortune particulière, ne prenoient aucun intérêt à la fortune publique, ravageoient tout

244 OBSERVATIONS SUR L'HIST.

sur leur passage , et étoient chargés de butin avant que d'avoir joint les ennemis.

Charlemagne fit régler par l'assemblée de la nation , qu'il faudroit au moins posséder trois manoirs (16) de terre, c'est-à-dire, trente-six de nos arpens, pour être obligé de faire la guerre en personne et à ses frais. N'avoit-t-on que deux manoirs? on se joignoit à un citoyen qui n'en possédoit qu'un , et celui des deux qui paroissoit le plus propre à supporter les fatigues de la guerre, marchoit, et son compagnon contribuoit à sa dépense pour un ou deux troisièmes , suivant qu'il étoit possesseur d'un ou de deux manoirs. Trois hommes qui ne jouissoient chacun que d'un manoir , s'associoient de même ; et les deux qui ne faisoient pas le service personnellement , contribuoient chacun pour un tiers à la dépense de l'autre. Six hommes dont chacun n'avoit qu'un demi-manoir , ne fournissoient à l'état qu'un soldat , en suivant la même cotisation ; et avec une moindre possession, on fut exempt de tout service et de toute charge militaire.

Bien loin de continuer à faire un commerce de leur pouvoir , les comtes et les seigneurs, assujettis à une loi (17) qui marquoit en détail tous les cas d'exemption de service , furent eux-mêmes condamnés à payer l'amende pour les

citoyens auxquels ils auroient accordé injustement
une dispense d'aller à la guerre. Les campagnes.
ne furent ni pillées, ni dévastées. Les citoyens
riches ne furent plus des hommes oisifs à qui
la paix devoit ôter toute habitude de courage.
La qualité de soldat redevint un titre honorable,
et les armées, qu'il fut aisé de plier à une sage
discipline, protégèrent la nation sans lui faire
jamais aucun tort, et ne furent redoutables
qu'aux ennemis.

Les François étonnés, comprirent par leur
propre expérience qu'une classe de citoyens pouvoit être heureuse sans opprimer les autres. C'est
par ce sage gouvernement, dont je n'ai développé que les principes généraux, que Charlemagne retira en quelque sorte sa nation du chaos
où elle se trouvoit. Aux lois, il joignit son
exemple, peut-être encore plus efficace. Qu'on
voie dans Hincmar le tableau qu'il nous a laissé
de l'ordre admirable qui régnoit dans le palais.
Charlemagne ne vouloit pas avoir pour officiers
ou pour ministres des courtisans, mais des
hommes qui aimassent la vérité et l'état, qui
fussent connus par leur expérience, leur discré-
tion, leur exactitude, leur sobriété, et assez
fermes dans la pratique de leur devoir, non-
seulement pour être inaccessibles aux présens,
mais pour ne pouvoir pas même être éblouis,

et trompés par la flatterie, l'amitié et les liaisons du sang.

Croira-t-on que je parle de la cour d'un roi, si je dis que les officiers du palais étoient chargés d'aider de leurs conseils les malheureux qui venoient y chercher du secours contre la misère, l'oppression et la calomnie, ou ceux qui s'étant acquittés de leurs devoirs avec distinction, avoient été oubliés dans la distribution des récompenses ? Il étoit ordonné à chaque officier de pourvoir à leurs besoins, de faire passer leurs requêtes jusqu'au prince, et de se rendre leur solliciteur. Qu'il est beau de voir les vertus les plus précieuses à l'humanité, devenir les fonctions ordinaires d'une charge; et, par une espèce de prodige, les courtisans changés en instrumens du bien public, et en ministre de la bienfaisance du prince !

La cour, loin d'être alors un écueil pour la vertu qui y seroit arrivée, étoit une école où les François apprenoient à connoître le prix de l'honneur, de la justice et de la générosité. N'en doutons pas, car l'auguste simplicité du prince faisoit ignorer aux courtisans tous ces besoins superflus et ridicules, qui en les appauvrissant dans le sein de l'abondance, n'en font presque toujours que des esclaves prostitués à la fortune. La magnificence, le luxe, la pompe, la prodigalité des cours détruisent les mœurs publiques ; ce sont autant de preuves certaines de la misère des peuples, et d'avant-coureurs de la décadence des empires.

Que c'est un spectacle agréable pour qui connoît les devoirs de la société, d'examiner le ménage de Charlemagne ! Sa femme, impératrice et reine de presque toute l'Europe, comme une simple mère de famille, avoit soin des meubles du palais et de la garderobe de son mari, payoit les gages des officiers, régloit les dépenses de la bouche et des écuries, et faisoit à temps les provisions nécessaires à sa maison. De son côté Charlemagne, vainqueur des Saxons et des Lombards, craint des empereurs de Constantinople, et respecté des Sarrasins en Asie et en Afrique, gouvernoit ses domaines avec autant de prudence que l'état, veilloit avec économie à ce qu'ils fussent cultivés avec soin, et ordonnoit de vendre les légumes qu'il ne pouvoit consommer.

Ce seroit entreprendre un grand ouvrage, que de vouloir faire connoître en détail toute la législation de ce prince. Ses capitulaires embrassent à la fois toutes les parties relatives au bien de la société. Si quelques articles nous en paroissent aujourd'hui puérils, ne nous hâtons pas témérairement de les condamner ; on les admireroit sans doute en considérant l'ensemble de toute la grande machine dont ils faisoient partie. Si d'autres nous paroissent, et sont en effet barbares, concluons-en seulement que les François, à peine délivrés des désordres qui avoient ruiné la famille de Clovis, formoient encore un peuple grossier, qui ne pouvoit ouvrir les yeux qu'à quelques vérités.

Les hommes ne changent pas d'idées en un jour ; plus nos préjugés sont bizarres et absurdes, plus ils ont de force contre notre raison. Les passions ont leur habitude, qu'on ne détruit que très-lentement. Les progrès vers le bien doivent être souvent interrompus. Si Charlemagne eût voulu arracher brusquement les François à leurs habitudes et à leurs préjugés, il n'eût fait que les révolter au lieu de les éclairer. Il ne s'agissoit pas de leur donner des lois parfaites en elles-mêmes, mais les meilleures qu'ils pussent exécuter. Voilà le chef-d'œuvre de la raison humaine, quand de la théorie elle passe à la pratique. Il faut louer dans le législateur des François jusqu'aux efforts qu'il fit pour se rabaisser jusqu'à eux, et n'être sage qu'autant qu'il le falloit pour être utile.

CHAPITRE III.

Réflexions sur le gouvernement établi par Charlemagne. --- Des principes de décadence qu'il portoit en lui-même.

CHARLEMAGNE n'avoit fait que ramener les François aux anciens principes du gouvernement que leurs pères avoient apportés de Germanie ; et, s'il eût succédé à Clovis, il lui auroit été facile de les fixer et d'en prévenir la décadence, en établissant de sages proportions entre les différens ordres de l'état. Il auroit empêché que ses sujets n'usurpassent des droits qui devoient les diviser ; et tous, aussi unis par l'amour de la liberté qu'ils devinrent ennemis par les injures qu'ils se firent et les prétentions qu'ils formèrent, auroient travaillé de concert à faire le bien général. Mais quand ce prince monta sur le trône, il ne trouva, comme on l'a vu, que des citoyens pleins de haine et de mépris les uns pour les autres, et qui n'étoient occupés que de leurs avantages particuliers. La noblesse croyoit que tout devoit lui appartenir ; avec le même projet d'accroître ses biens, le clergé aspiroit à tenir seul les rênes du gouvernement ; le peuple opprimé ne pouvoit point avoir de patrie; et ces trois ordres, par la nature même de leur constitution actuelle, étoient en un mot incapables de se rapprocher, de se confondre, de consentir à n'avoir que les mêmes intérêts, et de former un seul corps.

Dans les circonstances même les plus favorables, les lois d'un gouvernement libre ne s'affermissent qu'avec une extrême difficulté; parce que la liberté rendant les esprits plus fiers, plus courageux, plus entreprenans, excite toujours quelques orages dans les pays où elle s'établit. Il ne suffit pas d'ordonner à un peuple d'être libre, pour qu'il le soit; il ne suffit pas de porter des lois, il faut changer dans les citoyens la manière de voir, de sentir et de penser, ou leurs anciens préjugés triompheront de la sagesse des magistrats. Si quelques législateurs ont réussi à affermir un gouvernement libre en même temps qu'ils l'ont établi, ils ne donnoient sans doute des lois qu'à une poignée d'hommes renfermée dans une même ville; et Charlemagne gouvernoit une nation nombreuse, répandue dans toute l'étendue des Gaules, dans quelques provinces de Germanie, mêlée même avec plusieurs peuples qui avoient leurs coutumes particulières.

Charlemagne ne se flatta pas de porter à sa perfection l'ouvrage dont il jetoit les fondemens. En partageant l'autorité, en associant tous les citoyens au gouvernement, il ne voulut que les distraire de leurs intérêts personnels. Il espéra que la rivalité du clergé, de la noblesse et du peuple les forceroit d'abord à s'observer mutuellement; qu'ils s'imposeroient, se tiendroient en équilibre; que chaque ordre, gêné par les deux autres, apprendroit peu à peu à les craindre et les respecter; et que tous s'accoutumant enfin à avoir moins d'ambition, quelques idées communes sur le bien public les prépareroient à y travailler de concert. Pour que ce nouveau gouvernement pût s'affermir, il falloit que les François en prissent l'esprit; et ce fut l'objet de la politique de Charlemagne pendant tout son règne. Tandis qu'il tendoit une main secourable au peuple, pour le tenir au-dessus de l'oppression et lui rendre quelque courage et ses droits, ils appesantissoit l'autre sur les grands, pour les empêcher de s'élever trop haut, et leur apprendre qu'ils n'étoient placés au-dessus du peuple, qu'ils méprisoient, que pour être les artisans (1) de son bonheur.

Mais cet édifice devoit s'écrouler, si Charlemagne, qui étoit l'ame des François sans le paroître, n'avoit pas un successeur capable d'en soutenir la masse. Son règne, quoique long, ne l'avoit pas été assez pour changer les préjugés et les passions de ses sujets, et son gouvernement, qui n'avoit pas encore pris une certaine consistance, devoit être détruit, si les rênes en étoient confiées à des mains ignorantes. Dès que le peuple seroit privé de l'appui qui le soutenoit, il devoit retomber dans son néant : l'habitude ne lui avoit pas assez fait connoître ses forces. Les anciennes prérogatives du prince et des seigneurs n'étoient pas oubliées, et les nouvelles n'étoient pas marquées d'une manière assez fixe et assez constante, pour qu'ils ne cherchassent pas encore à les étendre. L'ambition assoupie devoit se réveiller ; et les grands, trop puissans pour ne pas écraser le peuple que le prince cesseroit de protéger, devoient bientôt troubler l'état : si le prince de son côté étoit ambitieux, il lui restoit assez d'autorité pour reprendre celle que Charlemagne avoit restituée à la nation.

Le champ de Mai possédoit, il est vrai, la puissance législative ; mais, si on y fait bien attention, ce n'étoit en quelque sorte que d'une manière précaire ; parce que l'extrême ignorance et les vices des François n'avoient pas permis à Charlemagne de se désaisir de quelques parties de la puissance exécutrice. Celles qu'il n'auroit pas retenues entre ses mains auroient été mal administrées, et seroient devenues un obstacle à ses desseins. Pour prévenir cet inconvénient, qui l'auroit empêché d'établir les principes de son gouvernement, il y laissoit un défaut qui pouvoit les renverser sous un prince moins sage que lui.

En effet, pour peu qu'on soit instruit des causes qui, dans tous les temps et dans tous les pays libres, ont occasionné des désordres et des révolutions, on jugera sans peine que rien n'est plus dangereux que de confier à la même personne l'exécution des lois dans toutes les branches différentes de la société. Il n'est pas possible que cette masse énorme d'autorité ne donne enfin au simple protecteur des lois le droit de les éluder, de les violer et d'en faire à son gré de nouvelles. Il acquerra une considération qui insensiblement le fera regarder comme un maître. D'ailleurs, la puissance législative ne pouvant pas faire des lois qui aient tout prévu, il faut nécessairement qu'elle voie languir une foule d'affaires, multiplier les abus, et perdre les conjonctures les plus favorables pour agir; ou qu'elle abandonne à la puissance exécutrice le privilège de donner des ordres particuliers et de faire des règlemens provisoires.

Charlemagne ne se servit jamais de ce pouvoir que pour le bien de la nation. Mais une pareille prérogative pouvoit devenir d'autant plus dangereuse entre les mains de son successeur, qu'il

seroit assez riche pour se faire des créatures ,
et s'emparer de toute l'autorité que les fils de
Clovis avoient possédée. Sans parler des bénéfices
de Charles Martel, qui étoient devenus le patrimoine de la couronne depuis l'élévation de
Pepin au trône, les conquêtes de Charlemagne
avoient prodigieusement augmenté ses domaines,
et comme ce prince, pour gagner les grands et
les engager à concourir avec lui au bien public,
étoit obligé de se les attacher par des bienfaits
toujours nouveaux, il avoit converti une grande
partie de ses nouvelles possessions en bénéfices.

Il est vrai qu'il les conféroit à vie (2), et que
n'ayant pas laissé à ses successeurs le droit de
les reprendre arbitrairement, les abus devoient
être moins considérables qu'ils ne l'avoient été
sous les Mérovingiens ; cependant, si le prince
n'a pas l'ame assez grande pour résister à ce
charme secret qui porte les hommes à étendre
encore leur pouvoir, quand ils en sont même
embarrassés ; si ces bénéfices, au lieu d'être la
récompense du mérite, deviennent au contraire
un moyen de séduire, et une monnoie pour
acheter des flatteurs, les rois Carlovingiens seront
bientôt entourés de courtisans intéressés à les
corrompre. Les ordres particuliers du prince
apprendront qu'un citoyen peut avoir un autre
protecteur que la loi (3), et une autre sauve-

garde que son innocence. On mettra les règlemens provisoires à la place des lois impartiales et souvent trop gênantes. Le champ de Mai ne présentera qu'une vaine cérémonie ; et les fils d'un prince qui ne vouloit que publier et protéger la loi , seront bientôt regardés comme les législateurs.

On dira peut-être que Charlemagne auroit prévenu ces malheurs, et affermi la puissance du champ de Mai, en ne laissant pas à ses bénéfices la même forme que son aïeul Charles Martel avoit donnée aux siens. Mais quand ce prince se seroit dépouillé du droit de conférer en bénéfices les terres de son domaine dont il pouvoit se passer, et l'auroit abandonné au champ de Mai, de même que la prérogative de disposer des comtés et des autres magistratures ; il ne faut point penser que ces grâces , qui servirent entre les mains du prince à ruiner le gouvernement, eussent contribué à rendre plus solide l'autorité du champ de Mai qui en auroit été le dispensateur, ni que les serviteurs du prince fussent devenus les serviteurs de l'état.

Dans cette supposition, ce n'eût pas été la trop grande puissance des Carlovingiens qui auroit anéanti celle du champ de Mai, mais leur trop grande foiblesse. Charlemagne, qui n'auroit eu aucun bienfait à répandre, n'auroit pas paru à sa nation aussi grand qu'il l'étoit : qu'on n'oublie pas que les François étoient encore trop barbares pour le connoître et lui rendre justice. Ses réformes et ses lois n'auroient paru qu'une contrainte gênante et inutile, à laquelle on ne se seroit pas soumis. Mille cabales formées pour distribuer et obtenir les récompenses de l'état, n'auroient fait du champ de Mai qu'une cohue où l'intrigue auroit dominé. Si tel eût été vraisemblablement le sort de la nation Françoise sous Charlemagne même, à quels désordres n'auroit-elle pas été exposée sous des princes moins habiles que lui ?

Une nouvelle cause de la décadence prochaine du gouvernement, c'est que l'assemblée du champ de Mai n'étoit astreinte à aucune forme fixe et constante dans la manière de délibérer et de procéder à l'établissement des lois. Autant qu'on peut le conjecturer à l'aide de nos anciens monumens, souvent elle prévenoit le prince, et le prioit de mettre le sceau royal aux réglemens qu'elle avoit dressés. Quelquefois le prince proposoit lui-même une loi, et requéroit la nation d'y donner son consentement. Tantôt les trois ordres de l'état dressoient leurs articles à part, et tantôt ils se réunissoient pour ne faire qu'une seule ordonnance. Il ne paroît pas qu'il y eût des termes prescrits pour délibérer à plusieurs reprises sur un même objet. Quelques lois ne furent portées qu'après plusieurs longs débats, et d'autres furent proposées, reçues et publiées sur le champ, par une espèce d'acclamation.

Charlemagne avoit laissé subsister cette manière indéterminée d'agir dans le champ de Mai, parce que l'extrême ignorance des François ne lui permettoit pas de les tenir assemblés, sans qu'il veillât par lui-même à leur conduite, et la dirigeât ; et des formalités, en le gênant, auroient été un obstacle éternel au bien. D'ailleurs, la nécessité où il étoit de se transporter d'une frontière de son vaste empire à l'autre, ne lui laissant la liberté de convoquer la nation que pendant un temps très-court, il falloit se hâter de décider les affaires ; et le génie de Charlemagne tranchoit en un moment les difficultés, que des formes auroient rendues plus épineuses, et que ses sujets n'auroient jamais pu résoudre.

Si ce grand homme ne rendit pas son gouvernement inébranlable, n'en accusons que l'ascendant fatal des circonstances sur la prudence humaine. Son règne n'a produit qu'un bien passager ; et s'il fût né deux siècles plutôt, ou quatre siècles plus tard, ses lois auroient vraisemblablement égalé sa réputation en durée. En voulant faire plus qu'il n'a fait, il n'auroit pas commencé à policer sa nation ; il ne l'auroit pas mise sur la voie de connoître, de désirer, d'aimer et de faire le bien sous ses ordres. Ce qu'il auroit fallu tenter pour affermir sa constitution, l'auroit empêché d'en jeter les premiers fondemens.

CHAPITRE IV.

Foiblesse de Louis-le-Débonnaire. — Il étend la prérogative royale. — Comment la division qui règne entre ses fils ruine l'autorité du prince, et rend les seigneurs tout-puissans.

LOUIS-LE-DÉBONNAIRE vouloit le bien, mais faute d'élévation et de lumière dans l'esprit, et de fermeté dans le cœur, il ne put jamais le faire. Sa vue, qui auroit dû s'étendre sur tout le royaume, se bornoit dans l'enceinte de sa cour. C'étoit certainement une chose très-louable que d'en bannir le scandale, et de forcer ses sœurs à respecter le public, et à se respecter elles-mêmes; mais il ne falloit pas regarder la réforme de quelques galanteries comme le chef-d'œuvre d'un bon gouvernement. Les bonnes mœurs d'un peuple sont sans doute la première cause de sa prospérité; mais les bonnes mœurs consistent à estimer la justice, la frugalité, le désintéressement, le travail et la gloire. Une attention extrême portée sur les détails des plus petits objets, est quelquefois, comme dans Charlemagne, la preuve d'un génie vaste qui embrasse tout ; dans Louis-le-Débonnaire qui ne s'élevoit point au-dessus de ces détails, elle décèle un prince qui n'étoit propre qu'à remplir les fonctions subalternes d'un centenier, ou de l'avoué de quelque monastère.

Les François, dont le gouvernement n'avoit pas encore assez éclairé l'esprit, loin de pouvoir suppléer à ce qui manquoit au prince, avoient encore besoin de suivre un guide pour ne pas s'égarer. Ils sentirent la perte qu'ils avoient faite, regrettèrent Charlemagne, et ne tardèrent pas à se défier de la capacité de son fils, qui ne connoissant en effet, ni les devoirs, ni l'étendue, ni les bornes du pouvoir dont il avoit hérité, confondit le crédit immense que la confiance publique avoit donné à Charlemagne, et l'autorité limitée que les lois lui avoient conférée. Toujours jaloux de tout ce qui l'environnoit, il vouloit tout faire en ne faisant rien, et ne sut jamais qu'on est bien éloigné d'établir une réforme avantageuse à la société, quand on veut l'entreprendre contre les règles.

Un roi qui avoue une faute, et qui la répare, s'attire l'estime générale de sa nation ; mais convenir stupidement de ses erreurs sans se corriger,

c'est se rendre méprisable. Il semble même que
ce soit le dernier degré d'avilissement pour un
prince. Il en est un cependant plus humiliant
encore, c'est de s'avouer coupable d'une faute
qu'on n'a pas faite, et de l'aggraver en voulant
la réparer. On peut se rappeler que Bernard,
roi d'Italie, qui avoit fait hommage de son
royaume à Louis-le-débonnaire son oncle, ne
fut pas long-temps sans trahir le serment qu'il
lui avoit prêté. Soit qu'il ne vît qu'avec jalousie
(1) la fortune de Louis ; soit qu'il en connût
assez la foiblesse pour espérer de s'agrandir à
ses dépens, il prit les armes et lui déclara la
guerre ; mais le succès ne répondit pas à ses
espérances. Battu et fait prisonnier, il comparut
devant une assemblée de la nation, qui lui fit
son procès, et le condamna à mort. Louis,
touché de compassion, commua la peine, et fit
arracher les yeux au coupable, qui mourut des
suites de cette opération cruelle.

L'empereur n'avoit rien à se reprocher, le
procès de Bernard avoit été fait juridiquement ;
si on avoit commis à son égard quelqu'injustice,
la nation seule étoit coupable. Cependant, Louis-
le-débonnaire eut des remords ; et paroissant
dans l'assemblée qui se tint à Attigny sur Aisne,
sous l'habit d'un pénitent, il confessa publiquement sa prétendue faute avec une componction,

qui devint une injure mortelle pour tous les membres du champ de Mai qui avoient jugé Bernard. Les évêques qui prirent cette indécente lâcheté pour un acte d'humilité chrétienne, furent édifiés d'un spectacle qui sembloit leur annoncer le plus grand crédit; mais la noblesse, plus judicieuse, méprisa un prince qui vouloit être méprisé.

Les assemblées générales de la nation, et les états particuliers des provinces étoient encore convoqués; les envoyés royaux exerçoient toujours les mêmes fonctions; on voyoit subsister dans le palais et dans les provinces les mêmes magistratures et les mêmes tribunaux; mais, sous la forme apparente du même gouvernement, c'étoit déjà un fond de gouvernement tout différent; et aussi différent de celui que j'ai fait connoître que Louis l'étoit de Charlemagne. Cependant le cours que ce prince avoit imprimé aux affaires, le souvenir de ses grandes actions, le respect que l'on conservoit pour sa mémoire, et les sentimens d'honneur et de vertu que ses exemples avoient inspirés à quelques personnes, tenoient encore unies toutes les parties de l'état, ou du moins empêchoient qu'elles ne se séparassent avec tumulte; mais les ressorts du gouvernement se relâchoient de jour en jour.

Quand le prince néglige le bien public, on

y travaille sans succès, chaque citoyen ne s'occupe que de ses intérêts particuliers. Les lois ne furent plus observées avec la même obéissance et le même zèle qu'autrefois. Après les avoir négligées, on les voila ouvertement. Chaque ordre de l'état devient bientôt suspect aux autres ; les soupçons font revivre les anciennes haines ; tout se divise, se réunit. A mesure que les abus se multiplient, Louis, qui fait des efforts impuissans pour les réprimer, sent malgré lui son incapacité. Il se trouve gêné en servant de spectacle aux assemblées d'une nation qu'il ne sait pas gouverner. Il les craint, les hait, et les convoque cependant. On y publie de nouveaux capitulaires, dans lesquels on ne fait que refondre ceux de Charlemagne ; preuve certaine de la décadence du gouvernement, et ressource impuissante qui découvre les besoins de l'état, sans remédier à ses maux.

Tant de foiblesse et d'incapacité de la part du prince auroit dû anéantir la prérogative royale ; et Louis cependant l'avoit étendue beaucoup audelà des bornes que Charlemagne s'étoit prescrites à lui-même. Plus il augmentoit sa puissance, moins il étoit capable d'en user, et plus il croyoit nécessaire de l'augmenter encore. L'art de disposer les esprits à obéir, est de toutes les parties de la politique la plus utile et la plus

ignorée. Louis , qui voyoit recevoir ses ordres
avec négligence , multiplia ses bienfaits pour
s'attacher les grands ; et , après les avoir corrompus prit leur complaisance pour une appro-
bation , et tenta des entreprises plus hardies.
Abusant du privilége de donner des ordres particuliers et de faire des règlemens provisoires ,
il voulut mettre son autorité et son nom à la
place des (2) lois , affecta le pouvoir le plus
despotique , et se réserva de punir arbitrairement les coupables.

Cette conduite , si contraire aux principes
de Charlemagne , et au caractère même de Louis-
le-Débonnaire , porté par instinct à respecter
l'ordre et les lois établies , étoit l'ouvrage des
vassaux qui le servoient dans le palais , de ses
ministres , des évêques et des moines qui
fréquentoient la cour , hommes avares et ambitieux, qui , pour être plus puissans , vouloient que
leur maître fût au-dessus des lois. Personne ne
s'opposoit à ces dangereuses nouveautés. Les
comtes et les autres magistrats en voyoient avec
plaisir les progrès , parce que leur puissance en
devenoit plus arbitraire , et que la confusion
de toutes les idées , sur la nature des lois et
des rescrits particuliers du prince , les autori-
soit , ainsi que nous l'apprend Hincmar , à faire
pencher à leur gré la balance de la justice. Les

seigneurs ne craignoient point cet excès de pouvoir dans les mains d'un prince qu'ils méprisoient. Déjà plus avares que jaloux de leur liberté, ils ne songeoient qu'à étendre ou multiplier leurs droits dans leurs terres, tandis que le peuple, menacé de tout côté d'une oppression prochaine par une foule de tyrans, gémissoit du mépris où les lois étoient tombées, et désiroit qu'il s'élevât un maître commun, dont il espéroit d'être protégé.

Les princes foibles font souvent de grandes fautes, en faisant les mêmes choses qu'ont faites de grands princes. Charlemagne avoit affermi son Empire en conférant des royaumes à ses fils; parce qu'il sut se faire obéir par des rois qui n'étoient en effet que ses (3) lieutenans. Quelqu'ambitieux qu'eussent été ces princes, ils auroient été retenus dans le devoir par la forme même du gouvernement. Ils ne pouvoient être tentés de se soulever contre leur père, qui s'étoit rendu le maître de toutes les volontés, sans prévoir qu'ils seroient accablés par la nation entière. Louis, trompé par cet exemple, crut de même multiplier les ressorts d'une bonne police, en associant Lothaire, son fils aîné, à l'Empire, peu d'années après qu'il y fut parvenu. Il créa en même temps Pepin roi d'Aquitaine, et donna à Louis, son troisième fils, le royaume de Bavière. Mais plus méprisé que craint, il ne fit que des rivaux ou des ennemis de son autorité, en faisant des rois. L'élévation de ses fils fut le signal de la discorde, parce qu'il les rendoit puissans, en même temps qu'il donnoit sa principale confiance à Judith, sa seconde, femme et leur belle-mère, qui ne cherchoit qu'à les ruiner pour faire une plus grande fortune à son fils, connu dans notre histoire sous le nom de Charles-le-Chauve.

Cette princesse ne gouverna pas son mari par cet ascendant que les lumières et le courage donnent sur une ame foible, mais par la passion qu'elle lui inspiroit, et par cette sorte d'inquiétude, d'activité et d'intrigue, qu'un esprit paresseux et borné ne manque jamais de prendre pour du génie. Gouvernée elle-même à son tour par Bernard, comte de Barcelone, son amant, homme injuste, avare et violent, elle en prit tous les vices, et les auroit communiqués à son mari, s'il eût été capable de prendre et de conserver un caractère.

Dire que les fils de Louis-le-Débonnaire comprirent, par les premiers torts qu'on leur fit, ce qu'ils avoient à craindre de leur belle-mère, ce seroit, je crois, juger trop avantageusement de princes qui, dans tout le cours de leur vie, ne surent jamais se rendre raison de leurs entreprises, ni profiter de leurs fautes pour se corriger. Ils se soulevèrent par emportement, par vengeance et par inquiétude ; et après avoir contraint l'Impératrice à se réfugier dans un monastère, ils voulurent forcer leur père à se consacrer de même à la vie religieuse. Il étoit naturel qu'une guerre excitée par des tracasseries domestiques, fût terminée par une intrigue ridicule. Les moines se présentèrent comme médiateurs. Quelqu'atteinte que la révolte eût portée à l'autorité de Louis, il leur étoit plus utile de conserver sur le trône un prince qui les aimoit, et les croyoit tels qu'ils devoient être, que d'en faire un religieux dont l'élévation passée, l'humiliation présente et la bigoterie timide les gêneroient. Ils se mirent en mouvement, et réussirent si bien à diviser les princes révoltés, en les rendant suspects les uns aux autres, que Lothaire, abandonné de ses frères, ne fut plus en situation avec ses seules forces de consommer son attentat.

Louis cependant, qui ne savoit ni pourquoi il s'étoit formé une tempête contre lui, ni comment il y avoit échappé, se trouvoit avec surprise sur le trône, et confondu également par sa bonne et sa mauvaise fortune, étoit plus timide que jamais. Ses fils, Pepin et Louis, voulurent être les dépositaires de l'autorité qu'ils lui avoient conservée ; mais l'Impératrice, qui s'étoit fait relever de ses vœux, fut d'autant plus avide de gouverner, qu'elle vouloit se venger de ses ennemis. Il falloit perdre les fils de son mari les uns par les autres, puisqu'ils s'étoient en quelque sorte emparés de toutes les forces de l'état. Pour assurer le succès de son entreprise en les divisant de plus en plus, Judith augmenta les domaines de Pepin et de Louis, en même temps qu'elle fit déclarer Lothaire déchu de son association à l'Empire.

L'histoire nous a conservé un fait bien propre à faire connoître l'esprit de petitesse et de superstition par lequel la cour étoit gouvernée. Lothaire, qui désiroit de se réconcilier avec son père, chargea de cette négociation Angelbert, archevêque de Milan. L'empereur reçut ce prélat avec distinction ; et un jour en sortant de table, « Salut, archevêque, lui dit-il, comment doit-on traiter son ennemi ? Le seigneur, répondit Angelbert, a ordonné, dans son évangile, de l'aimer et de lui faire du bien. Mais si je n'obéis pas à ce précepte ? reprit Louis : vous n'obtiendrez point la vie éternelle, répliqua le prélat ». L'empereur fâché d'être obligé de renoncer à sa vengeance ou au paradis, convint avec l'archevêque d'avoir le lendemain une conférence à ce sujet ; et il s'y fit accompagner par tout ce qu'il y avoit de plus savant à sa cour. « Seigneurs, dit ce prélat en entamant la controverse, savez-vous que nous sommes tous frères en Jesus-Christ? Oui, répondirent les assistans, car nous avons tous le même père dans les Cieux. L'homme libre, continua Angelbert, le serf, le père, le fils, sont donc frères. Or l'apôtre S. Jean n'a-t-il pas dit que qui hait son frère est homicide? Et un homicide peut-il entrer dans la béatitude éternelle? » A ces mots, tous les savans de l'empereur se trouvèrent confondus; et ce prince, se prosternant, le front contre terre, demanda pardon à Dieu du doute qu'il avoit eu, et rendit son amitié à Lothaire.

Je ne m'arrête pas sur les événemens de ce règne foible et malheureux: personne n'ignore que Louis-le-Débonnaire, toujours esclave des caprices et des passions de ceux qui le gouvernoient, fut enfin la victime de l'ambition de Judith et de l'inquiétude de ses fils. Pepin et Louis, plus jaloux du crédit de l'impératrice dont ils avoient pénétré les intentions, que reconnoissans de ses perfides bienfaits, se liguèrent une seconde fois avec Lothaire. Ces princes se jouèrent de la religion, qui servoit de voile à leur perfidie. Des évêques, qui n'étoient que leurs instrumens, parurent les auteurs de la disgrace de Louis. Flattés de se voir les dépositaires des droits des nations , et les juges d'un empereur , ils le dépouillèrent de sa dignité , et le reléguèrent dans l'abbaye de Saint-Médard de Soissons.

Ce prince y auroit été oublié , si l'union de ses fils avoit pu subsister ; mais Lothaire , qui, dès qu'il se crut le maître de l'Empire , ne sentit plus le besoin qu'il avoit de ses frères , voulut les réduire à n'être que ses lieutenans. Ces princes indignés prirent les armes , et replacèrent leur père sur le trône , où , n'éprouvant jusqu'à sa mort que de nouvelles disgraces , il fut continuellement occupé à rendre ridicule , par sa foiblesse , la dignité auguste dont il étoit revêtu , à craindre les trahisons de ses fils , et à leur pardonner leurs révoltes. Tandis que l'autorité royale s'anéantissoit , Louis fomentoit , sans le savoir , les haines de ses fils , et portoit ainsi le dernier coup au gouvernement. En prenant de bonne foi les mesures qu'il croyoit les plus propres à les réunir , il perpétuoit leurs divisions , et souffloit le feu des guerres civiles qui devoient perdre sa maison.

Charlemagne , qui connoissoit le poids énorme de la royauté , parce qu'il en avoit rempli tous les devoirs , comprit qu'il devoit y avoir une certaine proportion entre l'étendue d'un état et celle de l'esprit humain : sans quoi la politique trop foible ne peut embrasser toutes les parties de l'empire, et voir naître rapidement des abus auxquels il n'est bientôt plus possible de remédier. Dans le point de grandeur où la puissance des François étoit parvenue, tandis que leurs connoissances étoient si médiocres et leurs vices si grands, il étoit heureux que l'usage de partager le royaume entre les fils du prince, subsistât encore. Il eût été dangereux de ne faire qu'un seul empire des trois royaumes que Charlemagne forma ; et dont chacun en particulier étoit non-seulement en état de résister à ses ennemis, mais même de les subjuguer ; ou du moins de contenir dans leurs habitations ces restes de barbares qui continuoient à infester les mers, et à faire des descentes et des courses dans les différentes provinces de l'Europe.

Bien loin d'assujettir les trois royaumes des François à des devoirs réciproques, Charlemagne les rendit absolument indépendans les uns des autres. Au lieu de songer à confondre leurs intérêts, il voulut qu'ils n'eussent rien à démêler ensemble, et disposa leurs provinces de façon qu'ils ne pussent avoir aucune querelle au sujet de leur territoire, que leurs frontières se trouvassent naturellement fortifiées, et que, sans avoir sujet de s'offenser, ils pussent cependant se secourir contre les attaques des étrangers,

Il étoit défendu (4) à chaque prince de recevoir dans ses états quelque sujet mécontent de l'un de ses frères, et d'interposer même ses bons offices en sa faveur. Charlemagne craignoit que des transfuges ne communiquassent leur chagrin ou leur inquiétude au prince chez lequel ils se retireroient. Il vouloit empêcher qu'une cour ne s'exposât à des refus humilians en sollicitant des grâces, ou n'extorquât, à force de négociations, des complaisances propres à produire de l'aigreur, ou du moins un ressentiment secret, souvent nuisible au bien de la paix. Il ne fut point permis de recevoir des bénéfices d'un autre prince que celui dont on étoit sujet. Charlemagne ordonna enfin qu'aucun de ses enfans ne pût acquérir quelque espèce de possession que ce fût dans les royaumes de ses frères, et permit cependant à leurs sujets de former entre eux des alliances par le mariage.

Louis-le-Débonnaire voulut être plus sage que Charlemagne, et tout fut perdu sans ressource. Croyant, parce qu'il étoit extrêmement foible, timide et borné, qu'un état ne pouvoit jamais être trop étendu ni trop puissant, il ne forma qu'un seul corps politique des trois royaumes qu'il donna à ses trois fils, Lothaire, Louis-le-Germanique et Charles-le-Chauve. Il établit entre eux une sorte de subordination (5) domestique, fondée sur l'âge et les dégrés de parenté des princes qui les gouverneroient. Lothaire, en qualité de fils aîné, devoit avoir sur ses frères et sur leurs états la même autorité que Louis-le-Débonnaire prétendoit s'être réservée en donnant d'abord des royaumes à ses enfans, mais dont il n'avoit jamais pu jouir, et qui causa la plupart des malheurs de son règne.

Tous les ans Lothaire, Louis-le-Germanique et Charles-le-Chauve, devoient conférer ensemble sur les affaires générales et particulières de leurs royaumes. Il étoit ordonné que les deux derniers se rendroient chez leur frère aîné, lui porteroient des présens; et que celui-ci, après les avoir reçus avec bonté, les renverroit avec des marques de sa libéralité. Louis et Charles ne pouvoient ni se marier, ni entreprendre une guerre étrangère, ni faire la paix sans le consentement de Lothaire. Ils avoient enfin les uns sur les autres un droit pernicieux d'inspection et de correction, qui s'étendoit même jusqu'à déposer un prince qui, ayant abusé de son pouvoir, refuseroit de réparer ses injustices.

Il pouvoit se faire que les arrangemens politiques de Charlemagne, les plus sages qu'il fût alors possible de prendre, ne fussent pas cependant capables de prévenir des soupçons, des

haines,

haines, et même des ruptures ouvertes entre des princes avares, inquiets et ambitieux ; mais les dispositions de Louis-le-Débonnaire en devoient nécessairement produire entre les princes même les plus modérés. Aussi les règnes de Lothaire, de Louis-le-Germanique et de Charles-le-Chauve, déjà ennemis les uns des autres avant la mort de leur père, ne furent-ils qu'une longue suite de guerres civiles.

Les premiers troubles qui avoient agité le gouvernement de Louis-le-Débonnaire, lui firent perdre les prérogatives qu'il s'étoit attribuées, et les droits qui lui appartenoient le plus légitimement. L'audace de ses fils rendit tout le monde audacieux ; il ne fut plus question de craindre les lois, mais de se faire craindre ; et dans l'anarchie où l'état se précipitoit, la justice fut obligée de céder à la force. Des princes tels que Lothaire et ses frères, tombèrent dans le dernier mépris. Toujours acharnés à se perdre, se susciter des ennemis, se tendre des pièges, et se débaucher mutuellement leurs créatures par les plus basses complaisances, ils mirent en honneur la révolte et la perfidie. Ils furent obligés de dissimuler les entreprises qu'on formoit contre eux, de tout pardonner, parce qu'ils ne pouvoient rien punir ; et de traiter continuellement avec la noblesse et le clergé pour avoir des secours qui leur étoient dus , qu'on ne leur accordoit presque jamais , ou qui les rendoient plus ambitieux, plus entreprenans , plus injustes , plus téméraires , et par conséquent plus foibles , s'ils avoient l'adresse de les obtenir.

Si Lothaire ne fut plus en état de repousser les Sarrasins qui infestoient la Méditerranée et l'Italie, Louis-le-Germanique de contenir dans le devoir les peuples de Germanie qui étoient ses tributaires , et Charles-le-Chauve d'humilier les Bretons qui affectoient une entière indépendance dans l'Armorique ; si leurs royaumes furent ouverts aux courses des Normands , la nation Françoise ne manquoit pas des forces nécessaires pour se faire respecter , mais de l'art de les réunir, et sur-tout de les employer avec avantage. Personne ne sachant commander , personne ne savoit obéir. C'est l'anarchie et non pas la bataille de Fontenay qui fit la foiblesse de l'état. Quoiqu'il périt cent mille François à cette journée , elle ne laissoit pas la nation sans ressources. Les historiens n'ont pas fait attention que cent mille hommes de plus ou de moins dans trois royaumes qui embrassoient la plus grande partie de l'Europe, et dont tout citoyen étoit soldat , ne pouvoient les jeter dans l'anéantissement où ils tombèrent. Un plus grand fléau avoit frappé les François ; c'est la ruine des lois, qui entraînoit celle de leur domination ; c'est l'indépendance des grands, c'est la servitude, c'est la misère du peuple qui faisoient chanceler l'état.

Soit qu'au milieu des guerres civiles on ne convoquât plus les assemblées de la nation, soit qu'elles ne fussent que des conventicules de factieux ou de flatteurs, il cessa en quelque sorte d'y avoir une puissance souveraine dans l'état ; et les François se trouvèrent à peu près dans la même situation où leurs pères avoient été après le règne de Clotaire II. Le germe de division qui subsistoit toujours entre les différens ordres des citoyens, se développa promptement et produisit des maux encore plus grands. Je parlerai bientôt de la servitude déplorable où le peuple étoit réduit, quand Hugues-Capet parvint à la couronne. Si le Clergé avoit recouvré des richesses immenses, si on lui avoit donné de grandes (6) terres, si, par je ne sais quelle dévotion mal entendue, des familles sans nombre se rendoient esclaves de ses maisons, son sort n'en étoit pas plus heureux. Les évêques et les abbés n'étant point en état de défendre leurs possessions, depuis que la force décidoit de tout en France, et qu'ils avoient cessé de s'occuper du métier des armes, leurs plus grands domaines devinrent la proie (7) de l'avarice des seigneurs. On vit des laïcs s'établir, les armes à la main, dans les abbayes, prendre même le titre d'abbés, et ne laisser à leurs moines que la liberté de prier Dieu pour la prospérité de leurs persécuteurs.

La France étoit ravagée à la fois par les armes des Normands, et par les guerres particulières des seigneurs. On ne voyoit de toutes parts que des bourgs et des hameaux en feu, et des hommes errans, qui n'avoient aucune retraite. Tant de désordres concentrèrent, si je puis parler ainsi, l'attention de chaque particulier sur lui-même. Comme on n'attendoit aucune protection d'un gouvernement qui ne subsistoit plus, chacun ne pensa qu'à sa propre défense, et devint insensible aux maux publics. Les fils de Louis-le-Débonnaire demandoient-ils quelques secours à leurs sujets pour faire la guerre et repousser les Normands ? Je suis esclave, devoit répondre le peuple, rompez les chaînes dont les seigneurs m'ont chargé, et je vous sacrifierai mes bras. Le clergé, occupé de ses seules pertes, éclatoit en murmures, en reproches et en menaces ; et regardoit les ravages des Normands comme le juste châtiment des François qui pilloient les biens de l'église. Si les seigneurs avoient encore quelque déférence pour les ordres du prince, ce n'étoit que pour en obtenir quelque diplome inutile qui favorisât leurs usurpations.

CHAPITRE V.

Ruine entière de l'ancien gouvernement sous le règne de Charles-le-Chauve. — Ce prince rend les Bénéfices et les Comtés héréditaires. — Naissance du gouvernement féodal.

CHARLES-LE-CHAUVE , trompé par les flatteries de ses courtisans , et les vaines marques de respect qu'on rendoit à sa dignité , se croyoit tout-puissant. Parce qu'il n'y avoit plus de champ de Mai , il se regarda comme le législateur revêtu de toute la puissance souveraine ; mais si on ne lui contestoit point le droit de commander en maître , c'est qu'on avoit celui de lui désobéir impunément ; et son prétendu despotisme n'étoit que la preuve de sa foiblesse.

Ses états éprouvant enfin tous les jours de nouvelles disgraces de la part des Normands , sans qu'il pût leur opposer une armée , il ouvrit les yeux , malgré lui , sur sa situation , cependant il ne connut pas d'abord toute l'étendue du mal. Il espéra qu'en convoquant une assemblée générale des seigneurs , car le peu-

ple n'étoit plus compté pour rien , il réuniroit
les ordres divisés de la nation , et qu'elle for-
meroit encore sous sa conduite un corps qui
n'auroit qu'un même intérêt et un même mouvement. Il se trompoit. Il ne se rendit à ses ordres que des prélats , qui se plaignirent de tous
les torts et de toutes les injures que la noblesse
leur avoit faits ; et qui dévoilant par - là même
toute leur foiblesse , n'étoient guères propres à
donner du crédit au prince , et du poids aux
règlemens qu'il feroit.

Charles s'humilia , dès que n'étant plus sou-
tenu par de folles espérances , il ne put se déguiser qu'il étoit abandonné de la plupart des
grands. Au lieu de faire des menaces , il publia
qu'il étoit prêt à oublier tout le passé , à pardonner les injures qu'on lui avoit faites (1),
et les infidélités qu'on avoit commises à son
égard. Il proteste qu'il honorera les grands ,
qu'il satisfera à leurs demandes , qu'il se con-
duira par leurs conseils. Rien de tout cela n'est
écouté. On méprise l'amnistie d'un prince qui
est obligé lui-même de demander grâce ; on dédaigne la protection d'un roi qu'on a réduit à
tout craindre. Si quelques seigneurs consentent
enfin à venir lui rendre hommage , et lui pro-
mettent par serment de le servir avec fidélité,
il s'oblige lui - même à son tour à les respec-

ter, à les protéger, tant que Dieu lui conservera l'usage de la raison, et à réparer sans délai les torts qu'il pourroit leur faire par surprise ou par inadvertance.

Une conduite ferme et courageuse, de la part d'un prince tel que Charles-le-Chauve, ne lui auroit vraisemblablement valu que de nouveaux mépris ; mais il est certain aussi qu'en ne cherchant qu'à exciter la pitié , il accréditoit les abus auxquels il prétendoit remédier. Puisque Charles étoit incapable de suivre l'exemple de son aïeul , et de rétablir son autorité en rétablissant celle des lois , il ne lui restoit d'autre ressource que de s'ensevelir sous les ruines de l'état. Mais il étoit trop lâche pour supporter cette pensée , et ne pas toujours se flatter qu'à force de complaisance ou de bienfaits , il gagneroit enfin la noblesse , et la ramèneroit à l'obéissance.

Depuis plusieurs années, ses propres vassaux, fatigués de leur service , n'avoient cherché qu'à le diminuer, ou ne l'acquittoient qu'avec une extrême tiédeur. Charles lassé de leurs plaintes , et sans doute intimidé par leur mauvaise volonté , les avoit dispensés de le suivre (2) à la guerre , à moins que le royaume ne fût menacé d'une invasion de la part des étrangers. Pour réparer le tort que lui avoit fait cette première complaisance, il en eut une seconde encore plus contraire à ses intérêts. Louis-le-Débonnaire, cédant à la nécessité, avoit déjà aliéné pour toujours quelques-uns de ses bénéfices (3), et Charles consentit à rendre tous les siens héréditaires. Il voulut même que les seigneurs qui en étoient en posssession pussent, au défaut d'enfans, en disposer en faveur de quelqu'un de leurs parens. Il comptoit que la reconnoissance alloit donner un nouveau zèle à ses vassaux pour ses intérêts ; mais ils furent peu touchés de cette libéralité, parce que le prince n'étoit plus assez fort pour reprendre ses bénéfices.

Charles n'ayant plus rien à donner, rendit enfin les comtés (4) héréditaires ; et il ne fit encore que des ingrats. Les comtes avoient commencé, sous le règne précédent, à conférer en leur nom les bénéfices royaux qui étoient situés dans leurs ressorts. Ils s'étoient fait des amis et des créatures ; et les divisions du clergé, de la noblesse et du peuple les rendoient si indépendans du prince, qu'il eût été dangereux de les vouloir dépouiller de leur magistrature. De ce degré de pouvoir à l'hérédité, la distance est courte et se franchit aisément ; ainsi on peut dire que l'ordonnance de Charles-le-Chauve ne causa pas une révolution, mais hâta seulement un événement nécessaire, qui devoit établir un ordre de choses tout nouveau chez les François.

Dès que les comtés devinrent le patrimoine de quelques familles, tout ce qui subsistoit encore de l'ancien gouvernement disparut en peu de temps. Il seroit difficile de peindre la confusion anarchique où se trouvèrent tous les ordres de l'état, et l'anéantissement sur-tout dans lequel tombèrent des princes sans soldats, sans argent, et qui n'ayant plus de lois à faire parler pour eux, ni de grâces à accorder, ne devoient rencontrer que des sujets infidelles et désobéissans. Jusqu'alors Charles-le-Chauve avoit toujours été aidé des secours de quelques comtes disposés à le suivre à la guerre avec les hommes de leurs provinces ; et ces forces le mettoient en état de se faire craindre des seigneurs, ou de les contraindre du moins à se conduire à son égard avec quelques ménagemens. Après la révolution, les comtes furent presque toujours cités inutilement par le roi. Leur nouvelle fortune leur donnoit de nouveaux intérêts, et les occupa entièrement.

Le prince convoqua encore des assemblées de la nation, mais il ne s'y rendit que des hommes qui étoient, comme lui, les victimes des désordres publics. On y faisoit un tableau touchant des malheurs de l'état, on parloit des courses et des pillages des Normands ; des vexations des seigneurs , de la ruine du clergé et de la misère du peuple ; on faisoit des plaintes inutiles , et par un règlement auquel on dût obéir , les lois Saliques , Ripuaires , etc. les capitulaires de Charlemagne et de Louis-le-Débonnaire n'ayant plus de protecteur , tombèrent dans le plus profond oubli. Au lieu de n'être encore que les simples ministres des lois , les comtes , qui avoient secoué le joug des envoyés royaux , et refusé de reconnoître l'ordonnance par laquelle Charles-le-Chauve commettoit chaque évêque (5) pour en exercer les fonctions dans l'étendue de son diocèse , devinrent les maîtres , ou plutôt les tyrans des lois dans leurs comtés.

Une volonté arbitraire décida de tous les droits. Chaque seigneur rendit sa justice souveraine (6) , et ne permettant plus que ses jugemens fussent portés par appel à la justice du roi , le François réclama inutilement les lois Saliques ou Ripuaires , le Gaulois les lois Romaines , le Bourguignon les lois de Gondebaud , etc. ; il fallut n'en plus reconnoître d'autres que les ordres du comte ou de son seigneur. Tous les peuples qui , à la faveur de leurs codes différens , avoient été jusqu'alors séparés les uns des autres , oublièrent leur origine. N'ayant plus qu'une même loi , ou plutôt qu'une même servitude , ils se confondirent ; et les caprices de leurs maîtres furent leur droit public et civil, jusqu'à ce que le temps eût enfin consacré les coutumes que la violence établissoit.

Il ne faut pas penser que les comtes devinrent absolus dans toute l'étendue de leur comté ; ils n'acquirent en propre que leur ville et les bourgs, villages et hameaux où ils avoient eu l'habileté d'empêcher qu'il ne se formât quelque seigneur particulier. Ce n'est que dans ces territoires qu'ils devinrent tout-puissans ; car les seigneurs de chaque province, aussi adroits à profiter des désordres publics et de l'anéantissement des lois que les comtes, s'étoient déjà cantonnés dans leurs terres, et y jouissoient de tous les droits que nos jurisconsultes modernes appellent Régaliens, qu'on nommoit alors simplement seigneuriaux, et qui constituent en effet la souveraineté.

Après ce que j'ai dit de l'administration injuste et pusillanime de Charle-le-Chauve, on ne sera pas surpris des progrès rapides que fit la tyrannie des particuliers à la faveur de l'anarchie générale, si on se rappelle la peinture que l'histoire nous fait des successeurs de ce prince. Louis-le-Bègue, qui à peine auroit été capable d'être le magistrat d'une nation heureuse et tranquille, ne régna que dix-huit mois, et laissa, pour lui succéder, Louis III et Carloman, qui étoient encore dans leur première jeunesse, et dans qui l'âge ne développa aucun talent. Charles - le - Gros, fils de Louis - le - Germanique, et qui, avec le titre d'empereur, étoit roi d'Italie et de Germanie, fut placé sur le trône de France. Il réunissoit ainsi sous sa domination tous les pays qui avoient formé le vaste Empire de Charlemagne ; et il n'en parut que plus foible et plus méprisable. L'Italie n'étoit pas dans une meilleure situation que la France, son roi ne portoit qu'un vain titre. La Germanie, il est vrai, étoit moins malheureuse ; les lois n'y étoient pas tombées dans le même mépris qu'en France, et le prince y conservoit encore quelqu'autorité; mais Charles-le-Gros n'étoit pas capable de s'en servir pour se faire respecter des François, et former un nouvel édifice des ruines de l'ancien. Ce prince, toujours accablé sous le poids des titres qu'il portoit, éprouva le sort qui l'attendoit dans une nation qui ne connoît plus de règle. On lui ôta ses couronnes, et il finit ses jours dans une prison. Je ne parle pas de ses successeurs, à peine méritent-ils que l'histoire conserve leur nom.

On doit être au contraire étonné qu'au milieu des révolutions qui changèrent la face du royaume, les François aient conservé l'usage du serment de fidélité et de l'hommage dont ils auroient pu s'affranchir. Si on eût secoué le joug de Charles-le-Chauve et de ses successeurs, pour les punir d'avoir abusé tyranniquement de leur pouvoir, la révolution se seroit faite avec un emportement qui eût fait franchir toutes les bornes du devoir. Mais comme on les dépouilloit de leurs prérogatives, parce qu'ils ne savoient pas les conserver ; qu'on agissoit par ambition et par avarice, et non par haine, les esprits ne reçurent point de ces secousses violentes, qui, en les échauffant, les portent aux dernières extrémités. Au milieu de toutes les nouveautés que produisoit la licence de tout faire, on se laissoit encore conduire par les idées que l'ancien gouvernement avoit données. On ne refusoit pas de prêter la foi et l'hommage, parce qu'on y étoit accoutumé ; mais on violoit ses engagemens sans scrupule, parce qu'on pouvoit le faire impunément.

D'ailleurs les comtes crurent faire une assez grande fortune, en acquérant tous les droits dont avoient joui les ducs des Bavarois, des Allemands, des Bretons, etc. qui étant chefs de leurs nations, sous la protection des rois de France, ne leur rendoient qu'un simple hommage, et n'étoient obligés qu'à les suivre à la guerre. Il n'étoit pas même de l'intérêt de ces nouveaux souverains de s'affranchir de tout devoir à l'égard du prince.

Refuser de reconnoître sa supériorité, c'eût été révolter l'esprit général et dominant de la nation. Les comtes par cette conduite auroient donné aux seigneurs qui possédoient des terres dans leur province, l'exemple et le prétexte d'aspirer à la même indépendance; et ils y auroient perdu leur suzeraineté, droit souvent inutile, mais titre brillant que la vanité estimoit alors beaucoup.

Il y eut, il est vrai, des seigneurs assez puissans ou assez heureux pour ne reconnoître aucune supériorité dans leur comte. Ils refusèrent de lui prêter hommage, et ne relevèrent, ainsi qu'on s'exprima bientôt après, que de Dieu et de leur épée. Leurs terres devinrent des principautés absolument indépendantes, et on les appella des Alleux (7), ou des terres Allodiales. Mais en général les seigneurs firent hommage à leur comte; les uns parce qu'ils n'étoient pas assez forts pour oser le lui refuser; les autres parce qu'ils étoient accoutumés par l'ancien gouvernement à le regarder comme le magistrat public dans sa province, et qu'il avoit conservé une sorte de juridiction (8) sur leurs terres.

Quand il n'y eut plus d'autre lien entre les parties désunies de l'état que la foi et l'hommage, on manqua d'expressions pour rendre les idées toutes nouvelles que présentoit à l'esprit un gou-

vernement tout nouveau. On se servit de celles
qui étoient les plus propres à se faire entendre.
On appela par analogie, du nom de vassal,
tout seigneur qui devoit l'hommage : on nomma
fief, toute possession en vertu de laquelle on
y étoit tenu ; et gouvernement féodal, les droits
et les devoirs fondés sur la foi donnée et reçue.
Ces expressions, qu'on n'avoit autrefois em-
ployées qu'à signifier l'espèce de bénéfices établis
par Charles Martel, et le gouvernement économique des familles, signifièrent alors le gouvernement politique, et le droit public et général
de la nation : s'il est permis de donner ces noms
à une constitution monstrueuse, destructive de
tout ordre et de toute police, et contraire aux
notions les plus communes de la société.

Sans doute que les nouveaux vassaux dont je
parle, toujours conduits par l'ancien esprit de
la nation, furent d'abord obligés de remplir,
à l'égard du seigneur auquel ils rendirent hommage, les mêmes devoirs que les vassaux établis
par Charles Martel devoient à leurs bienfaiteurs,
et que le suzerain à son tour leur promettoit
sa protection. La manière dont Charles-le-Chauve
rendit les comtés héréditaires, et le serment que
ce prince et les grands se firent réciproquement
de s'aider et de se défendre, l'indiquent assez
clairement. Mais il est plus certain encore qu'on

ne reconnut bientôt cette obligation, qu'autant qu'on fut trop foible pour ne la pas remplir. Tous les droits devoient paroître équivoques et douteux, tous les intérêts étoient opposés, et les passions qui n'étoient retenues par aucun frein, devoient sans cesse exciter de nouvelles querelles. Comme il n'y avoit dans ce chaos d'injustices et d'usurpations, aucune puissance publique et générale, dont les suzerains et les vassaux pussent implorer la protection ou la vengeance, et que les grands vassaux qui relevoient de la couronne étoient assez puissans pour ne pas craindre les arrêts rendus contre eux par la cour du roi, et que peut-être même elle ne tint pas ses assises dans ce temps de foiblesse et de confusion, la force fut le seul droit en vigueur, et le succès le seul titre respecté.

Les guerres continuelles que se firent les seigneurs, depuis le règne de Louis-le-Bégue jusqu'à l'avénement de Hugues-Capet au trône, durent empêcher que le gouvernement féodal ne prît une forme constante et uniforme. Des événemens nouveaux, bizarres, imprévus et contraires, changeoient continuellement les coutumes naissantes, et étendoient ou restreignoient les droits des suzerains et les devoirs des vassaux. Aujourd'hui on relevoit d'un seigneur, et demain d'un autre. Quelques comtes en forcèrent

cèrent d'autres à leur prêter hommage, quoique tous dans leur origine tinssent également leur fief du roi, et dussent par conséquent être vassaux immédiats de la couronne. Quelques seigneurs firent revivre le titre de duc, d'autres, en possédant un duché, préférèrent la qualité de comte. Plusieurs terres possédées en alleu durent consentir à rendre hommage, pour se faire un protecteur dans une conjoncture difficile ; d'autres au contraire, tenues en fiefs, parvinrent par quelques succès à ne reconnoître aucun seigneur. Enfin la fortune, toujours capricieuse lorsqu'elle n'est pas domptée par des lois fermes et sages, décida du droit ainsi que des événemens, jusqu'au règne des premiers Capétiens.

Depuis l'établissement des seigneuries, dont les prérogatives étoient si propres à énerver la puissance publique, et donner le goût de l'indépendance et de la tyrannie aux familles qui en étoient en possession, il semble que tout portoit les François à la monstrueuse anarchie du gouvernement féodal. Il est vraisemblable que, dès la première race, ils en auroient éprouvé les désordres, si la famille des Pepins, en produisant plusieurs grands hommes qui se succédèrent les uns aux autres, n'étoit venue au secours de l'état prêt à se démembrer. Les qualités personnelles de Charles Martel et de son père suppléèrent à ce qui manquoit au gouvernement. Ils surent tenir la nation unie , en se faisant obéir par des seigneurs, qui dès lors ne travailloient qu'à se cantonner dans leurs terres. Sous les Carlovingiens , les mêmes passions portoient les François à la même indépendance, mais avec plus de force ; parce que la puissance des seigneurs étoit plus grande : et la France ne produisit aucun homme de génie qui pût se mettre à la tête des affaires, protéger les lois, ou du moins en prendre la place , et faire respecter son autorité. Robert-le-Fort acquit de la réputation contre les Normands , mais il n'avoit de talent que pour la guerre. Ses descendans surent se frayer un chemin au trône , c'eft-à-dire, profiter des désordres de l'état , mais non pas le gouverner.

CHAPITRE VI.

Démembrement que souffrit l'empire de Charlemagne. --- Ruine de sa maison. --- Avénement de Hugues-Capet au trône.

LA guerre allumée entre les trois fils de Louis-le-Débonnaire , avoit été terminée en 845 par un nouveau partage dont ils convinrent. Lothaire avoit été reconnu en qualité d'empereur ; et outre le royaume d'Italie et les provinces qui s'étendent depuis les Alpes jusqu'au Rhône et à la Saône, il occupa dans l'Austrasie tout le pays dont son second fils, nommé aussi Lothaire, forma le royaume de Lorraine. Louis-le-Germanique posséda au-delà du Rhin l'ancienne Germanie, et en deçà de ce fleuve, quelques villes avec leur territoire, telles que Spire, Mayence, etc. Charles-le-Chauve n'eut dans son partage que le pays qui avoit autrefois composé le royaume de Neustrie, une partie de la Bourgogne, et l'Aquitaine. Tout le monde sait comment les états de la succession de Lothaire (1) et de son frère Louis-le Germanique furent usurpés par des étrangers sur la maison de Charlemagne, et commencèrent à former des puissances entièrement indépendantes de la France. C'est à l'histoire du royaume de Charles-le-Chauve qu'est désormais bornée celle de la nation françoise, qui, après avoir fait de si grandes conquêtes, se trouvoit resserrée dans des bornes plus étroites qu'elle ne l'avoit été sous les derniers rois de la première race, et ne retiroit d'autre avantage de ses travaux, que de voir former de ses débris, par la défection des vaincus, des puissances qui étoient devenues ses ennemis.

Tandis que les princes Carlovingiens, qui ne

régnoient plus que dans la France proprement
dite , tomboient de jour en jour dans le plus
grand avilissement , les rois de Germanie plus
dignes de leur place , et qui tiroient encore quelque force du crédit que les lois conservoient
chez les Allemands , portèrent leurs armes en
Italie, et réprimèrent une foule de petits tyrans
qui aspiroient à l'empire , et que l'imbécillité
des empereurs Lothaire et Louis II y avoit laissé
naître. Ils protégèrent l'église de Rome , et mé-
ritèrent que les papes presque souverains , et
déjà reconnus par Charles-le-Chauve pour dis-
pensateurs de la dignité Impériale , l'unissent
pour toujours à la couronne (2) de Germanie.
Le préjugé avoit attaché au titre d'empereur un
rang supérieur à celui de roi , et Louis-le-Débonnaire avoit fortifié ce préjugé , en voulant
que l'empereur eût une sorte de juridiction
sur les différens royaumes de sa succession. Si
Charles-le-Chauve , de concert avec Louis-le-
Germanique , n'eût pas fait la guerre assez heureusement pour forcer l'empereur Lothaire son
frère à reconnoître l'indépendance de sa couronne
et le traiter comme son (3) égal , la dignité impériale , qui devoit être chez les François un
monument éternel de leur gloire et de leur courage, n'auroit servi qu'à les rendre dépendans
de la nation Allemande qu'ils avoient vaincue.

Les François voyoient sans chagrin ces diverses révolutions. Occupés de leurs troubles domestiques et des intérêts particuliers de leurs familles, il leur importoit peu que leur roi perdît ou conservât le titre d'empereur, et que des peuples que Charlemagne avoit subjugués, se rendissent indépendans d'une maison dont ils ne vouloient plus eux-mêmes reconnoître l'autorité. Quand Arnoul fut couronné empereur et roi de Germanie, à la place de Charles-le-Gros qu'il avoit fait déposer, Eudes, fils de Robert-le-Fort s'empara sans opposition de la couronne de France, qui appartenoit à Charles-le-Simple comme au seul mâle de la maison Carlovingienne. Ce prince ne recouvra une partie du bien de ses pères que pour éprouver des disgraces. Peu s'en fallut qu'au lieu d'être en état de réclamer les lois de la succession, et de faire valoir ses droits sur la Germanie, l'Empire et l'Italie, il ne se vît encore enlever la couronne de France par Robert, frère du roi Eudes. Ayant été assez heureux pour rassembler quelques forces et battre cet ennemi, qui fut tué dans la déroute de ses troupes, il ne tira aucun avantage de cette victoire. Ce prince n'échappoit à un écueil que pour échouer contre un autre. Héribert, comte de Vermandois, le retint prisonnier dans le château de Péronne pendant les sept dernières années

de sa vie ; et Raoul, duc de Bourgogne, profita
de cette espèce de vacance du trône pour se faire
couronner roi de France ; ce titre ne lui donna
aucune autorité nouvelle , et son règne dura
quatorze ans.

Hugues - le - Blanc pouvoit suivre l'exemple
d'usurpation qu'Eudes et Raoul lui avoient
donné ; mais soit que son ambition fût satisfaite
d'être un des plus grands seigneurs du royaume ; soit qu'il crût que la royauté dépouillée
de toutes ses prérogatives , en le rendant suspect à la plupart des grands vassaux , ne lui
donneroit que des prétentions qu'il seroit dangereux de vouloir faire revivre ; il plaça sur
le trône Louis IV , surnommé d'Outremer. Il
le protégea , lui fit la guerre , le tint renfermé
dans un château , ou lui donna la liberté , selon
qu'il importoit à ses intérêts. Lothaire ne fut
aussi couronné que de son consentement. Mais ,
quoique Hugues fût le maître absolu du prince ;
parce qu'il avoit des forces beaucoup plus considérables que lui , et que leurs domaines se
touchoient ; il faut bien se garder d'en conclure
avec quelques historiens , qui n'ont pas remarqué les révolutions arrivées dans l'état, et la
forme bizarre que le gouvernement avoit prise ,
qu'il pût disposer de la nation comme les Pepins
et Charles Martel en avoient autrefois disposé.

Ceux-ci étoient maires du palais ; et quoique leur autorité fût odieuse , elle étoit reconnue dans toute l'étendue et par tous les ordres du royaume. Hugues-le-Blanc n'étoit que duc de France ; et cette qualité ne lui donnoit que dans la province de ce nom, le même pouvoir que les autres grands vassaux avoient dans les provinces qui leur étoient tombées en partage.

Louis V. , surnommé le Fainéant , ne régna qu'un an ; et Hugues-Capet s'empara du trône, au préjudice de Charles , duc de Lorraine , seul prince de la maison de Charlemagne , second fils de Louis d'Outremer , et oncle de Louis V. , Quelques historiens ont dit que Charles fut rejeté par sa nation , à laquelle il s'étoit rendu odieux , en se dégradant au point de se rendre vassal de l'empereur. Si cela est ainsi , il faut convenir que les François furent , dans le moment de la révolution , bien différens de ce qu'ils avoient été jusqu'alors ; et de ce qu'ils furent encore un moment après. S'ils étoient si jaloux de la gloire de leur prince ; s'ils croyoient que la plus légère tache le rendît indigne de régner sur eux , pourquoi avoient-ils donc fait eux-mêmes aux derniers Carlovingiens les affronts les plus humilians ? Pourquoi souffroient-ils qu'on les retînt dans les prisons ? Pourquoi les avoient-ils réduits à une telle misère , que les fils puînés de ces rois sans domaine , n'ayant pas même à espérer un château de la succession de leur père , étoient obligés d'aller chercher fortune hors du royaume ? et c'en étoit une sans doute très-considérable pour le second fils de Louis d'Outremer , que d'être fait duc de Lorraine par l'empereur.

Mais les François étoient bien éloignés de penser que l'hommage et la vassalité avilissent un prince. Ils avoient vu les rois de Provence et de Bourgogne se déclarer vassaux de l'Empire , sans perdre l'éclat de leur dignité. Jamais on n'imaginera que les ducs de Normandie , de France , d'Aquitaine , de Bourgogne ; les comtes de Flandre , de Toulouse , de Troyes , de Vermandois , etc. regardassent l'hommage comme une bassesse , et l'eussent cependant prêté à des rois aussi peu puissans que Charles-le-Simple , Louis d'Outremer , Lothaire et Louis-le-Fainéant. Si Charles est jugé incapable de porter la couronne , parce qu'il relève de l'Empire pour la Lorraine ; pourquoi donc Hugues-Capet , après avoir été fait roi , et ses fils ; rendent-ils les devoirs du vasselage (4) à différens seigneurs de leur royaume , pour les fiefs particuliers qu'ils possédoient dans l'étendue de leurs terres ? C'est une étrange absurdité qu'on assujettisse ces rois à un hommage qui avoit rendu le duc de Lorraine inhabile à monter sur le trône de ses pères.

Ne cherchons point à nous tromper ; ce ne furent , ni les lois , qui ne subsistoient plus , ni la nation divisée, qui décidèrent entre Charles et Hugues-Capet; la force seule fit le droit de celui-ci. Il étoit par ses possessions (5) et ses alliances le plus puissant du royaume , et Charles n'y possédoit rien. La loi de la succession déjà violée en Allemagne , en Italie , dans la moitié des Gaules et en France même, devoit donc se taire devant Hugues-Capet. Il étoit à la tête d'un parti puissant , et chef d'une famille qui depuis long-temps avoit formé son plan d'élévation ; son rival descendoit , il est vrai , de Charlemagne , mais Charlemagne étoit oublié , et on n'avoit sous les yeux que les derniers princes qui avoient déshonoré sa maison.

La nation Françoise ne déféra pas la couronne à Hugues-Capet, comme elle l'avoit donnée à Pepin. Les historiens contemporains ne disent point qu'il se tint à ce sujet une assemblée (6) générale des grands ; et quand ils le diroient , il ne faudroit pas le croire. Ces assemblées étoient déjà fort rares sous le fils de Louis-le-Débonnaire , qui ne voit pas qu'elles étoient impraticables depuis que les comtes s'étoient

rendus souverains dans leurs gouvernemens ; et
les seigneurs dans leurs terres ? L'anarchie où
le royaume étoit plongé , prouve évidemment
que toute puissance publique y étoit détruite.
Par quel prodige se seroit-il formé presqu'autant de coutumes différentes qu'il y avoit de
seigneuries , si la nation eût toujours tenu ses
assemblées ? Comment toutes les lois auroient-
elles été oubliées ? Pourquoi le gouvernement
féodal auroit-il été si long-temps à prendre une
forme constante ?

D'ailleurs, je demande en vertu de quel titre
Hugues-Capet , simple vassal de la couronne ,
auroit convoqué les États , et ordonné à ses pairs ,
les vassaux immédiats du Roi , de s'y rendre ?
Mais ce qui tranche toutes les difficultés , c'est
que l'intervalle de la mort de Louis V au couronnement de Hugues-Capet , fût trop court
pour assembler les grands du royaume. Hugues
se contenta d'appeler auprès de lui ses parens ,
ses amis et ses vassaux ; il en composa , si l'on
veut, une espèce d'assemblée, telle que celles
qui avoient élevé Eudes et Raoul sur le trône,
se fit reconnoître pour roi par ses partisans ,
et se mit en état de défendre sa dignité contre
les seigneurs qui épouseroient les intérêts du
dernier Carlovingien.

La prérogative royale étoit si peu de chose,

et les grands tellement indépendans du prince,
ainsi qu'on le verra bientôt; quand je parlerai
des droits et des devoirs respectifs des suzerains
et des vassaux, que l'élévation de Hugues-Capet et les droits de son compétiteur ne pouvoient pas former une question bien importante,
lorsqu'elle fut agitée. Il paroissoit presqu'indifférent aux seigneurs François d'avoir un roi ou
de n'en point avoir. Ceux qui servirent Charles
par générosité, crurent bientôt en avoir trop
fait en sa faveur. Ceux qui ne lui étoient attachés que pour nuire à Hugues-Capet, se laissèrent gagner par des bienfaits ou des promesses;
et Charles abandonné de ses partisans, ne laissa
aucun héritier de ses droits.

L'extinction de la maison de Charlemagne devint un événement de la plus grande importance. Il étoit heureux pour les royaumes qui
s'étoient formés des débris de la puissance Françoise, que la postérité de Charles-le-Chauve ne
subsistât plus. Les anciennes lois de la succession pouvoient servir de prétexte à des mécon-
tans ou à des ambitieux, pour augmenter les
troubles, les désordres, les calamités dont l'a-
narchie féodale menaçoit tous les peuples de la
chrétienté.

Quelque irrégulière que fût la manière dont
Hugues-Capet étoit monté sur le trône, il de-

vint un roi légitime ; parce que les grands du royaume, en traitant enfin avec lui, reconnurent sa dignité, et consentirent à lui prêter hommage, et remplir à son égard les devoirs de la vassalité. Ce fut un vrai contrat entre le prince et ses vassaux. L'intention présumée de ceux-ci, en se soumettant à reconnoître un seigneur au-dessus d'eux, n'étoit pas sans doute de se faire un ennemi qui eût le droit de les dépouiller de leurs privilèges ; et Hugues-Capet fut censé consentir à la conservation des coutumes féodales, que des exemples réitérés et le temps commençoient à consacrer. Mais je prie de le remarquer ; ce contrat étoit subordonné à un devoir primitif, et dont rien ne peut exempter les hommes. Ce devoir consiste à faire tous ses efforts pour délivrer sa patrie de ses vices, et y faire régner l'ordre, la paix et la sureté : falloit-il donc respecter l'absurde et tyrannique gouvernement des fiefs ?

Fin du livre second.

OBSERVATIONS

SUR

L'HISTOIRE DE FRANCE.

LIVRE TROISIÈME.

CHAPITRE PREMIER.

De la situation du peuple à l'avénement de Hu-gues - Capet au trône. ---- Droits privilégiés, état de la noblesse qui ne possédoit pas des terres en fief.

QUOIQU'A l'avénement de Hugues - Capet au trône on distinguât l'homme libre du serf, cette distinction ne laissoit presque aucune différence réelle entre eux. La souveraineté que les seigneurs avoient usurpée dans leurs terres , ouvrage de l'avarice et de la vanité, étoit devenue la ty-rannie la plus insupportable. Pouvoit - elle avoir eu des bornes sous les derniers Carlovingiens ? puisque dans un temps bien postérieur , où il sembloit qu'on commençât à sentir la nécessité d'une police plus régulière et à penser avec plus d'humanité, les seigneurs s'opiniâtroient à croire encore que tout leur avoit toujours appartenu, et que le roturier ne possédant ses habitations que d'une manière précaire, les tenoit de leur libéralité. Etrange ignorance des devoirs que la nature nous prescrit ! Ils ne comprenoient pas que leurs droits pussent être limités (1), ni que ce fût un vol, ou du moins une injustice, d'exiger des redevances qui n'étoient pas établies par la coutume ou par des chartes.

Chaque terre fut une véritable prison pour ses habitans. Ici ces prétendus hommes libres ne pouvoient disposer de leurs biens, ni par testament, ni par actes entre-vifs, et leur seigneur étoit leur héritier, au défaut d'enfans domiciliés dans son fief. Là il ne leur étoit permis de disposer que d'une partie médiocre de leurs immeubles ou de leur mobilier. Ailleurs ils ne pouvoient se marier qu'après en avoir acheté la permission. Chargés par-tout de corvées fatigantes, de devoirs humilians et de contributions ruineuses, ils avoient continuellement à craindre quelque amende, quelque taxe arbitraire, ou la confiscation entière de leurs biens. La qualité d'homme libre étoit devenue à charge à une foule de citoyens. Les uns vendirent par désespoir leur liberté à des maîtres qui furent du moins

intéressés à les faire (2) subsister et d'autres
qui s'étoient soumis pour eux et pour leur postérité à des devoirs serviles envers une église ou
un Monastère, consentirent sans peine que leur
dévotion devînt un titre de leur esclavage.

Cette tyrannie des seigneurs avoit commencé,
comme on l'a vu, dans les campagnes, et elle
en chassa les plus riches habitans, qui se ré-
fugièrent dans les villes, où ils se flattoient de
vivre sous la protection des lois ; mais les maux
qu'ils fuyoient les y poursuivirent, quand les
comtes eurent changé leurs gouvernemens héréditaires en des principautés souveraines. Ces
nouveaux seigneurs exercèrent à leur tour sur
les bourgeois (3) la même autorité que les
autres seigneurs avoient acquise sur les villains
de leurs terres. Les péages, les droits d'entrée,
d'escorte et de marché se multiplièrent à l'infini.
Les villes furent sujettes, comme les campagnes,
à une taille arbitraire, et obligées de défrayer
leur seigneur et ses gens quand il y venoit.
Vivres, meubles, chevaux, voitures, tout étoit
alors enlevé, et on auroit dit que les maisons
des bourgeois étoient au pillage.

Il ne faut que parcourir les chartes par lesquelles les seigneurs vendirent dans la suite à
leurs villes le droit de commune, pour se faire
un tableau de la situation déplorable des bour-

geois. Les privilèges qu'on leur accorde supposent les vexations les plus atroces. C'est par grâce qu'on permet à ces malheureux de s'accommoder, après avoir commencé un procès juridiquement ; tant on étoit éloigné de penser que la magistrature fût établie pour l'utilité du peuple, et non pour l'avantage du magistrat ! Ils étoient réduits à demander comme une faveur, qu'il fût permis à leurs enfans d'apprendre à lire et à écrire, et de n'être obligés de vendre à leur seigneur que les denrées ou les effets qu'ils auroient mis en vente. Toute industrie étoit étouffée entre des hommes qu'on vouloit rendre stupides. Les bourgeois n'osoient faire aucun commerce, parce que les seigneurs s'étoient arrogé le droit d'interdire dans leurs terres toute espèce de vente ou d'achat entre les particuliers, lorsqu'ils vouloient vendre eux-mêmes les denrées de leur cru ou celles qu'ils avoient achetées. Ces monopoles étoient tellement accrédités, que le peuple prit pour un acte de générosité, l'injustice moins criante par laquelle les seigneurs se réservoient dans chaque année un temps fixe pour le débit des fruits de leurs terres ; en stipulant toutefois qu'ils les vendroient plus cher que de coutume, et que les bourgeois n'exposeroient alors en vente que des denrées altérées et corrompues.

On devine aisément quelle espèce de crédit
demandoit

demandoit le comte de Poix dans la charte qu'il accorde à ses sujets ; lorsqu'il exige qu'il lui fût permis d'acheter une fois en sa vie à chaque marchand, sans payer ni donner aucun gage, quelque effet qui n'excèderoit pas la valeur de cinq sous. Autoriser le vol, le déni de payement, la banqueroute par un traité, suppose d'étranges mœurs. Il seroit trop long de rapporter seulement les noms des divers droits que les seigneurs avoient établis à leur avantage, même sans aucun prétexte de bien public. Cette tyrannie épidémique, si je puis parler ainsi, passa jusqu'à leurs valets. Les marmitons de l'archevêque de Vienne avoient établi un impôt sur les mariages ; et ses domestiques prenant sous leur protection des voleurs et des bandits dont ils partageoient sans doute le butin, s'étoient fait une seigneurie en sous-ordre, et plus odieuse encore que celle de leur maître.

La seule différence essentielle qu'il y eût entre les hommes libres et les serfs, dont la France étoit presque entièrement peuplée, c'est que ceux-ci ne pouvoient s'affranchir que par la pure faveur de leur maître, tandis que la coutume laissoit aux autres quelques moyens de se soustraire au joug de leur seigneur. Les hommes libres n'avoient besoin que du consentement de leur évêque, pour être admis à la Cléricature,

qui, par une de ces contradictions ridicules auxquelles il faut s'accoutumer quand on étudie
l'histoire de France, exemptoit de toute charge
(4) le patrimoine d'un clerc, quoiqu'on ne se fît
aucun scrupule de piller et de soumettre à des
redevances les terres de l'église, qu'on regardoit comme le patrimoine de Dieu même. Les
serfs n'avoient pas le même avantage ; s'ils étoient
admis par surprise au nombre des clercs, l'é-
glise, en les dégradant, étoit obligée de les
rendre (5) au maître qui les réclamoit avant
qu'ils eussent reçu des ordres sacrés.

Leurs enfans naissoient esclaves comme eux ;
et ces malheureux communiquoient en quelque
sorte leur disgrace à tout ce qui les approchoit.
Si un gentilhomme eût eu la bassesse de se
marier à une serve, ses enfans auroient été réduits à la condition (6) humiliante de leur mère.
Les alliances contractées avec une famille libre
ne portoient au contraire aucune tache dans la
maison d'un gentilhomme ; et ses fils, malgré
la roture de leur mère, pouvoient être honorés
de la qualité de chevalier. Les hommes libres
jouissoient même du privilége de s'anoblir eux
et leur postérité, soit en épousant la fille d'un
gentilhomme, soit en acquérant quelque fief.
Dès lors ils n'étoient plus soumis à cette foule de
devoirs, de corvées et de charges qui ren-

doient le peuple malheureux. Il est même vraisemblable que la noblesse de leur personne passoit jusqu'aux domaines qu'ils possédoient en
roture.

Aucun monument, il est vrai, ne nous fait
connoître les prérogatives particulières dont la
simple noblesse jouissoit à l'avénement de Hugues-Capet au trône. Mais il est certain que
sous les derniers princes de la maison de Charlemagne, il y avoit un grand nombre de familles
autrement anoblies par leurs alliances ou la
possession de quelque seigneurie, et qui par
une suite des événemens qui changèrent les fortunes domestiques comme la fortune de l'état,
ne possédoient que des biens roturiers. Elles
continuèrent pendant le cours de la révolution
qui donna naissance au gouvernement féodal,
à être distinguées des familles d'un ordre inférieur ; et cette distinction, dont on ne peut
douter, suppose nécessairement la jouissance de
quelque privilége particulier qui passoit du père
aux enfans. Sans ce signe distinctif, comment
tous les citoyens qui ne possédoient pas quelque
fief, n'auroient-ils point enfin été confondus
dans une même classe ?

Peut-être que cette noblesse se trouva assez
nombreuse pour forcer les seigneurs à la ménager. Sans doute qu'elle les servit dans les guerres

privées qui revinrent en usage dans la décadence du gouvernement, et mérita par là leur reconnoissance et leur protection; pourquoi donc n'auroit-elle pas toujours joui dans ses patrimoines roturiers des mêmes franchises que la cléricature attachoit à ceux des clercs? Tout paroît l'indiquer? mais il me semble du moins qu'on ne peut s'empêcher de convenir que sous le règne de Hugues-Capet, les simples gentilshommes n'eussent déjà les mêmes immunités dont on les voit en possession dans un temps bien postérieur. Bien loin qu'ils aient pu alors acquérir quelques nouveaux priviléges, ils en durent perdre plusieurs. On voit que les seigneurs, de jour en jour plus jaloux d'étendre leurs droits et leur autorité, s'appliquèrent à dégrader la dignité même des petits fiefs qui relevoient d'eux. Tandis qu'ils ne craignoient point d'offenser leurs vassaux, que, sans égard pour les plaintes et les menaces des évêques, ils faisoient sans cesse de nouvelles entreprises sur les possessions que les ecclésiastiques tenoient de leurs pères, seroit-il vraisemblable qu'ils eussent respecté la fortune d'une noblesse peu puissante, et qui n'avoit aucun protecteur?

Quoi qu'il en soit des immunités des simples gentilshommes, à l'avénement de Hugues-Capet au trône, ils n'étoient sujets, quand S. Louis écrivoit ses établissemens, à aucune imposition en vendant leurs denrées (7), ni en achetant les choses nécessaires à leur usage particulier. Les terres que les gentilshommes faisoient valoir par eux-mêmes ne payoient pas la taille ; et dans les affaires personnelles ils obéissoient à une jurisprudence toute différente de celle à laquelle les roturiers étoient soumis. C'est l'espérance de pouvoir jouir un jour de tous ces avantages, qui empêchoit les hommes libres de succomber sous le poids de leur malheur ; tandis que les serfs ne voyant de toute part que leur servitude, ne pouvoient s'affranchir du joug d'un maître que pour passer sous celui d'un seigneur.

CHAPITRE II.

Situation des seigneurs à l'avénement de Hugues-Capet au trône. — Des causes qui contribuèrent à établir une sorte de règle et de droit public.

Tous ces droits barbares des seigneurs sur leurs sujets furent bientôt réglés : c'étoit la force qui imposoit la loi à la foiblesse. Mais à l'égard des devoirs et des droits respectifs des seigneurs les plus puissans, liés entre eux par l'hommage,

V 3

et le serment de fidélité, ce n'étoient encore, lorsque Hugues-Capet monta sur le trône, que des prétentions incertaines et toujours contestées. Les coutumes (1) dont nous trouvons le détail dans les établissemens de St. Louis, et les écrits de Pierre de Fontaine et de Beaumanoir, n'existoient pas encore. C'est le propre des coutumes de ne s'établir qu'avec lenteur, le temps seul peut leur donner une certaine force; et de l'anarchie des derniers rois Carlovingiens à la forme de gouvernement connue sous St. Louis, le passage suppose nécessairement une longue suite de révolutions et les règnes de plusieurs princes actifs, courageux et entreprenans.

Quand il seroit resté quelque espèce de règle et de subordination dans l'état, l'usurpation de Hugues-Capet, les guerres qu'il soutint contre quelques vassaux de la couronne, et les complaisances auxquelles il fut forcé de se prêter pour se rendre agréable, l'auroient fait entièrement disparoître. Il faudroit en effet avoir bien peu de connoissance des temps malheureux dont je parle, et des passions par lesquelles les hommes seront éternellement gouvernés, pour croire que les ducs de Normandie, d'Aquitaine, de Bourgogne, les comtes de Toulouse, de Flandre, de Vermandois, de Troyes, etc. qui avoient vu Hugues-Capet simple duc de France et leur égal, consentissent, par amour seul de l'ordre et de la paix, à lui rendre les devoirs que Charles-le-Chauve exigeoit inutilement de ses vassaux sur la fin de son règne, et que ses successeurs n'auroient pas osé demander.

Les seigneurs du second ordre, j'entends les barons qui relevoient immédiatement d'un suzerain dont la seigneurie s'étendoit sur toute une province, affectèrent également une entière indépendance. Toute notre histoire est pleine de faits qui prouvent que les petits-fils de Hugues-Capet ne pouvoient point encore accoutumer les seigneurs du duché de France à remplir les devoirs de la vassalité, et la même anarchie régnoit dans les autres provinces du royaume. La souveraineté que les barons exerçoient sur leurs sujets, leur avoit inspiré une ambition dangereuse. Mettant à profit la foiblesse où se trouvoient leurs suzerains divisés par des haines, des rivalités et des guerres continuelles, ils étoient parvenus à s'en faire craindre, et ne regardoient l'hommage que comme une vaine cérémonie qui n'emportoit avec soi aucune obligation réelle de service et d'obéissance.

Si on retrouvoit quelque trace de la subordination des fiefs et des devoirs réciproques que se devoient les suzerains et leurs vassaux, et que suppose le serment que Charles-le-Chauve

V 4

et les seigneurs les plus puissans du royaume
se firent mutuellement ; ce n'étoit plus qu'entre les seigneurs d'une classe inférieure aux barons. ils se souvenoient pour la plupart que
leurs terres leur avoient été données en bénéfices ; leurs possessions étoient peu considérables,
et n'ayant que de moindres espérances ou de
moindres prétentions , ils souffroient davantage
des désordres de l'anarchie, et n'avoient pas le
même intérêt de ne reconnoître d'autres lois
que leurs caprices.

Quoique ces seigneurs eussent , comme les
barons mêmes dont ils relevoient , le droit de
guerre , le pouvoir de faire des lois , ou plutôt
de publier des ordres dans l'étendue de leurs
fiefs , et qu'ils exerçassent sur leurs sujets un
empire également despotique , ils ne jouissoient
pas cependant dans toute sa plénitude , de la
puissance qui constitue véritablement la souveraineté. Leurs justices , par exemple , étoient souveraines , c'est-à-dire , jugeoient en dernier re-
sort et sans (2) appel toutes les affaires qui y
étoient portées ; mais elles n'avoient quelquefois
qu'une compétence bornée. Ces seigneurs d'un
ordre inférieur n'étoient juges dans leurs terres
que des délits ordinaires ; tandis que le baron
dont ils relevoient y avoit la haute-justice, et
connoissoit de tous les crimes qui , à l'excep-

tion du vol, étoient punis de mort. Il est encore certain que dans le cours des dernières révolutions, les barons ne permirent pas à leurs vassaux de faire les mêmes usurpations qu'ils faisoient eux-mêmes. Abusant au contraire de leurs forces et du crédit que leur avoit donné l'ancien gouvernement, pour se saisir d'une partie de la souveraineté dans les seigneuries qui relevoient d'eux, ils s'arrogèrent le droit d'y régler les poids et les mesures publiques, empêchèrent leurs vassaux d'avoir une monnoie particulière, et les contraignirent à ne se servir que des espèces fabriquées dans le chef-lieu de la baronie.

Les mêmes causes qui avoient empêché la plupart de ces seigneurs d'affecter une entière indépendance, les portèrent à se soumettre à l'homme-lige; c'est-à-dire, qu'ils se crurent tenus à défendre les possessions de leur suzerain, et à le suivre à la guerre quand il les convoquoit. D'ailleurs ils n'avoient souvent qu'un château; et craignant d'y être forcés après un premier échec, le droit de guerre leur paroissoit plus nuisible qu'avantageux. Dans cet état de foiblesse, il leur importoit que toutes les querelles ne se vidassent pas les armes à la main. Ainsi, bien loin de profiter des désordres de l'anarchie pour ne plus reconnoître dans leur

suzerain cette juridiction déjà en usage (3)
sous le règne de Charlemagne , et qui rendoit
chaque seigneur juge de ses bénéficiers , ils la
regardèrent comme le rempart de leur fortune.

C'est chez ces seigneurs d'une classe inférieure et à demi souverains , que se conserva
la tradition des devoirs auxquels les bénéfices
établis par Charles Martel avoient autrefois
assujetti les vassaux ; et c'est l'élévation de
Hugues-Capet au trône qui contribua à l'étendre
et lui donner une plus grande autorité. En qualité de duc de France , de comte de Paris et
d'Orléans , ce prince avoit de riches domaines ,
et ses forces étoient égales à celles des principaux vassaux de la couronne. Il fallut avoir
pour ses fils des égards qu'on n'avoit point eus
pour les derniers princes de la maison de Charlemagne. La foiblesse et la pauvreté des Carlovingiens avoient ouvert la porte à l'anarchie :
la force et les richesses des Capétiens devoient
en tempérer les désordres. A mesure qu'on espéroit moins d'avantages de son indépendance ,
on devoit en être moins jaloux. Les intérêts
des principaux seigneurs et leurs passions changèrent donc avec la situation de la monarchie.
Les désastres de leurs guerres souvent aussi
funestes au vainqueur qu'au vaincu , domptèrent
leur vanité, et les préparèrent à la paix ; quand

ils sentirent enfin, malgré eux, la nécessité
d'avoir une police, ils en trouvèrent le modèle
dans les fiefs des dernières classes.

Nous voyons en effet par le traité que Henri I,
roi d'Angleterre et duc de Normandie, conclut
le 10 Mars 1101 avec Robert, comte de Flandre, que les grands vassaux, déjà plus dociles
sous Philippe I que sous Louis d'Outremer,
Lothaire et Louis-le-Fainéant, se croyoient obligés de suivre le roi à la guerre, sous peine de
perdre leur (4) fief. Il y avoit même des formalités de justice avouées et reconnues entre
Philippe I et ses vassaux; et cette cour suprême,
où les rois jugeoient autrefois les grands de
l'état, étoit déjà sortie du néant où la foiblesse
des derniers Carlovingiens l'avoient laissée tomber. Il étoit naturel que les premiers Capétiens
offrissent leur médiation à leurs vassaux quelquefois fatigués de la guerre, ou qui n'étoient
pas en état de la faire; et que dans des circonstances fâcheuses ils soumissent eux-mêmes leurs
propres querelles à leur arbitrage; et c'est vraisemblablement par cette conduite que le prince
reprit sa qualité de juge, et que des vassaux
qui avoient des forces égales aux siennes, s'accoutumèrent à reconnoître l'autorité d'une cour
féodale et de ses jugemens. Dès que les vassaux
les plus puissans consentirent à remplir de cer-

tains devoirs, et à se soumettre au tribunal
du roi, leurs barons qui, à leur exemple,
avoient affecté une entière indépendance, mais
plutôt par point d'honneur que par ambition,
furent aussi, à leur exemple, moins indociles
et moins révoltés contre la subordination de la
vassalité.

Plusieurs autres causes contribuèrent en même
temps à fixer la nature du service des fiefs et
des devoirs respectifs des suzerains et des vassaux. Leurs guerres étoient terminées par des
traités ; et quoique ces traités fussent peu respectés, ils ne laissoient pas d'être regardés comme
autant de titres, du moins par la partie à laquelle ils étoient avantageux. On y régloit des
prétentions incertaines, et les articles dont deux
seigneurs étoient convenus servirent de modèle
à plusieurs autres ; les mêmes maximes s'étendoient ; et en s'étendant, elles acquéroient de
l'autorité.

Les seigneurs, continuellement en guerre les
uns contre les autres, ne tiroient presqu'aucun
secours de leurs sujets, trop maltraités pour
être bons soldats ; et ne pouvant exiger un service utile que de leurs vassaux, ils se virent
obligés de multiplier ces derniers, ou pour
acquérir des défenseurs à leurs terres, ou pour
s'agrandir aux dépens de leurs voisins. Ils dé-

membrèrent donc quelques parties de leurs domaines qu'ils conférèrent en fief. Soit que les
dangers se multipliassent de jour en jour , soit
qu'on ne jugeât de la dignité d'une terre que
par le nombre des fiefs qui en relevoient, la
politique, la vanité et la mode ne mirent alors
aucune borne à la libéralité des seigneurs. Au
défaut de terres, on donna en fief, dit un savant écrivain , « la gruerie des forêts, le droit
d'y chasser, une part dans le péage ou le roage
d'un lieu, le conduit ou escorte des marchands
venant aux foires, la justice dans le palais du
prince ou haut-seigneur, les places de change
dans celles des villes où il faisoit battre monnoie, les maisons et les loges des foires, les
maisons où étoient les étuves publiques, les
fours banaux des villes , enfin jusqu'aux es-
saims des abeilles qui pouvoient être trouvés
dans les forêts. Quelques seigneurs, *ajoute ailleurs M. Brussel*, s'avisèrent d'ériger en fief
l'affranchissement de certaines coutumes et la
cession de quelque droit ; c'est - à - dire , qu'ils
cédoient à quelqu'un le droit de lever à son profit l'impôt qu'ils s'étoient attribué. » Les seigneurs convertirent en fiefs les charges de leur
maison, établissement analogue aux anciennes
idées de vasselage qu'avoient fait naître les bénéfices de Charles - Martel. En armant un gentil-

homme chevalier , ils en firent leur homme ;
ils achetèrent même des vassaux , en donnant
une certaine somme d'argent , ou en payant une
pension annuelle. C'est ainsi , pour n'en citer
qu'un exemple , qu'Henri I , roi d'Angleterre,
donnoit en fief à Robert , comte de Flandre ,
une pension de quatre cents marcs d'argent.

Ces nouveaux fiefs étant créés par des con-
trats, des chartes ou des traités , les devoirs
n'en pouvoient jamais être équivoques ; et le
vassal étoit d'autant plus exact à les remplir ,
qu'il étoit très-facile à son seigneur de le punir
de sa félonie. Il n'étoit pas nécessaire de recourir aux formalités d'un jugement , d'assembler
ses vassaux , ni de s'exposer aux événemens toujours incertains de la guerre ; il ne falloit que
ne pas payer le terme échu d'une pension. Un
four banal , des étuves et des loges de marchands n'étoient pas des châteaux forts où un
vassal rebelle pût se défendre avec avantage.

L'inconsidération éternelle des François , jointe
à l'ignorance la plus profonde de leurs antiquités , leur persuada que ce qui se passoit sous
leurs yeux , étoit autant de coutumes qu'ils
avoient reçues de leurs premiers ancêtres. Pen-
sant que tous les fiefs avoient la même origine,
ils crurent qu'ils étoient tous tenus par reconnoissance aux mêmes devoirs. Cette erreur ap-

privoisa les esprits que le droit de guerre rendoit farouches. On se crut lié à son suzerain
par le bienfait qu'on en avoit reçu. On s'accoutuma peu à peu à la subordination féodale, on
en convint du moins quand on n'eut aucun
intérêt présent de la contester ; et à l'avénement de Louis-le-Gros à la couronne , les devoirs
auxquels les nouveaux fiefs furent assujettis ,
étoient déjà devenus une loi, ou, pour m'exprimer plus exactement, une coutume générale
du gouvernement féodal ; et elle n'étoit désa-
vouée par aucun seigneur.

REMARQUES ET PREUVES

DES

Observations sur l'Histoire de France.

LIVRE PREMIER.

CHAPITRE PREMIER.

(1) *REges ex nobilitate, duces ex virtute sumunt. Nec regibus infinita aut libera potestas ; et duces exemplo potius quam imperio, si prompti, si conspicui, si ante aciem agant, admiratione præsunt. Cæterum neque animadvertere, neque vincire, neque verberare quidem, nisi sacerdotibus permissum ; non quasi in pœnam nec ducis jussu, sed velut Deo imperante, quem adesse bellantibus credunt.* De Mor. Ger. C. 7. *De minoribus rebus principes consultant, de majoribus omnes ; ita tamen ut ea quoque quorum penes plebem arbitrium est, apud principes pertractentur... Mox rex vel principes, prout ætas cuique, prout nobilitas, prout decus bellorum, prout facundia est, audiuntur, autoritate suadendi magis, quam jubendi potestate. Si displicuit sententia, fremitu aspernantur :*

nantur : sin placuit, frameas concutiunt. Ibid. c. 11.

Nos monumens les plus anciens et les plus respectables disent la même chose. *Dictaverunt Salicam Legem Proceres ipsius gentis, qui tunc temporis apud eam erant rectores. Sunt autem electi de pluribus viris quatuor..... Qui per tres Mallos convenientes, omnes causarum origines sollicito discurrendo, tractantes de singulis judicium decreverunt hoc modo. Præf. Leg. Sal. Hoc decretum est apud regem et principes ejus et apud cunctum populum christianum qui infra regnum Merwengorum consistunt. Præf. Leg. Sal. Placuit atque convenit inter Francos et eorum Proceres, ut propter servandum inter se pacis studium, omnia incrementa veterum rixarum resecare deberent. Præf. Leg. Sal. Cum in Dei nomine nos omnes calendas Martias de quascumque conditiones una cum nostris optimatibus pertractavimus Decret. Childeberti circa annum* 595, *Art.* 1. *Pari conditione convenit calendas Martias omnibus nobis adunatis. Ibid. art.* 5. Les rois Mérovingiens ne donnoient aucun ordre particulier, aucun diplome, sans employer les formules suivantes : *Una cum nostris optimatibus : fidelibus pertractavimus. De consensu fidelium nostrorum. In nostra et Procerum nostrorum præsentia.* Voyez les ordonnances de ces princes, recueillies par M. Baluze, ou par dom Bouquet.

Tome I. X

(2) *Eo tempore multæ Ecclesiæ à Chlodovechi exercitu, deprædatæ sunt, quia erat ille adhuc fanaticis erroribus involutus. Igitur de quadam ecclesia urceum miræ magnitudinis ac pulchritudinis hostes abstulerant, cum reliquis ecclesiastici ministerii ornamentis. Episcopus autem ecclesiæ illius missos ad regem dirigit, poscens, ut si aliud de sacris vasis recipere non mereretur, saltem vel urceum ecclesiæ suæ reciperet. Hæc audiens Rex, ait Nuncio: sequere nos usque Suessiones, quia ibi cuncta quæ acquisita sunt, dividenda erunt, cumque mihi vas istud sors dederit, quæ papa poscit, adimpleam. Dehinc adveniens Suessiones, cuncto onere prædæ in medium posito, ait rex: Rogo vos, fortissimi Præliatores, ut saltem mihi vas istud, hoc enim de urceo supra memorato dicebat, extra partem concedere non abnuatis. Hæc rege dicente, illi quorum erat mens sanior, aiunt: omnia, gloriose rex, quæ cernimus tua sint; sed ac nos ipsi tuo sumus dominio subjugati, nunc quod tibi bene placitum videtur, facito : nullus enim potestati tuæ resistere valet. Cum illi hæc ita dixissent, unus levis, invidus ac facilis, cum magna voce, elevatam bipennem urceo impulit, dicens: nihil hic accipies, nisi quæ sors vera largitur. Ad hæc obstupefactis omnibus, rex injuriam suam patientiæ lenitate coercuit, acceptumque urceum nuncio ecclesiastico reddidit, servans*

abditum sub pectore vulnus ; transacto vero anno, jussit omnem cum armorum apparatu advenire Phalangem, ostensuram in campo Martis suorum armorum nitorem. Verum ubi cunctos circuire deliberat, venit ad urcei percussorem, cui ait : nullus tam inculta, ut tu, arma detulit : nam neque tibi hasta, neque gladius neque securis est utilis ; et adprehensam securim in terram dejecit. At ille cum paululum inclinatus fuisset ad colligendam eam, rex, elevatis manibus, securim suam capiti ejus defixit. Sic, inquit, tu apud Suessiones in urceo illo fecisti. Greg. Tur. l. 2. C. 27.

A travers la narration peu sensée de Grégoire de Tours, il est facile de saisir l'esprit du fait qu'il rapporte. Il est évident que Clovis n'avoit que sa part du butin, et que le sort en décidoit. Que signifient les paroles ridicules que l'historien met dans la bouche de ce prince ? *Sequere nos usque Suessiones, quia ibi cuncta quæ acquisita sunt, dividenda erunt. Cumque mihi vas istud sors dederit, quæ papa poscit, adimpleam.* Il n'y a qu'un escamoteur qui puisse ainsi répondre de la fortune. Le compliment de l'armée, tel que Grégoire de Tours le suppose, ne peut être vrai ; il n'a aucune analogie avec les mœurs publiques. On avoit dit à l'historien que l'armée avoit consenti à la demande de Clovis ; et là-dessus il imagine une réponse telle que l'auroient

faite des Gaulois, aussi accoutumés au gouvernement despotique que les François l'étoient à
la liberté. Il ne s'aperçoit pas qu'il est con-
tradictoire que l'armée parle en mercenaire, et
que Clovis attende un an pour se venger de
l'injure qu'il reçoit.

Je ne sais pourquoi M. le comte de Boulainvilliers dit que Clovis n'osa se saisir du vase,
et le laissa au soldat. C'est altérer la vérité,
et il n'en avoit pas besoin pour son système.
Le P. Daniel appelle cet événement une histo-
riette ; et c'est une preuve de son bon jugement.
M. l'abbé du Bos parle aussi de l'aventure du
vase de Soissons, dans son histoire critique de
l'établissement de la monarchie Françoise dans
les Gaules, liv. 3. Chap. 21. Voici de quelle
façon il traduit le discours de Clovis à son
armée. *Rogo vos et fortissimi prœliatores , ut
saltem mihi vas istud extra partem concedere non
abnuatis.* " Braves soldats , trouvez bon qu'avant
que de rien partager, je retire ce buire d'argent
de la masse, pour en disposer à mon plaisir. "
Quelle traduction ! Clovis n'osant pas punir le
soldat qui l'avoit offensé, en réclamant la coutume de la nation, il attend, dit M. l'abbé du
Bos, " une occasion où il peut se venger, non
point en particulier qui se livre au mouvement
impétueux d'une passion, mais en souverain qui

se fait justice d'un sujet insolent. " Cette réflexion n'est pas juste ; ce n'est point comme souverain que Clovis se fait justice d'un sujet insolent, puisqu'il déguise sa vengeance, en prenant le prétexte de punir le soldat pour sa négligence à tenir ses armes en bon état. Croira-t-on sans peine que la patience et la modération fussent alors des qualités fort estimées chez les François, et qu'il fût plus honnête pour un grand roi d'assassiner de sang froid un de ses soldats, que de le tuer par emportement? Je ne saurois penser, sur la parole de M. l'abbé du Bos, " qu'une si grande sagesse combla de gloire Clovis, et lui valut l'admiration de toutes les Gaules. "

CHAPITRE II.

(1) SI quis ingenuum Francum aut hominem barbarum occiderit qui Lege Salica vivit, fol. 200, culpabilis judicetur. Si quis eum occiderit qui in Truste dominica est, fol. 600, culpabilis judicetur. Si quis Romanum hominem convivam regis occiderit, fol. 300, culpabilis judicetur. Si Romanus homo possessor, id est, qui res in pago ubi commanet proprias possidet, occisus fuerit, is qui eum occidisse convincitur, fol. 100, culpa-

*bilis judicetur. Si quis Romanum Tributarium
occiderit, fol. 45, culpabilis judicetur. Leg. Sal.
Tit. 43. Si Romanus homo Francum expoliaverit,
fol. 62, culpabilis judicetur. Si vero Francus
Romanum expoliaverit, fol. 30, culpabilis judicetur. Ibid. Tit. 15. Si Romanus Francum ligaverit sine causa, fol. 30, culpabilis judicetur. Si
autem Francus Romanum ligaverit sine causa,
fol. 15, culpabilis judicetur. Ibid. Tit. 34, etc.*
Les lois Ripuaires établissent les mêmes proportions entre les François et les Gaulois, et
je n'en rapporte pas ici le texte, pour abréger.

Si ces autorités font voir avec quelle dureté
les vainqueurs traitèrent les vaincus, elles ne
prouvent pas moins que les Gaulois ne furent
pas réduits en servitude, puisqu'on trouve parmi
eux un ordre de citoyens, les convives du
roi, à qui la loi accorde une composition plus
considérable qu'aux François d'une condition
commune. Cent passages de Grégoire de Tours
attestent que des Gaulois furent élevés aux premières dignités de l'état, sous les rois Mérovingiens. Pourquoi Loyseau, dans son traité
des seigneuries, chap. 1. §. 55 et 69, prétend-il
donc que les Francs ôtèrent aux Gaulois l'u-
sage des armes, et en firent leurs esclaves ? M.
le comte de Boulainvilliers a bâti, sur cette
prétendue servitude, tout son système de notre

ancien gouvernement. Je réfuterai cette erreur dans les notes suivantes, en parlant des franchises de la nation Gauloise sous le gouvernement des François.

(2) M. l'abbé du Bos prétend, histoire critique, liv. 6. C. 14 et 15, que Clovis et ses successeurs eurent dans les Gaules les mêmes revenus dont les empereurs Romains y avoient joui ; qu'ils levèrent un tribut sur les terres, exigèrent une capitation, eurent des douanes, et que les François furent soumis, ainsi que les Gaulois, à toutes ces impositions. Il convient d'abord qu'aucun historien ne dit « expressément et distinctement que nos rois ont eu dans les Gaules les mêmes revenus dont jouissoient avant eux les empereurs Romains, mais, continue-t-il, c'est qu'il étoit inutile de dire ce que tout le monde voyoit ». J'abrège le style diffus de M. l'abbé du Bos. Il fonde son opinion sur ce qu'il est de droit commun que le vainqueur se mette à la place du vaincu. Quand, par exemple, ajoute M. l'abbé du Bos, on a dit que Louis XIV conquit en 1684 le duché de Luxembourg, c'est avoir dit suffisamment qu'il se mit en possession de tous les domaines, droits et revenus dont Charles II jouissoit avant la conquête. Je conviens du droit du vainqueur ; mais quel étoit

le vainqueur des Gaules ? Etoit-ce Clovis seul ,
ou la nation Françoise avec lui ? Qu'on en
juge par l'aventure du Vase de Soissons , et
par la forme même du gouvernement que les
François conservèrent dans les Gaules.

Mais si Louis XIV , au lieu d'avoir une administration à peu près pareille à celle de Charles II , avoit été le chef de quelque horde de
Tartares , M. l'abbé du Bos se persuaderoit-il
aisément que ce nouveau Clovis et ses soldats ,
en s'établissant dans le duché de Luxembourg ,
eussent été préparés à adopter subitement toutes les idées des Espagnols ? Je consens à cette
espèce de prodige ; quand les Luxembourgeois
vaincus n'auroient point changé de sort , comment le prince auroit-il osé dire à ses Tartares :
mes amis , voilà un peuple subjugué par nos
armes , qui me reconnoît pour son nouveau
souverain , et qui me payera désormais la taille ,
la capitation , etc. qu'il payoit à ses anciens
maîtres ? puisque votre victoire m'a mis à la
place de Charles II , il est raisonnable que tout
notre gouvernement prenne une nouvelle forme.
Enrichissez-vous des dépouilles des vaincus ,
mais songez désormais à me donner les mêmes
tributs que me donneront les Luxembourgeois.
Si le prince Tartare tenoit un pareil langage
après la victoire , est-il vraisemblable qu'il per-

suadât son armée ? mon général, lui répondroit-elle, nous ne comprenons rien à tout ce discours. Nous ne combattons pas pour vous, mais vous combattez à notre tête pour l'avantage commun. L'empire sur une province conquise nous appartient comme à vous ; et il seroit bizarre que nous fussions traités en vaincus, parce que nous sommes vainqueurs : nous conserverons ici nos anciennes coutumes, et nous y établirons notre gouvernement.

Les mœurs des François, leur attachement à leurs lois, leur administration politique, tout concourt à la fois à prouver qu'ils ne furent sujets à aucune sorte d'impôts. J'ajoute que les Gaulois jouirent du même avantage ; et c'est presque le démontrer, que de dire que la plupart d'entre eux négligèrent de se naturaliser François. Un peuple accoutumé au gouvernement despotique, peut bien ne pas désirer d'être libre ; mais un peuple vexé par des impositions aussi énormes que celles que levoient les empereurs Romains, saisira toujours les moyens de s'en délivrer. Cependant la plus grande partie des Gaulois continua à vivre sous la loi Romaine, tandis qu'il étoit permis aux étrangers de se faire François ; il falloit donc que les Gaulois ne fussent pas soumis à des charges plus considérables que les François mêmes.

, Tout le monde a entre les mains l'Esprit des lois. Je prie d'y lire, liv. 30, le chapitre treizième, intitulé : « Quelles étoient les charges des Romains et des Gaulois dans la monarchie des Francs. » M. le président de Montesquieu prouve très-bien qu'un état qui n'avoit point de besoins, ne levoit point d'impôts. En parlant des charges des hommes libres, qui étoient obligés d'aller à la guerre à leurs dépens, sous les ordres de leur comte, et de fournir des chevaux et des voitures aux envoyés du roi et aux ambassadeurs qui partoient de sa cour ou qui s'y rendoient ; je voudrois seulement, pour une plus grande exactitude, qu'il eût ajouté, sur l'autorité de la loi Ripuaire et de Marculfe, que les citoyens étoient tenus de loger et de défrayer ces envoyés à leur passage. *Si quis autem legatarium regis vel ad regem, seu in utilitatem regis pergentem hospitio suscipere contempserit, nisi emunitus regis hoc contradixerit, sexaginta solidis culpabilis judicetur, Leg. Rip. Tit.* 55. *Ille rex omnibus agentibus. Dum et nos in Dei nomine apostolicum virum illum nec-non et illustrem virum illum partibus illis legationis causâ direximus ; ideo jubemus, ut locis convenientibus, eisdem à vobis evectio simul et humanitas ministretur, hoc est veredos, seu paraveredos tantos, panis nitidi modios tantos, vini modios tantos, cerevisiæ*

modios tantos, lardi libras tantas, carnis libras tantas.
Je supprime tout ce détail qui peut être curieux,
mais il faut être court. *Hæc omnia diebus tam
ad ambulandum, quam ad nos, in Dei nomine,
revertendum, unusquisque vestrum locis consuetu-
dinariis, eisdem ministrare et adimplere procu-
retis.* Marc. for. II. liv. I.

La grande source de toutes les erreurs de M.
l'abbé du Bos, c'est d'avoir cru que les mots
Census et *tributum* signifient dans nos lois, et
dans nos historiens, la même chose qu'ils signifièrent chez les Romains, ou qu'ils signifient
aujourd'hui parmi nous. Il auroit dû soupçonner avec M. le président de Montesquieu, que
quand les François voulurent rédiger par écrit
leurs coutumes, et leur donner l'autorité de
lois, ils trouvèrent des difficultés à rendre leurs
idées par les expressions d'un peuple qui avoit
des usages tout différens. Ils se servirent des
mots latins qui avoient le plus de rapport aux
coutumes germaniques, et de nouvelles idées
furent attachées à ces mots. Voyez l'Esprit des
lois, L. 30, C. 14, intitulé : de ce qu'on appeloit *Census.*

*Si quis romanum hominem convivam regis occi-
derit, fol. 300, culpabilis judicetur. Si Romanus
homo possessor, id est, qui res in pago ubi commanet proprias possidet, occisus fuerit, is qui*

eum occidisse convincitur , fol. 100 , culpabilis judicetur. Si quis Romanum tributarium occiderit, fol. 45, culpabilis judicetur. L. S. tit. 43. Cette loi , que M. l'abbé du Bos ne pouvoit ignorer , fait connoître ce que les premiers François entendoient par les mots *census* et *tributum.* Si par *Romanum tributarium* , il faut entendre un Gaulois assujetti à payer un cens , une capitation , un tribut public, tout le système de M. l'abbé du Bos est renversé ; car il seroit certain que les Gaulois qui avoient l'honneur d'être admis à la table du roi , et ceux qui avoient des possessions, ne payoient pas ce sens ou ce tribut , puisque la loi se sert de cette qualité distinctive de *tributarium* , pour désigner un troisième ordre de Gaulois. En réfléchissant sur ce texte , M. l'abbé du Bos auroit vu que la loi parle ici des Gaulois , qui , étant libres par leur naissance , faisoient valoir à ferme les biens des propriétaires. Il en auroit conclu que les mots *census* et *tributum* ne signifient pas toujours un tribut public. Cette première découverte l'auroit rendu plus circonspect , et il n'auroit vu que des charges privées , économiques et domestiques dans la plupart des passages qu'il emploie pour prouver le paradoxe qu'il avance. Me permettra-t-on de le dire ? Il me semble qu'on ne peut lire l'ouvrage de M. l'abbé du Bos , sans être

convaincu qu'il avoit d'abord imaginé une histoire de France, et qu'ensuite il n'avoit lu nos
anciens monumens que pour y prendre ce qui
pouvoit favoriser ses opinions. Il cite rarement
les lois, et ne consulte que des historiens à
qui il est aisé, à la faveur d'un commentaire,
de faire dire tout ce qu'on veut.

M. le président de Montesquieu, L. 30, C.
15, dit que « ce qu'on appeloit census, ne se
levoit que sur les serfs, et non pas sur les
hommes libres. » Ce n'est pas s'exprimer avec
exactitude. On appeloit aussi du nom de census ou de tributum, toutes les charges ou redevances qu'un homme libre devoit acquitter.
M. de Montesquieu cite lui-même dans son ouvrage plusieurs capitulaires dans lesquels on
nomme census, les voitures que les hommes libres devoient fournir aux envoyés du roi.
Il y avoit aussi dans les Gaules des terres, dont
le possesseur étoit soumis à de certaines charges, ou payoit une rente; et c'est de ces charges ou de ces rentes, qu'il faut entendre ce que
dit Grégoire de Tours, en parlant de Théodebert et de Childebert. *Omne tributum quod fisco
suo ab ecclesiis in Arverno sitis reddebatur, clé-
menter indulsit. L. 3, C. 25. In supradicta vero
urbe Childebertus rex omne tributum tam ecclesiis quam monasteriis, vel reliquis Clericis, qui*

*ad ecclesiam pertinere videbantur, aut quicumque
ecclesiæ officium excolebant, larga pietate concessit.
L. 10. C. 7.* Une ordonnance de Clotaire II
nous apprend en quoi consistoient ces charges,
ou rentes, qui commencèrent à être en usage
à la naissance des seigneuries : « *Agraria, pas-
cuaria, vel decimas porcorum, ecclesiæ pro fidei
nostræ devotione concedimus. Cap de Baluze. T.
I. page 8.*

Quand les seigneuries furent devenues la coutume générale du royaume, on nomma des noms
de Cens ou de Tribut les redevances auxquelles les seigneurs assujettirent les hommes libres
de leurs terres. « *Ut de rebus unde census ad
partem regis exire solebat, si ad aliquam ecclesiam traditæ sunt, aut traduntur propriis hæredibus, aut qui eas retinuerit, vel censum illum
persolvat. Cap. 3, an. 812, art. 12. Quicumque
terram tributariam, unde tributum ad partem
nostram exire solebat, vel ad ecclesiam vel cuilibet alteri tradiderit, is qui eam susceperit, tributum quod inde solvebatur, omnimodo ad partem
nostram persolvat; nisi forte talem firmitatem de
parte dominica habeat per quam ipsum tributum
sibi perdonatum possit ostendere. Cap. 4. an. 819.
article 2.*

La plupart des lecteurs peu familiarisés avec
le jargon barbare de nos anciens monumens, et

peu instruits des différentes formes qu'a prises successivement le gouvernement des François , ont adopté d'autant plus aisément le sens dans lequel M. l'abbé du Bos entend les passages qu'il cite, que quelques-uns désignent en effet une imposition publique et fiscale , pareille à celles qui étoient en usage dans les Gaules sous le gouvernement des empereurs. *Chlothacharius rex indixerat , ut omnes ecclesiæ regni sui tertiam partem fructuum fisco dissolverent. Greg. Tur. L. 4. C. 2.* Qui doute en effet que les fils de Clovis, qui avoient autour d'eux plusieurs leudes gaulois d'origine, et instruits de l'administration romaine , n'aient essayé d'établir des impôts ? Ils y étoient invités par l'exemple des François, qui travailloient à se faire les uns sur les autres des droits nouveaux ; et le champ de Mars ne se tenant plus régulièrement , la porte étoit ouverte à toutes sortes d'abus. Il est sûr que Chilperic voulut lever une cruche de vin sur chaque arpent de vigne. *Chilpericus vero rex descriptiones novas et graves in omni regno uno fieri jussit.... Statutum enim fuerat ut possessor de propria terra unam amphoram vini per aripennem redderet ; sed et aliæ functiones infligebantur multæ tam de reliquis terris quam de mancipiis quod impleri non poterat.* Mais ces entreprises ne furent-elles pas regardées comme des nouveautés contraires au droit de la nation, et que le prince fut obligé d'abandonner ?

Le roi Chilperic, dit M. l'abbé du Bos, en traduisant ce passage de Grégoire de Tours, « ordonna que dans tous ses états il fût dressé une nouvelle description, et que les taxes y fussent ensuite imposées, sur un pied plus haut que celui sur lequel on s'étoit réglé dans les descriptions précédentes. » Cela ne s'appelle pas traduire, mais commenter un texte et en changer le sens. *Descriptiones novas* ne doit pas se traduire par une nouvelle description, mais par une description qui étoit une nouveauté. *Amphora* a-t-il jamais signifié un tonneau ? M. l'abbé du Bos n'a pas voulu traduire ce mot par ceux de cruche ou de bouteille, parce que la modicité de cette imposition auroit fait juger que ce devoit être une nouveauté, et non pas l'augmentation d'une ancienne taxe. En effet, ajoute M. l'abbé du Bos, en continuant de traduire à sa façon, « suivant le pied sur lequel on s'étoit réglé en assayant les taxes, en conséquence de la nouvelle description, celui qui possédoit une vigne en toute propriété, se trouvoit taxé à un tonneau de vin par arpent. »

En 815, Louis-le-Débonnaire accorda une charte aux Espagnols qui s'étoient réfugiés sur les terres de la domination Françoise, pour éviter

le

le joug des Sarrasins. *Sicut cæteri liberi homines ,*
cum comite suo in exercitum pergant , et in marcha
nostra juxta rationabilem ejusdem comitis ordina-
tionem atque admonitionem , explorationes et ex-
cubias , quod usitato vocabulo wactas dicunt , fa-
cere non negligant , et missis nostris aut filii nostri ,
quos pro rerum opportunitate , illas in partes mi-
serimus , aut legatis , qui de partibus Hispaniæ ad
nos transmissi fuerint , paratas faciant , et ad
subventionem eorum veredos donent. Alius verò
census ab eis neque a comite , neque a junioribus
et ministerialibus ejus exigatur.

Voilà qui est décisif ; on voit par cette charte
à quelles charges les hommes libres , soit François ,
soit étrangers , étoient assujettis. Il est donc
évident que sous le règne de Louis-le-Débonnaire,
on ne levoit aucune imposition publique ou
fiscale , quoique les comtes et les officiers subalternes de leurs gouvernemens cherchassent à
établir de nouveaux droits. Si les rois Mérovingiens avoient eu les revenus que leur donne
M. l'abbé du Bos , par quelle aventure leurs
successeurs les auroient-ils perdus ? Seroit-il aisé,
en parcourant notre histoire, de trouver l'époque
de la suppression des impôts ? Seroit-ce quand
la maison de Pepin monta sur le trône ? Non,
sans doute. Car les lois de ce prince et celle
de Charlemagne nous avertissent qu'ils ne renon-

cèrent qu'aux droits nouveaux et équivoques,
qui avoient été établis sous la régence des derniers Mérovingiens.

*Ut illi Franci qui censum de suo capite vel de
suis rebus ad partem Regiam debent, sine nostra
licentia ad casam Dei vel ad alterius cujuscumque
servitium se non tradant. Edict. Pist. art.* 28. Par
censum de suo capite, M. l'abbé du Bos entend
la capitation, et par *illi Franci*, les François
qui n'avoient pas obtenu une exemption particulière du prince. M. le président de Montesquieu
entend au contraire les hommes serfs de naissance, qui avoient été affranchis par des lettres
du roi, et qui n'acquérant pas ordinairement
une entière et pleine liberté, payoient encore
une certaine redevance au prince; et c'est ce que
Marculfe L. 2. Form. 32. appelle *libertinitatis
obsequium*. L'un n'établit son explication sur
aucun titre, il devine et arrange les faits à son
gré, ou suppose éternellement ce qui est en
question. L'autre apporte des autorités, cite les
formules de Marculfe, les capitulaires de Charlemagne, et l'édit même de Pistes, qui favorise,
ou plutôt qui démontre la vérité de son sentiment.

Pour prouver l'existence des douanes, M.
l'abbé du Bos cite d'abord une charte de Charles-
le-Chauve en faveur de l'abbaye de St Maur;
et l'on voit en effet par cette pièce qu'on exigeoit

dans des bureaux différens droits. Chacun avoit son nom particulier, « droit de rivage, de charroi, de pont, d'heureux abord, etc. Il n'y a point d'apparence », dit notre critique, après cette énumération, « que tous ces droits eussent été établis sous la seconde ni même sous la première race. Tant d'impositions différentes sur les mêmes choses ne paroissent pas l'ouvrage d'une nation barbare » ; et de là il conclud qu'il faut qu'elles aient été imaginées et créées dans le temps des empereurs.

Je l'avoue, on ne s'attend point à un pareil raisonnement. Il est assez singulier que M. l'abbé du Bos prétende que les François comprirent, en entrant dans les Gaules, tout le détail embarassé et compliqué des douanes Romaines, et furent assez habiles pour conserver cet établissement précieux qu'il regarde comme la preuve de la politesse et des lumiéres des Romains ; et qu'il soutienne en même temps que ces François établis depuis trois siècles et demi dans leurs conquêtes, et qui avoient eu mille occasions et mille moyens de s'instruire des finances Romaines, ne devoient pas être assez éclairés pour établir des bureaux de douanes et y percevoir cinq ou six sortes de droits, ou un même impôt sous cinq ou six noms différens. En vérité de pareils paradoxes ne méritent pas une réfutation sérieuse.

Pour faire ce que M. l'abbé du Bos juge impossible, Il suffisoit que les François fussent avares; et l'avarice a sans doute produit en peu d'années des choses bien plus extraordinaires que l'invention de cinq ou six noms pour faire une maltote misérable.

Je pourrois prouver qu'il est très-vraisemblable que Clovis ne trouva aucun bureau de douanes dans les provinces qu'il conquit. Mais il faut finir cette remarque; et je me borne à dire que cette imposition ne fut point connue des premiers François, et que M. l'abbé du Bos n'a pas mieux entendu le mot de *Teloneum* que ceux de *Census* et de *Tributum*. *Teloneum* ne signifie pas dans nos anciens monumens une douane, mais un péage. Les droits qu'on y payoit, n'étoient point une imposition publique et fiscale; des seigneurs les avoient établis dans l'étendue de leurs terres, sous prétexte des dépenses nécessaires pour entretenir les chemins, et réparer les ponts et les chaussées. On n'en doutera pas après avoir lu les deux autorités suivantes, auxquelles j'en pourrois joindre mille autres. *De Teloneis placet nobis ut antiqua et justa Telonea a negociatoribus exigantur, tam de pontibus, quamque et de navigiis seu mercatis; nova vero sive injusta, vel ubi funes tendentur, vel cum navibus sub Pontibus transitur, seu his similia, in quibus nullum ad-*

jutorium iterantibus præstatur, ut non exigantur.
Capit. 2, an. 805, art. 13. *Ut nullus cogatur*
ad pontem ire ad fluvium transeundum propter
Telonei causas, quando ille in alio loco compen-
diosius illud flumen transire potest. Similiter et in
pleno campo, ubi nec pons nec trajectus est, ibi
omni modo præcipimus ut non Teloneum exigatur.
L. Capit. 3, art. 54.

Le roi avoit quelques-uns de ces péages dans
ses domaines, mais les seigneurs particuliers en
possédoient aussi, et c'étoient des biens propres
et domestiques : je le prouve par deux autorités
auxquelles on ne peut rien opposer. *Si forte*
quilibet voluerit ex propriis facultatibus eumdem
pontem emendare vel reficere, quamvis de suis
propriis rebus eumdem pontem emendet vel reficiat,
non tamen de eodem ponte majorem censum exigere
præsumat, nisi sicut consuetudo fuit et justum
esse dignoscitur. Capit. an. 821. art. 3. *De pon-*
tibus restaurandis, videlicet ut secundum capitu-
laria avi et patris sui, ubi antiquitus fuerunt,
reficiantur ab his qui illos honores tenent, de quibus
ante pontes facti vel restaurati fuerunt. Capit.
an. 854. art. 4.

(3) Il est visible, dit M. le président de
Montesquieu, L. 30, C. 13. " que les revenus des
rois consistoient alors dans leurs domaines; " et
il ajoute dans une note : " ils levoient encore

quelques droits sur les rivières, lorsqu'il y avoit un pont ou un passage. » Cela n'est pas exact : 1°. tous les péages, comme on l'a vu dans la remarque précédente, n'appartenoient pas au roi, et il est très-vraisemblable qu'on n'en connut l'usage qu'après l'établissement des seigneuries ; 2°. les Mérovingiens avoient plusieurs autres branches de revenu ; je vais les faire connoître, en rapportant les textes qui les établissent.

Si quis legibus in utilitatem regis, sive in hoste, seu in reliquam utilitatem bannitus fuerit, et minime adimpleverit, si ægritudo eum non detinuerit sexaginta solidis mulctetur. Leg. Rip. Tit. 65. Un homme ajourné devant la justice du roi, perdoit tous ses biens, s'il n'obéissoit pas : *Omnes res suæ erunt in fisco, aut cui fiscus dare voluerit. Leg. Sal. Tit. 59. Si quis homo regi infidelis extiterit, de vita componat, et omnes res ejus fisco censeantur. Leg. Rip. Tit. 69. Si quis autem proximum sanguinis interfecerit, vel incestum commiserit, exilium sustineat, et omnes res ejus fisco censeantur. Ibid. Si alicujus pater occisus fuerit, medietatem compositionis filii colligent, aliam medietatem parentes qui proximiores fuerint tam de paterna quam de materna generatione dividant. Quod si de una parte vel paterna vel materna nullus proximus fuerit, portio illa ad fiscum perveniat, vel cui fiscus concesserit. Leg. Sal. Tit.*

65. *Si quis de parentilla tollere se voluerit , si autem ille occiditur vel moritur , compositio aut hæreditas ejus non ad hæredes ejus , sed ad fiscum pertineat , aut cui fiscus dare voluerit. Ibid. Tit. 63. Si autem homo denariatus* (homme affranchi en présence du roi) *absque liberis discesserit , non alium nisi fiscum nostrum hæredem relinquat. Leg. Rip. Tit. 57. Si quis servum suum libertum fecerit et civem Romanum , portasque apertas conscripserit , si sine liberis discesserit , non alium nisi fiscum nostrum habeat hæredem. Ibid. Tit. 61.*

La branche la plus considérable des revenus du prince consistoit en ce qu'on appeloit *Fredus* ou *Fredum*. Ce *Frede* étoit une espèce de taxe que tout homme condamné à payer une composition donnoit au juge ; cette taxe étoit la trosième partie de la composition même ; par exemple , un François qui payoit une composition de 30 sous à une personne qu'il avoit offensée , devoit un frede de 10 sous au juge , qui de son côté en rendoit la troisième partie au roi ; *tertiam partem coram testibus fisco tribuat. Leg. Rip. Tit. 89.* Il faut encore ajouter à tous ces droits , les dons que les grands faisoient au prince , en se rendant à l'assemblée du champ de Mars. C'est une coutume que les François apportèrent de Germanie ; ces dons libres dans leur origine et présentés comme une marque de respect, devinrent dans la suite des tributs forcés. *Bona vero tua*, écrivoit Charlemagne à Fulrad, *quæ ad placitum nostrum nobis præsentare debes, nobis mense Maio transmitte ad locum ubicumque tunc fuerimus.* Recueil des hist. de France, par D. Bouquet. T. 5, p. 633.

(4) Je ne fais ici une remarque que pour réfuter M. l'abbé du Bos, qui prétend, L. 6, C. 12, que les cités des Gaules avoient droit de guerre les unes contre les autres, sous les rois Mérovingiens.

Grégoire de Tours rapporte qu'après la mort de Chilperic, les habitans de la cité d'Orléans et du Blésois entrèrent à main armée dans le Dunois, ravagèrent le plat pays, et rapportèrent chez eux beaucoup de butin ; mais que ceux du Dunois, avec le secours de quelques-uns de leurs voisins, se vengèrent de cette violence, en entrant à leur tour sur le territoire d'Orléans et de Blois. Les comtes d'Orléans et de Chartres réussirent à calmer les esprits irrités. On convint que le parti qui seroit jugé avoir tort, donneroit satisfaction à l'autre, et la tranquillité fut rétablie. *Cum adhuc inter se jurgia commoventes desævirent, et Aurelianenses contra hos arma concuterent, intercedentibus Comitibus pax usque in audientiam data est, scilicet ut in die quo judicium erat futurum, pars quæ contra*

partem injuste exarserat, justitia mediante, com-
poneret; et sic a bello cessatum est. L. 7, C. 22.

Voilà le texte de Grégoire de Tours, voici
la traduction de M. l'abbé du Bos. « Cette guerre
auroit eu de longues suites, si le comte de la
cité de Chartres et le comte de la cité d'Orléans ne se fussent pas entremis, et s'ils n'eussent fait convenir les deux partis, premièrement
d'une cessation d'armes durable jusqu'à ce qu'on
eût prononcé sur les prétentions réciproques,
et secondement d'un compromis qui obligeroit
celui des deux partis qui seroit jugé avoir eu
tort, à indemniser l'autre du ravage fait sur
son territoire. C'est ainsi que finit la guerre. »

Avec cette liberté de rendre un auteur, est-
il surprenant qu'on lui fasse dire tout ce qu'on
veut? Grégoire de Tours introduit sur la scène
les comtes d'Orléans et de Chartres, comme
des juges : *pax usque in audientiam, judicium*
erat futurum, justitia mediante, componeret, toutes ces expressions n'annoncent-elles pas clairement un procédé judiciaire? Cependant M. l'abbé
du Bos, qui jugeoit à propos d'accorder aux
Gaulois le droit de guerre, représente ces deux
comtes comme deux médiateurs qui interposent
leurs bons offices, ainsi que feroit un prince
entre deux puissances indépendantes.

On observera, dit M. l'abbé du Bos, « qu'il

faut que ces voies de fait ne fussent point réputées alors ce qu'elles seroient réputées aujour-
d'hui, je veux dire, une infraction de la paix
publique et un crime d'état ; puisque le compromis ne portoit pas que ce seroit celui qui avoit
commis les premières hostilités, qui donneroit
satisfaction au lésé, mais bien celui qui se
seroit trouvé avoir une mauvaise cause. Il pouvoit arriver que par la sentence du roi, ou par
le jugement arbitral des comtes, il fût statué
qu'au fond c'étoit la cité d'Orléans et le canton
de Blois qui avoient raison, et qu'ainsi ils reçus-
sent une satisfaction de ceux qui avoient souffert les premières violences. »

Conclure de là que les cités des Gaules avoient
droit de se faire la guerre, c'est, je crois, se
décider un peu légérement. J'inviterois M. l'abbé
du Bos à se mettre à la place des comtes d'Orléans et de Chartres. N'auroit-il pas été le plus
imprudent des négociateurs, si, pour calmer les
esprits, il se fût avancé entre les deux partis
ennemis, en promettant de punir ceux qui avoient
commis les premières hostilités, et de les obliger à donner aux autres une composition ? On
n'auroit pas écouté M. l'abbé du Bos. Les Or-
léanois et ceux du Blésois auroient refusé de
poser les armes ; car il n'étoit pas douteux qu'en
qualité d'agresseurs, le châtiment ne dût tom-

ber sur eux. Il eût fallu les accabler par la force, et c'eût été attiser le feu qu'on vouloit éteindre. Il me semble que les comtes d'Orléans et de Chartres n'ayant point de troupes réglées à leurs ordres, pour se faire obéir des mutins, s'y prirent en personnes de bon sens. Il étoit sage de paroître ne pas faire attention aux premières hostilités, et de remonter aux principes mêmes de la querelle, chaque parti se flattant de n'avoir fait que ce qu'il avoit eu raison de faire.

Il faut encore entendre M. l'abbé du Bos. « Il paroît, *ajoute-t-il*, en lisant avec réflexion l'histoire de ce qui s'est passé dans les Gaules, sous les empereurs Romains et sous les rois Mérovingiens, que chaque cité y croyoit avoir le droit des armes contre les autres cités, en cas de deni de justice. Cette opinion pouvoit être fondée sur ce que Rome ne leur avoit point imposé le joug à titre de maître, mais à titre d'allié. Les termes d'*amicitia* et de *fœdus* dont Rome se servoit en parlant de la sujétion de plusieurs cités des Gaules, auront fait croire à ces cités qu'elles conservoient encore quelques-uns des droits de la souveraineté, et qu'elles en pouvoient user du moins contre leurs égaux, c'est-à-dire, contre les cités voisines. Rome, qui n'avoit pas trop d'intérêt à les tenir unies, leur aura laissé croire ce qu'elles vouloient et

aura même toléré qu'elles agissent quelquefois
conformément à leur idée. Cette idée flatteuse
pour des peuples aussi légers que belliqueux,
se sera conservée dans les cités des Gaules,
sous les rois Mérovingiens, comme elle s'étoit
conservée sous les Césars leurs prédécesseurs. »

La plus légère connoissance de la politique
des Romains suffit pour juger des raisonnemens
de M. l'abbé du Bos, toujours prêt à défendre
une erreur par une autre erreur. Qui ignore
que la république Romaine regardoit ses amis
comme ses sujets, et que plus jalouse du droit
de guerre que de tout le reste, elle ne permettoit pas à ses alliés d'en jouir ? Sa conduite
fut constante à cet égard. C'est avec les mots
d'*amicitia* et de *fœdus*, que les Romains appri-
voisèrent les vaincus, et les façonnèrent à l'o-
béissance la plus entière. Quand ils voulurent
enfin régner despotiquement sur les nations, et
que leurs conquêtes gouvernées par des prê-
teurs furent changées en provinces Romaines,
par quelle monstrueuse inconséquence auroient-
ils rendu le droit de guerre à des sujets à qui
ils ôtoient leurs lois et leurs magistrats ? On
ménagea d'abord les Gaules, mais ces ménagemens firent bientôt place à la tyrannie. Je ne
devine point les raisons qui ont porté M. l'abbé
du Bos à dire que les Gaules se croyoient libres,

sous les empereurs. Quelles heureuses anecdotes avoit-il entre les mains ? Les faits les plus connus, et qu'il est impossible de révoquer en doute, nous prouvent que les Gaules devoient se regarder comme esclaves, sous le gouvernement des successeurs d'Auguste.

Voici encore un raisonnement de M. l'abbé du Bos. « La nation des Francs, qui n'étoit pas bien nombreuse, et qui cependant avoit à tenir en sujétion un pays fort étendu, et dont les habitans sont naturellement belliqueux, ne voyoit peut-être pas avec beaucoup de peine les Gaulois prendre les armes contre les Gaulois ; leurs dissentions et leurs querelles faisoient sa sureté. » Voilà, je crois, la première fois qu'on ait regardé le droit de guerre dans les sujets, comme un moyen de les rendre dociles et obéissans. Des jalousies entre différentes provinces d'un état, des haines entre les différens ordres des citoyens, peuvent être utiles à l'autorité d'un prince ; mais qui ne comprend pas que si ces jalousies et ces haines dégénèrent en guerres ouvertes, le pouvoir du prince s'évanouit ?

(5) *Hoc autem constituimus ut infra pagum tàm Franci, Burgundiones, Alamanni, seu de quacumque natione commoratus fuerit, in judicio interpellatus, sicut lex loci continet, ubi natus*

fuerit, sic respondeat. Leg. Rip. tit. 31. Cette
expression, *sicut lex loci continet*, pourroit faire
croire que chaque nation habitoit des cantons à
part, et qu'il y avoit des lois locales; on se
tromperoit : par le mot *loci*, il faut entendre la
maison, la famille, et non pas le pays; car il
est prouvé que les différentes nations dont l'empire François étoit composé, habitèrent pèle-
mêle les mêmes contrées, les mêmes villes,
les mêmes bourgs. Dans la formule 8 du liv. 1
de Marculfe, qui est intitulée, *charta de Du-*
catu, Patritiatu vel Comitatu, il est dit : *Om-*
nes populi ubi commanentes tam Franci, Romani,
Burgundiones, vel reliquæ nationes, sub tuo regi-
mine et gubernatione degant et moderantur, et
eos recto tramite secundum legem et consuetudinem
eorum regas. J'ajouterai ici une autorité décisive
pour prouver que les Gaulois conservèrent les
lois Romaines. *Inter Romanos negotia causarum*
Romanis legibus præcipimus terminari. Ord.
Chlot. II. Art. 4.

Les ducs, les comtes et leurs vicaires étoient
assistés dans leurs tribunaux de sept assesseurs.
Tunc Grafio congreget secum septem Raginbur-
gios idoneos. Leg. Sal. tit. 52. Voyez encore
tout le titre 60 de la même loi, et le titre 32
de la loi Ripuaire. Les autorités que je vais
rapporter, prouveront clairement que ces rachin-

bourgs scabins ou assesseurs, étoient juges et choisis par le peuple. *Si quis ad mallum venire contempserit, et quod ei à Raginburgiis judicatum fuerit, implere distulerit, etc.* Leg. Sal. tit. 59. *Quindecim solidis mulctetur similiter et ille qui Raginburgiis non adquieverit.* Leg. Rip. tit. 55. *Postquam scabini eum judicaverint, non est licentia comitis vel vicarii ei vitam concedere.* Cap. 2, an. 813. art. 13. *Ut missi nostri ubicumque malos scabineos inveniunt, ejiciant, et totius populi consensu in loco eorum bonos eligant.* Cap. an. 829. *nullus causas audire præsumat, nisi qui a duce per conventionem populi Judex constitutus est ut causas judicet.* Leg. Alam. tit. 14.

Malgré les passages qu'on vient de lire, et qui sans doute n'étoient pas inconnus à M. l'abbé du Bos, comment a-t-il pu soutenir que les Gaulois avoient un sénat pour les juger, et n'étoient point soumis à la juridiction des magistrats François? Pour détruire ces sénats de M. l'abbé du Bos, je devrois peut-être me contenter de renvoyer més lecteurs au Glossaire de M. Du Cange, au mot *Senatus*. Ce savant homme y prouve d'une manière à ne laisser aucun doute, que les sénats des Gaulois ne subsistoient plus depuis long-temps, lorsque les François firent la conquête des Gaules. " Dans chaque cité, *dit M. l'abbé du Bos, L. 6, C. 11,* le sénat étoit du moins consulté par les officiers du prince, sur les matières importantes, comme étoit l'imposition des subsides extraordinaires. C'étoit encore lui qui, sous la direction des officiers du prince, rendoit ou faisoit rendre la justice aux citoyens, et qui prêtoit la main à ceux qui faisoient le recouvrement des deniers publics. » Quelle pièce secrète a appris à cet écrivain ce que tout le monde ignore ? Comment peut-il ajuster le pouvoir qu'il accorde à ses sénats de délibérer sur les affaires importantes, avec la puissance despotique qu'il attribue aux rois Mérovingiens, dont la volonté décide sans règle de la fortune et de la vie des sujets ? ...

J'ai prouvé dans une remarque précédente, qu'il n'y avoit chez les François, ni imposition ordinaire sur les biens et sur les personnes, ni subside extraordinaire ; on n'avoit donc pas besoin que des sénats Gaulois prêtassent main-forte aux collecteurs des impôts. Nous avons quelques ordonnances des Mérovingiens, et les capitulaires de Charlemagne et de Louis-le-Débonnaire, qui règlent les devoirs, les fonctions et les droits de tous les magistrats, depuis les envoyés royaux jusqu'aux rachinbourgs ; pourquoi ne prescrivent-ils aucune règle aux sénats des Gaulois ? Pourquoi gardent-ils un profond silence

silence à cet égard ? Ces compagnies incorruptibles au milieu de la corruption la plus complète, n'auroient-elles eu besoin d'aucune réforme ? N'auroient-elles point voulu étendre leur juridiction ? Les comtes et les ducs n'auroient-ils jamais été tentés de la diminuer ?

Tout écrivain moins intrépide que M. l'abbé du Bos, se sentiroit confondu par ce silence. Mais Grégoire de Tours, dit-il, « donne la qualité de sénateurs de la cité d'Auvergne, à des hommes qu'il a pu voir, et dont quelques-uns pouvoient être nés depuis la mort de Clovis. » J'ouvre Grégoire de Tours, et je lis, liv. 3, chap. 9. *Arcadius, unus ex senatoribus Arvernis, Childebertum invitat ut regionem illam deberet accipere.* Doit-on traduire *unus ex senatoribus Arvernis*, par un sénateur du sénat d'Auvergne ? Ce n'est pas le sentiment de M. de Valois, qui dit, liv. 7, de son histoire, *Theodoricus et Childebertus, Francorum reges, fœdus inierunt, et pace jurejurando firmata, multos senatorum, hoc est procerum Gallorum, filios obsides inter sese dederunt.* Ce n'étoit pas le sentiment de M. Du Cange ; *nobiles ipsi*, dit-il, *senatores appellantur apud eundem Gregorium Turonensem. Gloss.* Au mot *senator.* Grégoire de Tours avertit lui-même. liv. 10, ch. 31, dans quel sens il faut entendre le mot *senator ;* et ce qu'il y a de plus extraor-

Tome I. Z

dinaire, M. l'abbé du Bos cite ce passage, liv. *6*, ch. 10, sans profiter de l'avis. Grégoire de Tours donnant le catalogue chronologique des évêques de son église, dit : *Duodecimus Ommatius de se-* *natoribus civibusque Arvernis valde dives in præ-* *diis. . . . Quartus decimus Francilio de senatoribus* *ordinatur Episcopus . . . Octavus decimus Eufronius* *ex genere illo quod superius senatorium nuncu-* *pavimus.* Donc par le mot *senator*, on doit en-tendre, avec M. de Valois et M. Du Cange, la naissance, et non pas une dignité personnelle, ou une magistrature.

(6) Le P. Daniel, en copiant plusieurs de nos écrivains modernes, veut que Pepin ait ouvert le premier aux évêques l'entrée des as-semblées de la nation. « Je doute fort ; dit - il dans la vie de Thiéri II, qu'avant ce temps-là, le règne de Pepin, les évêques eussent ce pri-vilège, au moins de la manière et dans l'étendue qu'ils l'eurent depuis ; il est certain qu'ils ne l'avoient point, suivant le premier plan du gou-vernement de la monarchie dans les Gaules. Les évêques n'étoient pas alors François, mais tous Gaulois ou d'autre nation que la Françoise. Ce fut, ajoute-t-il, une nouvelle adresse de Pepin pour s'attacher le corps ecclésiastique, qui avoit beaucoup de crédit sur les peuples. »

Je suis surpris que le P. Daniel n'ait pas vu

dans nos lois , et sur-tout dans nos historiens , qu'il connoissoit davantage , le contraire de ce qu'il avance ici. Ces autorités ne sont pas équivoques , il suffit de les présenter simplement au lecteur , pour le mettre à portée de juger : en voici quelques-unes.

On a vu dans la première remarque de ce chapitre , que la composition pour le meurtre d'un François libre , étoit de 200 sols , et de 600 pour celui d'un Leude ou fidelle. Pour le meurtre d'un évêque , elle étoit de 900 sols : *Si quis Diaconum interfecerit , sol. 300 culpabilis judicetur. Si quis presbyterum interfecerit , sol. 600 culpabilis judicetur. Si quis Episcopum interfecerit sol. 900 culpabilis judicetur.* Leg. Sal. Tit. 58. *Si quis subdiaconum interfecerit , sol. 400 componat. Si quis diaconum interfecerit , 500 sol. componat. Si quis presbyterum ingenuum interfecerit , 600 sol. componat. Si quis Episcopum interfecerit , 900 sol. componat.* Leg. Rip. Tit. 36. Voilà la prééminence du clergé bien établie ; car il faut remarquer avec M. le président de Montesquieu , que la différence des compositions est la règle du rang différent que chaque citoyen tenoit dans l'état. Il faut conclure de ces dispositions des lois. Saliques et Ripuaires , que les évêques avoient dans les Gaules soumises aux François , un rang supérieur à celui des Leudes mêmes , et que s'ils entroient dans les assemblées de la nation, ils y occupoient la première place.

Dans le préambule de la loi Salique, corrigée sous le règne de Clotaire II, il est dit : *Temporibus Chlotarii regis una-cum principibus suis, id sunt 33 Episcopis, et 34 ducibus et 79 comitibus, vel cætero populo constituta est.* Voilà certainement une assemblée de la nation ou du champ de Mars ; non-seulement les évêques y sont nommés comme présens, mais ils y sont nommés avant les ducs et les comtes. Si le P. Daniel y avoit fait attention, il auroit jugé que l'épiscopat étoit une sorte de naturalisation qui rendoit les évêques susceptibles de toutes les fonctions politiques du gouvernement. Dès la naissance de la monarchie dans les Gaules, on les voit constamment participer aux plus grandes affaires. Voyez les canons du Concile tenu à Orléans, en 511 ; et dans le recueil des historiens de France, par dom Bouquet, T. 4, p. 54, une lettre circulaire de Clovis aux évêques. Ces deux pièces sont très-propres à faire connoître le crédit que les évêques avoient dès lors dans le gouvernement, et avec combien d'attention on les ménageoit pour se les rendre favorables.

Mediantibus sacerdotibus atque proceribus, est-il dit dans le traité passé entre Gontran, Childebert II et la reine Brunehaud ; voyez Grégoire de Tours, L. 9, C. 20. L'édit ou constitution, en date de l'an 615, et porté par Clotaire II dans l'assemblée qui se tint à Paris pour la réformation du gouvernement, me fournit encore une preuve, s'il est possible, plus forte. *Quicumque vero hanc deliberationem, quam cum Pontificibus, vel cum magnis viris optimatibus, aut fidelibus nostris, in synodali concilio instituimus, temerare præsumpserit in ipsum, capitali sententia judicetur. Art.* 24.

Il y a grande apparence que le P. Daniel, qui vouloit faire peu d'usage des lois, les a peu lues ; mais il auroit dû voir dans Grégoire de Tours les passages suivans. *Mane autem concurrentibus legatis (Gunthramni et Chilperici) pacem fecerunt pollicentes alterutro, ut quidquid sacerdotes vel seniores populi judicarent, pars parti componeret. L. 6, C.* 31. *Cum autem intentio inter regem Gunthramnum et Chilpericum verteretur, Gunthramnus rex apud Parisios omnes episcopos regni sui congregavit, ut inter utrosque quod haberet edicerent. L.* 4, *C.* 48. *Postea vero convocatis episcopis et majoribus natu laicorum, duces discutere cœpit. L.* 8, *C.* 30.

Pourquoi le P. Daniel prétend-il que, suivant le premier plan de notre gouvernement, les évêques ne devoient pas entrer dans les assemblées de la nation, et n'avoient aucune part à l'administration publique ; puisqu'il est prouvé que

dans l'absence du roi , ils faisoient les fonctions
de cette cour supérieure de justice où le prince
présidoit , et à laquelle on portoit , par appel , les
sentences des ducs et des comtes , pour les con-
firmer ou les casser ? *Si judex aliquem contra
legem injuste damnaverit , in nostri absentia , ab
episcopis castigetur , ut quid perpere judicavit ,
versatim melius discussione habita emendare pro-
curet. Const. Chlot. Reg.* A ces autorités j'en
pourrois facilement joindre mille autres. Mais
parce que le P. Daniel s'est trompé , il ne seroit
pas juste d'en punir mon lecteur , en l'ennuyant
par des preuves superflues.

(7) Dans les différens manuscrits de la loi
salique qui sont parvenus jusqu'à nous , on
trouve deux leçons différentes d'un passage important du Titre 45. L'une dit : *Si quis ingenuus
francum aut hominem barbarum occiderit qui lege
salica vivit , sol. 200 culpabilis judicetur.* L'autre
leçon dit: *Si quis ingenuus francum aut barbarum ,
aut hominem occiderit qui lege salica vivit , fol.
200 culpabilis judicetur.* Le premier texte , n'associant au privilège des François que les barbares ou peuples Germaniques , semble indiquer
qu'eux seuls avoient le droit de vivre sous la
loi salique , c'est-à-dire , de se naturaliser François. Le second paroît étendre cette prérogative
jusqu'aux Gaulois mêmes ; car par le mot *homi-*

nem, il faut nécessairement entendre un Gaulois, parce que tout homme qui habitoit les terres de la domination françoise, devoit être nécessairement François, Barbare ou Gaulois.

J'ai conjecturé que la première leçon nous offre la loi telle qu'on la publia d'abord ; et que nous la lisons dans la seconde leçon, telle qu'elle fut corrigée sous un des fils de Clovis. J'ai conclu de cette conjecture que les Gaulois n'avoient pas d'abord partagé avec les Barbares le privilège de se naturaliser François. Cette opinion m'a paru d'autant plus vraisemblable, qu'il n'est pas permis de douter que les peuples germaniques, croyant avoir une origine commune, n'eussent les uns pour les autres plus de considération qu'ils n'en montroient aux habitans naturels des provinces romaines ; nos lois mêmes nous en fournissent la preuve la plus complète. *Si quis Ripuarius advenam Francum interfecerit, 200 sol. culpabilis judicetur. Si adveniam Burgundionem interfecerit, 160 sol. culpabilis judicetur. Si interfecerit advenam Romanum, 100 sol. culpabilis judicetur. Si interfecerit advenam Alamannum seu Fresionem, vel Bajuvarium aut Saxonem, 160 sol. culpabilis judicetur. Lex. Rip. Tit. 35.*

Si on m'objecte que cette différence que j'ai remarquée dans les deux textes de la loi salique

n'est qu'une erreur de copiste ; je répondrai que
les lois de la critique ne permettent qu'à la dernière extrémité d'avoir recours à un pareil soupçon. On ne doit supposer une erreur de copiste
que quand un texte est inintelligible , qu'il se
contredit lui-même , ou qu'il est combattu par
des autorités graves. Je ne m'arrêterai pas davantage sur cette matière ; il est dans le fond assez
indifférent que les Gaulois aient eu , quelques
années plutôt ou quelques années plus tard , le
privilège de se naturaliser François ; il suffit de
savoir qu'ils en jouirent. Pour le remarquer en
passant , que devient tout le système de Loyseau
et de M. le comte de Boulainvilliers , dès qu'il
est prouvé que les Gaulois purent vivre sous
la loi salique ?

CHAPITRE III.

(1) IL n'est pas nécessaire que je m'étende
à donner les preuves de cette première révolution , tous nos historiens convenant que le champ
de Mars ne fut plus convoqué régulièrement
sous les petits-fils de Clovis. Etablir l'époque
fixe où il fut assemblé pour la dernière fois ,
c'est , je crois , une chose impossible. Je me
contenterai de remarquer qu'il falloit que l'idée

même des assemblées générales de la nation fût
déjà bien oubliée sous le règne de Clotaire II ;
puisqu'après le supplice de Brunehaud, étant
question de réformer le gouvernement, l'assemblée qui se tint à Paris, en 615, n'étoit composée que d'évêques et de Leudes. L'article 24,
de l'ordonnance qu'elle publia, en est la preuve ;
je ne le rapporterai point ici, l'ayant déjà placé
dans la remarque 6 du chapitre précédent.

(2) *Chlothacharius rex indixerat, ut omnes
ecclesiæ regni sui tertiam partem fructuum fisco
dissolverent, quod licet inviti, cum omnes episcopi consensissent atque subscripsissent, viriliter
hoc beatus. Injuriosus respuens subscribere dedig-
natus est, dicens : si volueris res Dei tollere,
Dominus regnum tuum velociter auferet ; quia
iniquum est, ut pauperes quos tuo debes alere
horreo, ab eorum stipe tua horrea repleantur.*
Greg. Tur. L. 4, C. 2.

Voyez dans la remarque 2 du chapitre premier, le discours ridicule que Grégoire de Tours
fait tenir à l'armée de Clovis, quand ce prince
demande qu'on lui accorde, outre sa part du
butin, le vase enlevé sur le territoire de l'église
de Rheims.

*Si quis de nobis, ô Rex, justitiæ tramitem
transcendere voluerit, à te corrigi potest ; si vero
tu excesseris, quis te corripiet ? Loquimur enim*

tibi , sed si volueris , audis : si autem nolueris ;
quis te condemnabit ? Nisi is qui se pronuntiavit
esse justitiam. Greg. Tur. L. 5 , C. 19.

(3) Il faudroit vouloir chicaner , pour ne
pas convenir , avec M. le président de Montesquieu , que par les noms différens de fidelles , de
Leudes , d'Antrustions , on ne désignoit qu'un
même ordre de citoyens. J'attribue ici plusieurs
prérogatives aux Leudes ; et le lecteur , un peu
attentif , trouvera répandues en mille endroits
de mes remarques , les preuves de ce que j'avance.
Ces Leudes étoient ce que Tacite appele les
suivans ou les compagnons du prince , et dont
cet historien nous fait un bel éloge. *Insignis*
nobilitas aut magna patrum merita , principis dig-
nationem etiam adolescentulis assignant. Cæteri
robustioribus ac jam pridem probatis aggregantur :
nec rubor inter comites aspici : gradus quinetiam
et ipse comitatus habet , judicio ejus quem sectan-
tur magnaque et comitum æmulatio , quibus pri-
mus apud principem suum locus ; et principum ,
cui plurimi et acerrimi comites. Hæc dignitas ,
hæ vires magno semper electorum juvenum globo
circumdari , in pace decus , in bello præsidium.
De Mor. Germ. C. 13. Cum ventum in aciem turpe
principi virtute vinci , turpe et comitatui virtu-
tem principis non adæquare. Ibid. C. 13.

Marculfe nous apprend par sa formule 18 , du

L. 1, comment on étoit admis au nombre des Leudes. *Quia ille fidelis, Deo propitio, noster veniens ibi, in palatio nostro, una cum arimania sua, in manu nostra trustem et fidelitatem nobis visus est conjurasse. Propterea, per præsens præceptum decernimus ac jubemus ut deinceps memoratus ille in numero Antrustionum computetur.* Il est fâcheux que Marculfe ne nous ait donné dans aucune de ses formules, le serment qu'on prêtoit dans cette occasion entre les mains du roi.

(4) *Exigunt enim à principis sui liberalitate illum bellatorem equum, illam cruentam victricemque frameam. Nam epulæ et quamquam incomti, largi tamen apparatus, pro stipendio cedunt.* Tac. de mor. Germ. C. 14. Les bénéfices que les rois Mérovingiens donnèrent à leurs Leudes, furent incontestablement des terres qu'ils détachèrent des domaines considérables qu'ils avoient acquis par leurs conquêtes, et dont ils se dépouillèrent par pure libéralité pour récompenser les services de leurs officiers, ou les complaisances de leurs courtisans. La preuve de cette proposition, c'est que vers le commencement du septième siècle, les rois de France n'avoient presque plus aucun domaine; tandis qu'il est évident que leurs prédécesseurs avoient eu de très-grandes possessions.

Si les bénéfices des Mérovingiens n'avoient pas été des portions démembrées de leur domaine, pourquoi seroient-ils appelés dans le traité d'Andely, « des dons de la munificence des rois » ? Si les bénéfices avoient été des récompenses politiques de l'état, dont le prince n'auroit été que le dispensateur, pourquoi les filles et les femmes des rois, à qui on donnoit de grandes terres en dot ou en douaire, auroient-elles imaginé de conférer des bénéfices ? C'est parce que le prince donnoit son propre patrimoine, qu'elles crurent qu'il étoit digne de leur grandeur de répandre les mêmes bienfaits. *Ut quidquid domnus Gunthramnus rex filiæ suæ Clotildi contulit, aut adhuc, Deo propitiante, contulerit in omnibus rebus, atque corporibus, tam in civitatibus, quam agris vel reditibus, in jure ac dominatione ipsius debeat permanere ; et si quid de agris fiscalibus vel speciebus, atque præsidio pro arbitrii sui voluntate facere, aut cuiquam conferre voluerit, in perpetuo, auxiliante Domino, conservetur, neque à quoquam ullo unquam tempore convellatur.* Ce traité d'Andely est rapporté dans Grégoire de Tours, L. 9, C. 20.

Penser avec quelques écrivains que les François, dans le temps de leur conquête, formèrent des bénéfices d'une certaine quantité de terre pour servir de récompense aux soldats , c'est chercher la politique des François dans les usages Romains , et non pas dans les leurs : source intarissable d'erreurs. Quel motif auroit porté les François à former des bénéfices , dans un moment où chaque soldat pouvoit se faire à son gré un patrimoine , et étoit trop satisfait du présent pour songer à l'avenir , N'est-il pas prouvé que ce ne fut qu'après leur établissement dans les Gaules , que les François commencèrent à adopter quelques usages des Romains ? Tandis qu'ils conquéroient , ils ne connoissoient que les leurs.

Mais , dira-t-on , les bénéfices militaires des empereurs Romains étoient un établissement très-sage ; et si la nation Françoise étoit incapable par elle-même d'en être frappée et de l'adopter , elle pouvoit être éclairée par les lumières de Clovis , qui étoit l'ame de ses résolutions. Je réponds que cela s'appelle conjecturer , et faire un roman et non pas une histoire. En second lieu , je prie de remarquer que les bénéfices militaires étoient nécessaires aux Romains , parce que leurs armées étoient composées de mercenaires entretenus aux dépens de l'état , que les finances et les provinces de l'Empire étoient épuisées ; et que , pour pourvoir à la subsistance des gens de guerre , il falloit leur assigner des terres.

Mais la condition des François étoit toute différente. Pourquoi auroient-ils imaginé l'établissement des bénéfices militaires, puisque chez eux l'état ne donnoit aucune solde au soldat ? Tout domaine que possédoit un François, n'étoit-il pas un vrai bénéfice militaire, puisque tout propriétaire étoit obligé de porter les armes et de faire la guerre à ses dépens ? L'établissement des bénéfices militaires auroit donc été superflu ; et Clovis, loin de l'adopter, ne devoit le regarder que comme la ressource d'une nation qui n'est pas militaire et qui est pauvre. Je le remarquerai en passant : quand on parle d'un peuple aussi barbare et aussi ignorant que les premiers François, il faut craindre de lui prêter des vues trop réfléchies et trop compliquées ; le propre d'une pareille nation, c'est d'aller comme les évènemens la poussent, et d'obéir grossièrement à ses mœurs.

Je ne m'arrêterai point à prouver ici que les bénéfices des Mérovingiens étoient amovibles ; c'est une vérité que M. le président de Montesquieu a très-bien prouvée. Voyez l'Esprit des lois, L. 30, C. 16.

(5) Il me semble que ce que nous appelons du nom de seigneurie, c'est-à-dire, la supériorité d'une possession sur d'autres, avec le droit de juridiction sur leurs habitans, étoit entièrement inconnu des François qui conquirent les Gaules. L'idée qu'ils avoient de la liberté n'auroit pas permis à un homme libre, de leur nation, de reconnoître un seigneur ; et le pouvoir d'un maître sur son serf, ne peut point être appelé un droit seigneurial. D'ailleurs, un peuple presque toujours errant, qui avoit abandonné et possédé différentes provinces en Germanie, comment auroit-il pu adopter les principes constitutifs de nos seigneuries ? Nos lois Saliques et Ripuaires, qui règlent la forme des tribunaux des ducs, des comtes et de leurs vicaires, et en prescrivent les devoirs, ne disent rien des justices seigneuriales ; elles n'existoient donc pas quand ces codes furent rédigés.

Si on trouve dans nos monumens les plus anciens le mot *senior*, dont nous avons fait celui de seigneur, il est évident que les premiers François n'y attachoient point les mêmes idées que ce mot réveilla depuis dans leurs descendans. Il ne signifia d'abord qu'un Leude, qui, par son âge, étoit parvenu à la tête des conseils de la nation. Grégoire de Tours, au lieu de *senior*, dit quelquefois *major natu. Convocatis episcopis et majoribus natu laïcorum.* Voyez le glossaire de M. Du Cange, au mot *senior*.

Rien ne peut nous faire conjecturer que les seigneuries fussent connues en Germanie, et je

prie de remarquer que si elles avoient formé
une branche du droit politique des François,
et qu'ils en eussent apporté l'usage dans les
Gaules, elles n'auroient pas encore conservé
tout le caractère d'une nouveauté sous les premiers Carlovingiens. Auroit-il encore été douteux dans le temps de Charlemagne, si les
justices seigneuriales des ecclésiastiques devoient
avoir ou non le droit de juger à mort ? *Impri-
mis omnium jubendum est ut habeant ecclesiæ
justitias, tam in vita illorum qui habitant in
ipsis ecclesiis, quamque in pecuniis et substantiis
eorum. Cap. 4, an. 806, Art. 1.* Comment auroit-on attendu si tard à régler cette compétence,
si les justices seigneuriales, au lieu de se former peu-à-peu et lentement, avoient été connues de tout temps dans la monarchie Françoise ?

Le droit des seigneurs étoit si peu constaté,
si peu affermi, qu'on pouvoit encore changer
de seigneur et en secouer l'autorité. *Quod nullus
Seniorem suum dimittat, postquam ab eo accepe-
rit valente solidum unum : excepto si eum vult
occidere, aut cum baculo cædere, vel uxorem aut
filiam maculare, seu hæreditatem ei tollere. Cap.
an. 813, Art. 16. Mandamus etiam ut nullus
homo Seniorem suum sine justa ratione dimittat; nec
aliquis eum recipiat, nisi sicut tempore antecessorum
nostrorum consuetudo fuit. Cap. an. 847, Art. 3.*

Je

Je prie de faire attention à ce capitulaire de Charles-le-Chauve; *Volumus etiam ut unusquisque liber homo in nostro regno Seniorem qualem voluerit in nobis aut in nostris fidelibus accipiat. Cap. an. 847, art. 2.* Si la coutume des seigneuries eût été apportée de Germanie, et eût formé la constitution primitive des François, comment plusieurs hommes libres seroient-ils parvenus à ne point reconnoitre le seigneur avant le règne de Charles-le-Chauve ? Si les François avoient connu l'usage des seigneuries en entrant dans les Gaules, tout possesseur de terre eût été dès-l'instant de la conquête, ou possesseur d'une seigneurie, ou possesseur d'un domaine sujet à une seigneurie ; et par conséquent on n'auroit point eu lieu, sous le règne de Charles-le-Chauve, de faire la loi qu'on vient de lire. On me dira sans doute qu'elle a rapport aux fiefs ; mais qu'on fasse attention que c'est une chose impossible. 1°. Le possesseur d'un fief n'est pas appelé, *liber homo.* 2°. Si cette loi regardoit les fiefs, il faudroit en conclure que toute possession devint un fief, ce qui est évidemment faux ; puisqu'on prouve que sur la fin de la seconde race, et sous les premiers Capétiens, une grande partie des terres du royaume étoit possédée en roture : on le verra à la suite de cet ouvrage.

Les expressions dont on se servit dans les

capitulaires, en parlant des justices seigneuriales, supposent qu'elles avoient été démembrées de la juridiction ou du ressort des ducs et des comtes ; et prouvent même que ces magistrats conservoient une sorte d'inspection sur les seigneuries dont le territoire avoit fait autrefois partie de leur gouvernement. *Volumus, propter justitias quæ usquemodo de parte comitum remanserunt, quatuor tantum mensibus in anno missi nostri legationes nostras exerceant. Capit.* 3., *an.* 812. *Art.* 8. *De vassis Dominicis qui adhuc intra casam serviunt, et tamen beneficia habere noscuntur, statutum est ut quicumque ex eis cum domno imperatore domi remanserint, vassallos suos casatos secum non retineant, sed cum comite cujus Pagenses sunt, ire permittant. Cap.* 2, *an.* 812. *Art.* 7. *Si vassus noster justitias non fecerit, tunc et comes et missus ad ipsius casam sedeant et de suo vivant quousque justitiam faciat. Cap. an.* 779. *Art.* 21. *De nostris quoque dominicis vassallis jubemus ut si aliquis prædas egerit, comes in cujus potestate fuerit, ad emendationem eum vocet. Qui si comitem aut missum illius audire noluerit, per forciam illud emendare cogatur. Capit. Carlom. an.* 882.

Je supprime mille raisonnemens favorables à mon opinion ; et je me borne à remarquer qu'après la conquête des François, leur royaume fut partagé en plusieurs duchés ou provinces. Chaque Duché comprit plusieurs comtés, et chaque comté fut divisé en plusieurs cantons, nommés Centènes, dans chacun desquels on établit un centenier pour y rendre la justice. Ces Centeniers distribués dans tout le plat pays ne sont-ils pas une preuve que la nation ne connoissoit pas les justices seigneuriales? Quel auroit été leur emploi, si des seigneurs particuliers avoient administré la justice dans leur territoire? est-il vraisemblable que ces seigneurs eussent voulu reconnoître la juridiction des officiers subalternes des comtes?

Puisque les seigneuries n'étoient point une coutume apportée de Germanie, qu'il est certain d'un autre côté, que ni les lois ni les coutumes des Gaulois n'en ont pu donner l'idée aux François; elles ne sont donc point aussi anciennes que leur établissement en deçà du Rhin; elles doivent donc leur origine à quelque événement, à quelque révolution particulière. Je crois qu'elles ont dû commencer à se former dans les temps mêmes où les rois Mérovingiens commencèrent eux-mêmes à étendre leur autorité. Voici mes preuves. Premièrement, nous avons une ordonnance de 595, qui suppose que quelques Leudes avoient déjà une juridiction chez eux. *Pari conditione convenit ut si una centena*

A a 2

in alia centena vestigium secuta fuerit et invenerit, vel in quibuscumque fidelium nostrorum terminis vestigium miserit. Capit. de Baluze. T. 1 , p. 19. Secondement , l'ordonnance de l'assemblée de Paris tenue en 615 , prescrit aux évêques et aux Leudes qui possédoient des seigneuries éloignées de leur domicile ordinaire , de choisir des hommes du lieu même , et non des étrangers pour y rendre la justice. *Episcopi vel Potentes qui in aliis possident regionibus , Judices vel missos discussores de aliis Provinciis non instituant , nisi de loco qui Justitiam percipiunt et aliis reddent. Art.* 19.

Je puis m'être trompé en parlant des causes qui ont contribué à l'établissement des seigneuries parmi nous ; mais je crois en avoir fixé certainement l'époque. Si on m'oppose un Diplome de Clovis donné l'an 496 , en faveur de l'abbaye de Réomaux , et qui suppose qu'il y avoit déjà des seigneuries dans ce temps-là : je répondrai que dom Bouquet , qui nous a donné cette pièce dans son recueil , T. 4 , p. 615 , la croit supposée. La raison de ce critique , c'est que Clovis ne pouvoit point en 496 , donner le privilège à l'abbaye de Réomaux qui étoit située sur les terres des rois de Bourgogne. Ce prince gratifia simplement ce monastère de lettres de sauvegarde et de protection ; et l'acte par lequel Clotaire I les renouvela en 516, ne contient rien qui ait le moindre rapport direct ou indirect au droit de justice. Voyez cette pièce dans Bouquet, T. 4, p. 616.

L'esprit des lois a acquis avec raison une si grande autorité dans le public, qu'il est nécessaire d'examiner ici le sentiment de M. le président de Montesquieu, sur l'origine des seigneuries. Il ne veut point qu'elles soient l'ouvrage de l'usurpation. " N'y a-t-il eu sur la terre, *dit-il*, L. 30, C. 20, que les peuples descendus de la Germanie, qui aient usurpé les droits des princes ? L'histoire nous apprend assez que d'autres peuples ont fait des entreprises sur leurs souverains, mais on n'en voit pas naître ce que l'on a appelé les justices des seigneurs ; c'étoit donc dans le fond des usages et des coutumes des Germains, qu'il falloit en chercher l'origine. " Qu'importe ce que l'histoire nous apprend des autres nations ? comme si tous les peuples devoient se copier dans les entreprises qu'ils font sur leurs souverains ou sur la puissance publique. La manière dont Loyseau imagine que les grands usurpèrent la justice, est ridicule ; mais est-ce une chose si inconcevable, si absurde, que dans une nation aussi mal gouvernée que les François, et sous des princes tels que les fils de Clovis, quelques Leudes

puissans dans leurs cantons aient pris de l'autorité sur leurs voisins, et voulu leur tenir
lieu de magistrats, en commençant par être leurs
arbitres, qu'il faille chercher l'origine des justices des seigneurs dans les coutumes des Germains? Pourquoi le succès de quelques Leudes
n'auroit-il pas accrédité leur ambition, et jeté
les premiers fondemens d'une coutume qui, flattant la vanité et l'avarice, devint enfin générale
dans tout le royaume?

La justice, continue M. le président de Montesquieu, " fut donc dans les fiefs anciens, " il
appelle ainsi ce que j'appelle bénéfice, " et dans
les fiefs nouveaux un droit inhérent au fief
même, un droit lucratif qui en faisoit partie. "
Mais je prendrai la liberté de demander à M.
de Montesquieu, comment il peut trouver dans
les usages des Germains que la justice fût attachée au fief; lui qui a dit, C. 3 : " chez les
Germains, il y avoit des vassaux et non pas
des fiefs. Il n'y avoit point de fiefs, parce que
les princes n'avoient point de terres à donner ;
ou plutôt les fiefs étoient des chevaux de bataille,
des armes, des repas. " S'il n'y avoit point de
fiefs chez les Germains, et en effet il n'y en
avoit point, comment par leurs coutumes, la
justice pouvoit-elle être un droit inhérent au
fief? Si des chevaux de bataille, des armes,

des repas, étoient des fiefs, seroit-il raisonnable de penser que le droit de justice fût attaché à de pareilles choses ? où auroit été le territoire de ces justices ?

Ecoutons M. le président de Montesquieu. « Les fiefs, *dit-il*, comprenoient de grands territoires. J'ai déjà prouvé que les rois ne levoient rien sur les terres qui étoient le partage des Francs ; encore moins pouvoient-ils se réserver des droits sur les fiefs. Ceux qui obtinrent des fiefs, eurent à cet égard la jouissance la plus étendue, ils en tirèrent tous les fruits et tous les émolumens ; et comme un des plus considérables étoient les profits judiciaires, *Freda*, que l'on recevoit par les usages des Francs, il suivoit que celui qui avoit le fief, avoit aussi la justice, qui ne s'exerçoit que par des compositions aux parens, et des profits au seigneur ; elle n'étoit autre chose que de faire payer les compositions de la loi, et celui d'exiger les amendes de la loi. »

De ce que les rois Mérovingiens ne levoient rien sur les terres de leurs sujets, il me semble qu'il ne s'ensuit pas qu'ils ne pussent se réserver aucun droit sur les fiefs ou bénéfices. C'étoient des dons faits par générosité ; et comme le prince, ainsi qu'en convient M. de Montesquieu lui-même, avoit conservé la faculté de les

reprendre à son gré, pourquoi n'auroit-il pas
pu les soumettre à quelque charge? Cette supposition n'a rien d'extraordinaire. Je conclurois
au contraire, des longs détails de concessions
dont sont chargées toutes les chartes par lesquelles on conféroit un bénéfice, que les Mérovingiens avoient coutume de se faire des ré-
serves. Peut-être même falloit-il que par leur
nature les bénéfices fussent soumis à quelque
redevance, puisque dans plusieurs chartes on
n'oublie point de les en exempter par une clause
expresse. *Omnia per nostrum donitum habeant
ille et filii sui, et posteritas illorum, absque illum
sensum vel alicujus inquietudine. Char.* an. 815,
Hist. de D. Bouquet, T. 6, p. 472. Je trouve
encore dans une charte de Charles-le-Chauve,
de l'an 844, les paroles suivantes : *Ostendit etiam
nobis epistolam domni et genitoris nostri Hludowici
piissimi Augusti ad Sturmionem comitem direc-
tam, ut prædictam villam, id est, fontes, memorato Johanni absque ullo sensu et inquietudine
habere dimitteret. Ibid. T.* 8, *p.* 459.

Mais quand il seroit vrai que les premiers
fils de Clovis ne se fussent jamais réservé aucun droit sur leurs bénéfices, il ne s'ensuivroit
pas que les bénéficiers y eussent eu la justice :
car, si je ne me trompe, on peut prouver que
ces princes n'avoient point de justice particu-

lière dans leurs domaines. Premièrement, je prie de remarquer qu'il n'importoit, ni à leur dignité, ni à l'accroissement de leurs finances, d'avoir de ces juges particuliers ; puisqu'ils nommoient les ducs et les comtes, et qu'ils percevoient la troisième partie de tous les frèdes ou amendes judiciaires qui étoient payés dans tout le royaume. En second lieu, les lois saliques et ripuaires, ni aucune ordonnance des rois Mérovingiens ne parlent des justices domaniales du prince ; comment donc en prouver l'existence ?

Dom Bouquet a publié dans son recueil 14 diplomes ou chartes de concession de Bénéfices, depuis Clovis jusqu'à Clotaire II, et dans aucune on ne trouve rien qui ait rapport au droit de justice. Ce silence forme un argument bien fort contre M. le président de Montesquieu. Ne prouve-t-il pas, ou que les Mérovingiens n'avoient pas une justice particulière dans leurs domaines, ou qu'ils ne la cédoient pas à leurs bénéficiers ? La charte la plus ancienne où l'on trouve une concession de justice, est de Dagobert en 630. Voyez Dom Bouquet, T. 4, p. 628. N'est-il pas vraisemblable que les rois voyant à cette époque que plusieurs prélats et plusieurs leudes s'étoient fait des seigneuries particulières, attribuèrent à leurs bénéfices le droit de justice

pour les rendre plus considérables et en relever
la dignité? Depuis, toutes les chartes ont renfermé la concession de la justice : et cette coutume accréditée en peu de temps, étoit, pour
ainsi dire, de droit commun en 660, que Marculfe écrivoit ses formules.

Encore un mot pour prouver que les premiers
rois Mérovingiens n'avoient point de justice
particulière dans leurs domaines. Grégoire de
Tours parle d'un certain Pélagius qui avoit tous
les vices, et bravoit tous les juges, parce qu'il
avoit une sorte d'intendance sur les haras d'un
domaine du roi. *Fuit autem in urbe Turonica
Pelagius quidam in omni malitia exercitatus, nullum judicem metuens eo quod jumentorum fiscalium
custodes sub ejus potestate consisterent. L. 8. C. 40.*
Il n'est pas surprenant que les juges publics n'o-
sassent reprimer ce Pélagius : ils craignoient le
ressentiment d'un homme qui pouvoit leur faire
des ennemis à la cour. Mais Pélagius n'auroit
pas abusé du crédit que lui donnoit son emploi,
si le principal officier d'un domaine royal, qu'on
nommoit *major villæ*, eût été dès lors le juge
de tous les domestiques employés dans le domaine ; ce juge, officier comme lui du prince,
et accrédité comme lui à la cour, auroit pu sans
crainte le punir de ses injustices.

Ce ne fut que dans la suite que le *major*

villæ fut juge, et ce n'est que dans les capitulaires de Charlemagne qu'on lui attribue pour la première fois cette qualité. *Ut unusquisque judex in suo ministerio bonos habeat artifices, id est, fabros ferrarios, et aurifices, et argentarios, cusores, tornatores, carpentarios, etc. Cap. de villis, art. 45. Volumus ut de fiscalibus, vel servis nostris sive ingenuis qui per fiscos aut villas nostras commanent, diversis hominibus plenam et integram, qualem habuerint, reddere faciant justitiam. Ibid. art. 52. Ut unusquisque judex in eorum ministerio frequentius audientias teneat et justitiam faciat, et provideat qualiter recte familiæ nostræ vivant. Ibid. art. 56.*

Je m'arrête long-temps sur l'article de l'établissement des seigneuries ; mais il est important ; et d'ailleurs on doit ce respect à M. le président de Montesquieu, lorsqu'on n'est pas de son avis, d'examiner en détail toutes ses raisons.

« Je trouve, dit-il, dans la vie des saints, que Clovis donna à un saint personnage la puissance sur un territoire de six lieues de pays, et qu'il voulut qu'il fût libre de toute juridiction quelconque. Je crois bien que c'est une fausseté, mais c'est une fausseté très-ancienne. Le fond de la vie et les mensonges se rapportent aux mœurs et aux lois du temps, et ce sont ces mœurs et ces lois que l'on cherche. »

. M. de Montesquieu me fournit lui-même la réponse que je lui dois faire. « Je pourrois croire, dit-il, L. 31, C. 32, que les hommages commencèrent à s'établir du temps du roi Pepin, qui est le temps où j'ai dit que plusieurs bénéfices furent donnés à perpétuité. Mais je le croirois avec précaution, et dans la supposition seule que les auteurs des annales des Francs n'aient pas été des ignorans, qui décrivant les cérémonies de l'acte de fidélité, que Tassillon, duc de Bavière, fit à Pepin, aient parlé suivant les usages qu'ils voyoient pratiqués de leur temps. » Je croirois aussi l'argument de M. le président de Montesquieu très-bon, si l'historien qui raconte la générosité de Clovis envers un saint personnage, eût été son contemporain. Mais malheureusement cela n'est pas ; et qui me répondra qu'il n'ait pas parlé d'une donation faite avant l'établissement des seigneuries, suivant les usages et les formes qu'il voyoit pratiquer de son temps ?

« La loi des Ripuaires, dit encore M. de Montesquieu, defend aux affranchis des églises de tenir l'assemblée où la justice se rend, ailleurs que dans l'église où ils ont été affranchis. Les églises avoient donc des justices sur les hommes libres, et tenoient leurs plaids dès les premiers temps de la Monarchie. » Sans doute que les églises avoient une justice dès le commencement de la monarchie, je l'ai trouvé dans la remarque 6 du chapitre précédent. Ce que règle la loi ripuaire, citée par M. le président de Montesquieu, n'a rapport qu'à la juridiction ecclésiastique, qu'il n'a confondue que par distraction avec les justices seigneuriales. Lorsqu'un François de la tribut des Ripuaires vouloit affranchir son serf suivant la loi Romaine, ce qui lui étoit permis, la cérémonie s'en faisoit dans l'église. Le serf étoit remis entre les mains de l'évêque, qui lui donnoit des tables ou des lettres d'affranchissement. Cet affranchi, appelé *tabulaire*, *tabularius*, restoit sous la protection spéciale de l'église; il lui payoit un cens modique; et jouissant du privilège clérical, étoit justiciable de son évêque.

Voici le dernier argument de M. le président de Montesquieu. " Si la justice, dit-il, n'étoit point une dépendance des fiefs, pourquoi verroit-on par-tout que le service du fief étoit de servir le roi ou le seigneur, et dans leurs cours et dans leurs guerres ? » Je réponds en premier lieu, que je ne vois pas de quelle nécessité il est qu'un bénéficier ait une justice dans son bénéfice, pour servir le roi dans ses cours ou dans ses guerres. Secondement il est démontré qu'avant la régence de Charles-Martel, les bénéfices n'étoient point conférés sous la condition de servir le donateur. On verra les preuves de cette vérité dans la remarque 2 du chàpitre sixième.

(6) *Claudius Turonis accessit ; et cum iter ageret , ut consuetudo est barbarorum , auspicia intendere cœpit , ac dicere sibi esse contraria : simulque interrogare multos , si virtus beati Martini de præsenti manifestaretur in perfidis. Aut certe si aliquis injuriam in eum sperantibus intulisset , si protinùs ultio sequeretur. Greg. Tur. L. 7 , C. 29.*

(7) Dès que les rois , en conférant des bénéfices , leur attribuèrent le droit de justice , il fut défendu aux juges publics d'y faire aucun acte de juridiction. Voyez le recueil de Dom Bouquet , t. 4 , p. 628 , 630 , 633 , et les formules 3 et 4 de Marculfe.

CHAPITRE IV.

(1) *Aiebat enim (Chilpericus) plerumque : ecce pauper remansit fiscus noster ; ecce divitiæ nostræ ad ecclesias sunt translatæ : nulli pœnitus , nisi soli episcopi regnant : periit honor noster et translatus est ad episcopos civitatum. Greg. Tur. L. 6 , C. 46.*

(2) *Tunc indicavit ei quos in consilio haberet , aut sperneret a conloquio ; quibus se crederet , quos vitaret , quos honoraret muneribus , quos ab honore depelleret , Greg. Tur. L. 7 , C. 33. Persæpe*

*homines pro facultatibus eorum punivit. Ibid. L. 6,
C. 46. Illi post prædicationem sacerdotum, de
Fanis ad ecclesias sunt conversi : isti quotidie de
ecclesiis prædas detrahunt, illi sacerdotes Domini
ex toto corde venerati sunt et audierunt ; isti non
solum non audiunt, sed etiam persequuntur ; illi
monasteria et ecclesias ditaverunt; isti eas diruunt
ac subvertunt. Ibid. L. 4, C. 49.* On va voir dans
la note suivante que les Mérovingiens redeman-
doient aux églises les bénéfices qu'ils leur avoient
donnés ; puisque dans le traité d'Andely en 587,
on fit un article exprès pour remédier à cet abus.

(3) *Quidquid ante fati reges ecclesiis aut fidelibus suis contulerunt, aut adhuc conferre cum
justitia, Deo propitiante, voluerint, stabiliter
conservetur ; et quidquid unicuique fidelium in
utriusque regno per legem et justitiam redhibeatur,
nullum et præjudicium patiatur, sed liceat res
debitas possidere atque recipere ; et si aliquid cui-
cumque per interregna sine culpa sublatum est,
audientia habita, restauretur. Et de eo quod per
munificentias præcedentium regum unusquisque
usque ad transitum gloriosæ memoriæ domini Chlo-
tocharii regis possedit, cum securitate possideat :
et quod exinde fidelibus personis ablatum est, de
præsenti recipiat. Greg. Tur. L. 9, C. 20.*

Il est question de savoir si cette expression,
stabiliter conservetur, doit s'entendre de l'héré-

dité établie dans les bénéfices ; ou si elle signifie seulement que le bénéficier qui en est pourvu
en jouira pendant toute sa vie. Ce qui rend la
première explication plus vraisemblable, c'est
que le même traité d'Andely permet aux femmes, aux veuves et aux filles des Mérovingiens,
d'aliéner pour toujours les terres qu'elles conféroient en bénéfices. *Ut si quid de agris fiscalibus
vel speciebus, atque præsidio pro arbitrii sui voluntate facere, aut cuiquam conferre voluerit; in
perpetuo, auxiliante Domino, conservetur, neque
a quoquam ullo unquam tempore convellatur.* La
manière dont cet article est dressé ; les expressions *in perpetuo et ullo unquam tempore*, ne
laissent aucun lieu de douter que les bénéfices
conférés par les princesses, n'aient été rendus
héréditaires dans l'assemblée d'Andely. Or, je
demande pourquoi on auroit permis aux princes
de reprendre leurs bénéfices à la mort du bénéficier, tandis qu'on ôtoit ce droit aux princesses.

En second lieu, les ecclésiastiques ont toujours prétendu que c'est un sacrilège, que de
reprendre les biens qui avoient été consacrés
à Dieu et au culte de la religion. L'esprit du
traité d'Andely est donc, que les gratifications
faites par les rois à l'église, soient perpétuelles,
irrévocables, et deviennent des propres. Mais
remarquez que l'expression *stabiliter conservetur*,

se

se rapportant également aux Leudes et aux églises, suppose leur condition égale à l'égard des bénéfices ; d'où il faut conclure que les bénéfices conférés aux Leudes , ne pouvoient jamais être repris par le prince. Le traité ne fut pas observé religieusement , mais il semble qu'on n'en peut rien conclure contre le droit des bénéficiers.

(4) *Cum jam Protadius , genere Romanus ; vehementer ab omnibus in palatio veneraretur, et Brunechildis stupri gratia eum vellet honoribus exaltare , Fredeg. Chron. C. 24. Protadius , instigante Brunechilde , Theudorico jubente , majordomus substituitur. Qui cum esset nimium argutissimus et strenuas in cunctis , sed sæva illi fuit contra personnas iniquitas , fisco nimium tribuens , de rebus personnarum ingeniosè fiscum vellens impellere et se ipsum ditare. Quoscumque genere nobiles reperiret , totos humiliare conabatur , ut nullus reperiretur qui gradum quem adripuerat , potuisset adsumere. Ibid. C. 27.*

(5) *Quidquid parentes nostri anteriores principes , vel nos per justitiam visi sumus concessisse et confirmasse in omnibus debeat confirmari. Ord. an.* 615 *, art.* 16. Il est évident que cet article a rapport aux conventions du traité d'Andely , et qu'il en rappelle et en confirme les dispositions. On verroit sans doute que l'expres-

sion *quidquid*, doit s'entendre des bénéfices, si
les deux articles précédens de cette ordonnance
n'avoient été perdus. On ne peut douter que
ce ne soit à cette époque que les bénéfices devinrent incontestablement héréditaires ; et l'ordonnance de Paris fut aussi respectée que le
traité d'Andely l'avoit été peu. Tout préparoit
les esprits à cette révolution , et l'assemblée que
Clotaire II tint à Paris étoit l'occasion la plus
favorable aux intérêts des Leudes ; ce prince étoit-
il en état de pouvoir leur refuser quelque chose ?
La décadence où l'autorité royale tomba dès ce
moment, est une preuve que le prince ne fut
plus le maître de disposer de ses bénéfices. Enfin,
l'hérédité des bénéfices étoit tellement établie,
et reconnue pour être la coutume générale,
quarante-cinq ans après l'assemblée de Paris,
que Marculfe qui écrivoit dans ce temps-là, en
fait une clause particulière dans l'acte de donation des bénéfices. *Ita ut eam villam jure pro-*
prietario ullius expectata judicum traditione ha-
beat, teneat atque possideat, et suis posteris, Do-
mino adjuvante, ex nostra largitate, aut cui vo-
luerit ad possidendum relinquat. Form. 14, *L.* 1.

  Quæ unus de fidelibus ac Leodibus, suam fidem
servando Domino legitimo, interregno faciente,
visus est perdidisse, generaliter absque incommodo
de rebus sibi juste debitis præcipimus revestiri.
Ord. an. 615. *Art.* 17.

Episcopi vero vel potentes qui in aliis possident regionibus, judices vel missos discussores de aliis provinciis non instituant nisi de loco, qui justitiam percipiant et aliis reddant. Ibid. art. 19. J'ai déjà rapporté cet article dans une note précédente ; il suppose le droit des seigneuries établi, et le confirme. Peut-être que ce droit avoit été formellement reconnu dans quelque ordonnance qui n'est pas venue jusqu'à nous.

(6) Tant que les François furent en Germanie, il est vraisemblable que l'assemblée du champ de Mars nommoit aux magistratures. *Eliguntur*, dit Tacite, *C.* 12, *in iisdem Conciliis et prinpes qui jura per pagos vicosque reddant.* Lorsque les principes du gouvernement François commencèrent à s'altérer, les rois s'attribuèrent le pouvoir de conférer les duchés et les comtés. Grégoire de Tours, L. 4, C. 43, rapporte que Péonius, comte d'Auxerre, envoya de l'argent au roi Gontram par son fils Mummolus, pour être continué dans son emploi ; et que le fils infidelle donna l'argent en son nom, et obtint la place de son père. Il n'est pas besoin de multiplier ici les autorités, pour prouver une vérité dont on ne peut douter, pour peu qu'on ait lu nos anciens historiens, et quand on se rappelle que l'assemblée du champ de Mars ne se tenoit plus. M. le Président de Montesquieu

a cependant dit quelque part , que les assemblées de la nation disposoient même des bénéfices.

Fredégaire nous apprend que Varnachaire , qui venoit d'être fait maire du palais dans le royaume de Bourgogne après la mort de Brunehaut , exigea de Clotaire II qu'il lui promît par serment de ne lui jamais ôter sa dignité. *Varnacharius in regno Burgundiæ substituitur majordomus , sacramento à Chlotario accepto ne unquam vitæ suæ temporibus degradaretur. Chr. C. 42.* Si Varnachaire eût été fait maire du palais par les grands , Clotaire n'eût pas eu la liberté de le déposer ; et par conséquent il eût été absurde que Varnachaire eût exigé le serment inutile dont parle l'historien. Il n'est pas moins aisé de pouver que le maire du palais , et par conséquent le roi , dont il n'étoit encore que le ministre , nommoit aux duchés et aux comtés ; puisque Flaochatus , qui succéda à Varnachaire , écrivit à tous les ducs du royaume de Bourgogne , pour leur promettre par serment de les conserver dans la possession de leur dignité. *Flaochatus cunctis ducibus Burgundiæ seu et pontificibus per epistolam , etiam et sacramentis firmavit unicuique gradum honoris et dignitatem seu amicitiam perpetuo conversare. Ibid. Chron. C. 89.* Il n'est pas nécessaire de remarquer que *gradum honoris* se rapporte aux ducs , *et amicitiam* aux évêques.

(7) On doit sur-tout regretter l'ordonnance de l'assemblée que Clotaire II convoqua à Clichy près de Paris, la quarante-quatrième année de son règne. Cette pièce, sans doute, seroit de la plus grande importance pour connoître notre ancien droit public, les progrès de l'autorité des maires du palais et des seigneurs, et les causes particulières de la révolution subite que souffrit la dignité des princes Mérovingiens.

(8) *Chlotarius cum proceribus et Leudibus Burgundiæ Træsassis conjungitur, cum eos sollicitasset, si vellent mortuo jam Varnachario, alium in ejusdem honoris gradum sublimare, etc. Fredeg. Chr. C. 43.* Il falloit que pendant la régence, ou la mairie de Varnachaire, les grands eussent exigé du roi, qu'ils nommeroient désormais son maire du palais. *Flaochatus, genere Francus, majordomus in regnum Burgundiæ, electione Ponticum et cunctorum ducum, à Nantechilde regina in hunc gradum honoris nobiliter stabilitur. Ibid. C. 89.*

CHAPITRE V.

(1) JE ne m'arrêterai pas long-temps à réfuter ici l'opinion de M. le comte de Boulain-villiers, sur l'origine de la noblesse dans la

monarchie françoise. Il a cru que tous les François, avant la conquête, étoient libres et égaux par le droit de leur naissance, et il avoit raison. Mais après qu'ils se furent emparés des Gaules, les vainqueurs et les vaincus ne formant plus qu'un corps de société, on commença, selon cet écrivain, à connoître dans la monarchie des François des familles nobles et des familles roturières. Tout François fut gentilhomme, tout Gaulois fut roturier. Si on a lu avec quelqu'attention les remarques précédentes, on jugera sans peine que cette idée ne peut être appuyée sur aucun fondement solide. Je me borne à demander aux personnes qui ont adopté le système de M. le comte de Boulainvilliers, comment on peut l'accorder avec la loi salique, qui n'exige qu'une composition de 200 sous pour le meurtre d'un François libre, tandis qu'elle en ordonne un de 300 pour le meurtre d'un Gaulois convive du roi. Pourquoi le sang d'un gentilhomme est-il moins précieux que celui d'un roturier?

Enfin, M. l'abbé du Bos a une fois raison. Il prétend, L. 6, C. 4, que les François, sous leurs premiers rois, n'étoient point partagés en deux ordres de citoyens, comme nous le sommes aujourd'hui, en nobles et en roturiers. Il pense qu'il n'y avoit point chez eux de familles

qui jouissent par l'avantage de la naissance, de
ces droits et de ces privilèges particuliers et dis-
tinctifs, qui constituent dans une nation une
noblesse d'origine. Toutes les prérogatives étoient
personnelles, elles n'étoient point héréditaires.
Mais à peine a-t-il exposé son sentiment, qu'il ne
manque pas d'avoir tort, c'est-à-dire, qu'il gâte
une bonne cause en la prouvant mal.

M. le président de Montesquieu, qui croit
l'honneur de nos grandes maisons intéressé à
proscrire l'opinion de M. l'abbé du Bos, veut
au contraire que dès le temps de la conquête,
et même au-delà du Rhin, les François aient
connu une noblesse proprement dite, et que des
familles privilégiées possédassent des droits qui
les distinguoient et les séparoient des familles
communes.

Il est vrai qu'il y a toujours eu chez les François une classe de citoyens appelés fidelles, leudes ou antrustions, et qu'ils jouissoient, ainsi
que l'a établi M. le président de Montesquieu,
et que je l'ai dit dans le corps de mon ouvrage,
de plusieurs prérogatives qui n'appartenoient
point aux simples hommes libres. Je ne conçois
pas pourquoi M. l'abbé du Bos déguise cette vérité; il pouvoit en convenir sans nuire à son
système; il le devoit en ajoutant que ces
distinctions personnelles étoient accordées à la

dignité et non pas à la naissance des Leudes. Il pouvoit soutenir qu'on ne naissoit pas Leude, fidelle, antrustion, mais qu'on le devenoit par la prestation du serment de fidélité ; ainsi que nous l'apprend Marculfe, par une formule que j'ai déjà citée dans la remarque 3 du chapitre troisième.

Je dois d'abord prouver que cette espèce d'anoblissement personnel que donnoit la prestation du serment de fidélité, ne communiquoit aux enfans du Leude ou antrustion aucune prérogative particulière ; et qu'ainsi il n'y avoit chez les François qu'une noblesse personnelle. Si les droits des gentilshommes étoient les mêmes que ceux des Leudes, c'est-à-dire, s'ils approchoient également de la personne du prince ; si par le seul droit de leur naissance, ils pouvoient être élevés aux premiers emplois de l'État ; je prierai de m'expliquer par quel motif les François nés gentilshommes prêtoient le serment de fidélité, qui leur étoit inutile pour obtenir ces honneurs. Si les privilèges de ces gentilshommes sont différens de ceux des Leudes qui étoient sous la truste ou la foi du roi ; je demanderai qu'on me dise pourquoi nos lois saliques et ripuaires, si attentives à distinguer parmi les Gaulois mêmes différens ordres de citoyens, Gaulois convives du roi, Gaulois possesseurs de terres, Gaulois tributaires, n'établissent aucun ordre mitoyen entre le François libre et le Leude. Pourquoi cette noblesse qui tient le milieu entre les simples hommes libres et les Leudes, est-elle oubliée? pourquoi aucun de nos anciens monumens n'aide-t-il à faire connoître, ni même à faire soupçonner son existence?

M. le président de Montesquieu répond à mes demandes, L. 30, C. 25, en disant que la prérogative distinctive des familles nobles, étoit de prêter le serment de fidélité, ou de se recommander pour un fief ou un bénéfice. Je cherche la preuve de cette proposition, et l'auteur me renvoie au chapitre 23 du livre suivant. J'y cours, et je lis : « d'abord les hommes libres ne purent pas se recommander pour un fief, mais ils le purent dans la suite, et je trouve que ce changement se fit dans le temps qui s'écoula depuis le règne de Gontran, jusqu'à celui de Charlemagne. Je le prouve par la comparaison qu'on peut faire du traité d'Andely passé entre Gontran, Childebert et la reine Brunehaud, et le partage fait par Charlemagne à ses enfans, et un partage pareil fait par Louis - le - Débonnaire. Ces trois actes contiennent des dispositions à peu près pareilles à l'égard des vassaux ; et comme on y règle les mêmes points et à peu près dans les mêmes circonstances, l'esprit et la lettre de ces trois traités se trouvent à peu près les mêmes à cet égard. Mais pour ce qui regarde les hommes libres, il s'y trouve une différence capitale. Ce traité d'Andely ne dit point qu'ils puissent se recommander pour un fief, au lieu qu'on trouve, dans les partages de Charlemagne et de Louis-le-Débonnaire, des clauses expresses pour qu'ils puissent se recommander : ce qui fait voir que depuis le traité d'Andely un nouvel usage s'introduisoit, par lequel les hommes libres étoient devenus capables de cette grande prérogative. Cela dut arriver, lorsque Charles-Martel ayant distribué les biens de l'église à ses soldats, et les ayant donné partie en fief, partie en alleu, il se fit une espèce de révolution dans les lois féodales. »

Ceci demandêroit un volume entier de discussions ; mais je m'arrêterai au point essentiel et capital ; et je vais prouver d'abord, qu'avant le traité d'Andely, les hommes libres pouvoient prêter le serment de fidélité, ou se recommander pour un bénéfice. En effet on remarque qu'après la conquête, le nombre des leudes augmenta considérablement. Il est certain que des Gaulois qui se naturalisèrent François, furent élevés aux dignités les plus importantes de l'état ; donc que ce n'étoit point le privilège particulier de certaines familles de prêter le serment de fidélité. Si avant le règne de Gontran, les hommes libres avoient été exclus de ces honneurs, un Leudaste, né dans l'esclavage, nourri dans les fonctions les plus viles de son état, et à qui on avoit coupé une oreille, parce qu'il avoit voulu s'échapper de la maison de son maître, se seroit-il élevé jusqu'à devenir comte des écuries, sous le règne de Caribert, et ensuite comte de Tours ? Ces dignités étoient la récompense des leudes, et donnoient à ceux qui en étoient revêtus le premier rang dans leur ordre; au lieu que je ne vois point que la possession d'un bénéfice valût quelque prééminence à un leude bénéficier.

Cette fortune de Leudaste n'est point de ces événemens rares qui ne tirent pas à conséquence, et qui ne prouvent rien. La loi des ripuaires ne les regarde point comme un scandale contraire à l'ordre ordinaire du gouvernement ; ils y étoient même tellement analogues, qu'elle fait à cet égard une disposition particulière. *Si quis ejusdem fiscalem quem comitem vocant, interfecerit, 600 solidis mulctetur. Quod si puer regis vel ex tabulario ad eum gradum ascenderit, 300 solidis. Leg. Rip. Tit. 53.* On a déjà vu que par le mot Tabulaire on entendoit un cerf affranchi dans l'église. Or puisqu'un affranchi pouvoit être leude et comte, et en étoit quitte pour avoir une composition moins forte qu'un autre leude ou

un comte , peut-on présumer avec quelque vraisemblance , qu'un homme né libre ne fût pas
admis à prêter le serment de fidélité ?

Il me semble que l'argument que M. le président de Montesquieu veut tirer du silence du
traité d'Andely , à l'égard des hommes libres ,
ne doit pas avoir beaucoup de force. Pourquoi
auroit-on dit dans ce traité que les hommes libres pouvoient être admis à la prestation du serment de fidélité ? Ce n'étoit point un droit con-
testé, personne n'en doutoit. Sans entrer dans
une discussion inutile sur les partages de Charlemagne, et de Louis-le-Débonnaire, je répondrai que tous les argumens que M. le président de Montesquieu pourroit en inférer, ne
prouvent rien contre moi ; car je conviens que
du temps de Charlemagne il y avoit des familles nobles, et je nie seulement qu'il y en
eut avant le traité d'Andely. Il n'étoit pas question à Andely de décider de ceux à qui le prince
donneroit des bénéfices, mais de statuer qu'il ne
pourroit pas les reprendre après les avoir donnés.

Est-il bien vrai que les circonstances où Charlemagne et Louis-le-Débonnaire firent leurs partages, furent à peu près les mêmes que celles
où fut passé le traité d'Andely ? Il s'agissoit sous
Gontran et Childebert de contenter les Leudes
avides, accoutumés à regarder les bénéfices com-

me des dettes du prince, qui s'étoient fait un droit de sa libéralité, et qui ne vouloient plus souffrir qu'il retirât arbitrairement ses bienfaits. Quand Charlemagne et Louis-le-Débonnaire firent le partage de leurs Etats, leurs vassaux ne leur faisoient point la loi, et les bénéfices avoient pris une nouvelle forme sous la régence de Charles-Martel, ainsi qu'on va le voir dans la suite de mes observations.

M. l'abbé du Bos rapporte un passage de la vie de Louis-le-Débonnaire, où Tégan, s'élevant contre l'ingratitude d'Hébon, que ce prince avoit fait archevêque de Rheims, quoiqu'il ne fût qu'affranchi, lui dit : *Fecit te liberum non nobilem, quod impossibile est post libertatem. Vestivit te purpura et pallio, et tu induisti eum cilicio.* J'abandonne de bon cœur tous les raisonnemens de M. l'abbé du Bos sur ce passage ; mais j'avoue que je ne conçois point comment M. le président de Montesquieu peut prétendre que ces paroles de Tégan, *fecit te liberum non nobilem,* prouvent formellement deux ordres de citoyens. Je voudrois, pour former une preuve, un mot moins équivoque que celui de *nobilis,* dont on peut se servir dans un pays même où la loi n'établiroit aucune distinction entre les familles. Quoi qu'il en soit, le passage de Tégan signifiera tout ce qu'on voudra, il ne forme point une objection contre moi ; puisque je ne doute pas que sous Louis-le-Débonnaire il n'y eût en effet des familles nobles.

Je ne crois pas que mon opinion sur l'origine de la noblesse en France, soit injurieuse au sang de nos premières familles, ni aux trois grandes maisons qui ont successivement régné sur nous. « L'origine de leur grandeur, *s'écrie M. le président de Montesquieu*, n'iroit donc point se perdre dans l'oubli, la nuit et le temps. L'histoire éclaireroit des siècles où elles auroient été des familles communes ; et pour que Childéric, Pepin et Hugues-Capet fussent gentilshommes, il faudroit aller chercher leur origine parmi les Romains et les Saxons, c'est-à-dire, parmi les nations subjuguées. »

A ce raisonnement, je craindrois presque que la lecture de M. l'abbé du Bos n'eût été contagieuse pour M. le président de Montesquieu. L'orgueil de nos grandes maisons pourroit être blessé, si on leur disoit qu'il y a eu un temps en France où elles n'étoient qu'au rang des familles communes, tandis que l'ordre de la noblesse étoit déjà formé ; mais qu'elles soient offensées de n'avoir pas été nobles dans le temps qu'il n'y avoit point encore de noblesse, ce seroit une espèce de vertige. Si c'est une mortification pour elles, je leur en demande pardon, il faut qu'elles l'essuient; car je n'imagine pas que M. le président de Montesquieu croie que les nations aient commencé par avoir des gentilshommes. L'égalité a d'abord dû unir les citoyens de toute société, et la distinction des nobles et des roturiers ne peut être que la suite de plusieurs événemens et de plusieurs révolutions, dont la vanité de quelques citoyens profita pour s'attribuer des prérogatives particulières, et former une classe séparée. Il faudroit que nos grandes maisons fussent bien difficiles à contenter, s'il ne leur suffisoit pas d'être nobles depuis le règne de Clotaire II.

(2) Cet usage commença dans le temps que Marculfe écrivoit des formules. *Jubemus ut omnes pagenses vestros, tam Francos, Romanos vel reliquas nationes degentes bannire et locis congruis per civitates, vicos et castella, congregare faciatis, quatenus præsente misso nostro inlustri viro illo, quem ex nostro latere illuc pro hoc direximus, fidelitatem præcelso filio nostro vel nobis debeant promittere et conjurare, L. 1. Form. 40. Ut missi nostri populum nostrum iterùm nobis fidelitatem promittere faciant secundùm consuetudinem jamdudum ordinatam, et ipsi aperiant et interpretentur illis hominibus qualiter ipsum sacramentum et fidelitatem erga nos servare de-*

beant. Cap. 5. *an.* 822. *Art.* 12. *Volumus ut missi nostri per totam legationem suam primo omnium inquirant qui sint de liberis hominibus, qui fidelitatem nobis nondum promissam habent, et faciant illos eam promittere, sicut consuetudo semper fuit. Capit. an.* 829, *art.* 4. *Capitis* 4.

　(3) *Ideo veniens ille fidelis noster, ibi in palatio nostro, in nostra vel procerum nostrorum praesentia, villas nuncupatas illas, sitas in pago illo, sua spontanea voluntate nobis per fistucam visus est Werpisse, vel condonasse, in ea ratione, si ita convenit, ut dum vixerit, sub nostro beneficio debeat possidere; et post suum discessum, ejus adfuit petitio, nos ipsas villas fideli nostro illi plena gratia visi fuimus concessisse. Quapropter per praesens discernimus praeceptum, quod perpetualiter mansurum esse jubemus, ut dummodo taliter ipsius illius decrevit voluntas, quod ipsas villas in supra scriptis locis nobis voluntario ordine visus est lesouverpisse vel condonasse, et nos praedicto viro illi ex nostro munere largitatis, sicut ipsius illius decrevit voluntas, concessimus, hoc est, tam in terris, domibus, accolabus, mancipiis, vineis, silvis, campis, pratis, pascuis, aquis, aquarum discursibus, ad integrum quidquid ibidem ipsius illius portio fuit, dum advixerit, absque aliqua diminutione de qualibet re usufructuario ordine debeat possidere, et post*

ejus

ejus discessum memoratus ille hoc habeat , teneat et possideat , et suis posteris aut cui voluerit ad possidendum , relinquat. Form. 13. L. 1.

L'usage qui constate la formule qu'on vient de lire, est une des choses les plus surprenantes de notre histoire. M. le président de Montesquieu en parle , L. 30 , C. 8 , et pour expliquer comment on fut intéressé à dénaturer ainsi ses propres , il avance que ceux qui possédoient des bénéfices , avoient de très-grands avantages. Il en fait l'énumération , et ces privilèges ne sont autre chose que ceux que possédoient tous les leudes , en vertu de la prestation du serment de fidélité. Je défie de pouvoir me citer un texte qui prouve, qu'avant l'hérédité des bénéfices, les bénéficiers jouissent de quelque prérogative qui ne leur fût pas commune avec tous les leudes. Je sais bien que M. de Montesquieu dit , L. 30 , C. 25 , que tout leude avoit un bénéfice , et que quand on lui enlevoit celui qu'il possédoit , on lui en rendoit un autre ; mais il ne suffit pas d'avancer des faits , il faut les prouver. Est-il permis de croire que les premiers Mérovingiens eussent des domaines assez étendus pour donner un bénéfice à chaque leude? Si la possession d'un bénéfice donnoit des privilèges particuliers ; et si tout leude avoit un bénéfice , quel avantage

auroit-il trouvé à convertir son propre en bénéfice ? Si chaque leude avoit en effet un bénéfice , pourquoi Gontran auroit-il appris à son
neveu ceux à qui il devoit en donner, et ceux
qu'il en devoit priver ? *Quos honoraret muneri-*
bus , quos ab honore depelleret. Comment inter-
prêtoit-on différens articles du traité d'Andely
et de l'ordonnance portée par l'assemblée de
615 , que j'ai rapportés dans les remarques
précédentes ?

M. de Montesquieu croit que cette coutume
de changer son propre ou son alleu en bénéfice , continua et eut sur-tout lieu dans les désordres de la seconde race. Quoique personne
ne respecte plus que moi cet illustre écrivain ,
je ne puis me soumettre à son autorité ; puisque je vois, au contraire , que sous les premiers Carlovingiens on préféroit les alleux aux
bénéfices , et que les bénéficiers tâchoient de
faire passer leurs bénéfices pour des propres.
Auditum habemus comites et alii homines qui
nostra beneficia habere videntur, comparant sibi
proprietates de ipso nostro beneficio. Cap. 5 , an.
805 , art. 7. Audivimus quod alibi reddant be-
neficium nostrum ad alios homines in proprieta-
tem , et in ipso placito dato pretio comparant
ipsas res iterum sibi in allodem. Ibid. art. 8. Ut
missi nostri diligenter inquirant . . . qui de be-

neficio suo allodem comparavit vel struerit. Capit.
3. *an.* 812.

Dans les désordres de la seconde race , et
qui suivirent le règne de Louis-le-Débonnaire , il ne se donna pas un alleu pour le convertir en fief; ou du moins on ne pourra en
citer aucun exemple. Il s'établit alors un ordre
tout nouveau dans le gouvernement de l'état ,
et comme on le verra à la fin du second livre
de cet ouvrage , il se forma une relation nouvelle entre les seigneuries , et dont on ne peut
tirer aucune lumière pour éclaircir les coutumes de la première race. Si des seigneurs qui
possédoient des terres en alleu , consentirent à
les tenir en fief , et à reconnoître un suzerain ,
ils ne donnèrent point leurs domaines ; ils se
contentèrent de les soumettre aux devoirs du
vasselage , soit pour se faire un protecteur dans
un temps où tous les seigneurs se faisoient
la guerre , soit parce qu'ils y étoient forcés par
un voisin puissant et ambitieux.

Il est évident que dans le temps que Marculfe écrivoit , les propres devoient être regardés comme des biens plus sûrs , plus solides ,
plus précieux que les bénéfices , qui avoient
éprouvé mille révolutions différentes. Si on
voulut cependant changer son propre en bénéfices , il falloit donc que le bénéfice conférât

quelque privilège fort estimé; et quel autre
privilège pouvoit-ce être que de conférer, ainsi
que je l'ai conjecturé, une distinction particulière aux familles bénéficiaires?

(4) *Consecratio episcopos et reliquos Domini
sacerdotes, tam a servili quam a cæteris adscrip-
tis conditionibus semper liberos facit, idcirco præcipimus ut nullus ab eis nisi divina requirat ser-
vitia, L. 6, Capit. art.* 118. *De his qui sæculum
relinquunt propter servitium impediendum, et
tunc neutrum faciunt, ut unum e duobus eligant,
aut planiter secundum canonicam aut secundum
regulæ institutionem vivant, aut servitium dominicum faciant. Ibid. L. 5, art.* 245. *De liberis
hominibus qui ad servitium Dei se tradere vo-
lunt; ut prius hoc uno faciant quam a nobis
licentiam postulent. Hoc ideo quia audivimus ali-
quos ex illis non tam causa devotionis hoc fecisse,
quam pro exercitu seu alia fonctione regali fu-
gienda. Ibid. L.* 1. *art.* 114.

(5) *Hortatu omnium fidelium nostrorum et
maxime episcoporum ac reliquorum sacerdotum,
servis Dei per omnia omnibus armaturam por-
tare, vel pugnare, aut in exercitum et in hostem
pergere omnino prohibuimus. Cap.* 1, *an.* 769,
art. 1. *Volumus ut nullus sacerdos in hostem
pergat, nisi duo vel tres tantum episcopi electione cæterorum propter benedictionem et prædi*-

cationem , populique reconciliationem . . . . Hi vero
nec arma ferant nec ad pugnam pergant . . . Re-
liqui vero qui ad ecclesias suas remanent , suos
homines bene armatos nobiscum , aut cum quibus
jusserimus , dirigant. Cap. 8 , an. 803.

(6) Qui instante antiquo hoste audivimus quos-
dam nos suspectos habere , propterea quod concessimus episcopis et sacerdotibus ac reliquis Dei
servis ut in hostes , nisi duo aut tres a cœteris
electi , et Sacerdotes similiter perpauci ab eis electi ,
non irent , sicut in prioribus nostris continetur
capitularibus , nec ad pugnam properarent , nec
arma ferrent , nec homines tam christianos quam
paganos necarent , nec agitatores sanguinum fie-
rent , vel quicquam contra canones facerent ;
quod honores sacerdotum et res ecclesiarum au-
ferre vel minuere eis voluissemus ; quod nullatenus
facere velle , vel facere volentibus consentire omnes scire cupimus. Sed quanto quis eorum amplius
suam normam servaverit , et Deo servierit , tanto
eum plus honorare et cariorem habere volumus.
Cap. de Baluze , T. I , p. 410.

CHAPITRE VI.

(1) On voit en effet que le fameux maire
Ebroin s'autorisa d'un faux Clovis qu'il disoit
fils de Clotaire II.

(2) C'est ici le lieu de rendre compte en peu
de mots du système de M. le président de Montesquieu sur les fiefs. Il est bien surprenant
qu'avec tant de lumières, cet écrivain soit allé
chercher l'origine des fiefs dans les coutumes des
Germains. Chez les Germains, dit-il, L. 30,
C. 3, il y avoit des vassaux et non pas des fiefs.
Etrange proposition ! N'est-ce pas le fief qui
constitue seul le vassal ? « Il n'y avoit point
de fiefs, parce que les princes n'avoient point
de terres à donner ; ou plutôt, les fiefs étoient
des chevaux de bataille, des armes, des repas. »
En se voyant forcé de regarder comme des fiefs,
des chevaux de bataille, des armes, et des repas,
comment M. de Montesquieu ne s'est-il pas
aperçu qu'il étoit dans l'erreur ? Qu'il est dangereux de faire un système ! « Il y avoit des
vassaux, parce qu'il y avoit des hommes fidelles
qui étoient liés par leur parole. » Mais il y a
eu dans toutes les nations des hommes fidelles
qui étoient liés par leur parole ; et jamais cepen-

dant personne n'a prétendu que le gouvernement des fiefs ait été le gouvernement de toutes les nations. « Ils étoient engagés pour la guerre, et faisoient à peu près le même service que l'on fit depuis pour les fiefs. » Nos soldats sont donc aujourd'hui des vassaux de la couronne ; leur engagement et leur paye sont donc des fiefs.

Après avoir pris des chevaux de bataille, des armes et des repas pour des fiefs, il n'est pas surprenant que M. le président de Montesquieu ait donné la même qualification aux dons que les rois Mérovingiens faisoient de quelques parties de leurs domaines, et que j'ai appelés simplement des bénéfices. Vouloir que tout don soit un fief, c'est certainement confondre toutes les idées. Si ses mots sont synonymes, il est inutile de rechercher l'origine des fiefs dans l'histoire des barbares qui ont détruit l'Empire Romain : qui ne voit pas que les fiefs seroient aussi anciens que le monde, qu'ils dureroient autant que les sociétés, et appartiendroient également à toutes les espèces de gouvernement ?

Le fief a toujours été défini, *quod pro beneficio Dominus dat ea lege ut qui accipit militiæ munus aliudve servitium exhibeat.* C'est cette idée qu'on doit avoir d'un fief pour le distinguer d'un simple don, qui fait que je n'ai donné que le nom de bénéfices aux terres que les rois de la première race donnoient aux Leudes. En effet, ces dons n'imposoient aucune obligation particulière au Leude qui les recevoit ; et le bénéficier n'étoit tenu qu'à ne point trahir le serment de fidélité qu'il avoit prêté pour être admis dans la classe des Leudes, c'est-à-dire, à ne rien faire qui fût contraire aux intérêts du prince, *Quæ unus de fidelibus ac leodibus*, est-il dit dans l'ordonnance publiée, en 615, par l'assemblée de Paris, *suam fidem servando Domino legitimo, interregno faciente, visus est perdidisse, generaliter absque aliquo incommodo de rebus sibi juste debitis præcipimus revestiri. Art.* 17. Si les bénéficiers du prince avoient eu à remplir quelque devoir qui ne fût pas commun à tous les Leudes, l'ordonnance en auroit sans doute parlé. Il n'est question que de garder sa foi ; et on ne trouve rien dans les monumens de la première race, qui invite à croire qu'un Leude prêtât un nouveau serment lorsqu'il étoit gratifié d'un bénéfice, ou qu'il contractât quelque nouvelle obligation, soit à l'égard du service militaire, soit à l'égard du service domestique dans le palais.

Quelle autorité pourroit-on apporter pour prouver que les officiers de la personne du prince, ou ceux qui composoient son conseil ou sa cour, de justice, n'exerçassent leurs fonctions qu'en vertu de quelque bénéfice ou de quelque domaine qui leur auroit été donné ?

M. de Montesquieu prétend que les bénéficiers étoient tenus au service militaire en conséquence de leur bénéfice ; mais il est prouvé par tous les monumens de notre histoire, que servir à la guerre n'étoit point un devoir particulier aux bénéficiers, puisque tout citoyen étoit soldat, et obligé d'aller à la guerre quand il étoit commandé. Si on servoit à la guerre parce qu'on étoit bénéficier, les simples Leudes qui n'avoient point de bénéfice, étoient donc exempts du service militaire ; mais qui pourra jamais penser qu'une telle exemption fût le privilège des grands d'une nation qui n'aimoit et n'estimoit que la guerre ? Comment M. le président de Montesquieu prouve - t - il son sentiment ? Est - ce en citant Grégoire de Tours, quelque charte, quelque loi, quelque ordonnance des rois Mérovingiens ? Non, je trouve des capitulaires de Charlemagne, de Louis-le-Débonnaire, de Charles - le - chauve, etc. Je trouve jusqu'aux établissemens de S. Louis, quoiqu'il convienne lui-même, L. 30, C. 7, que « Charles - Martel fonda de nouveaux fiefs qu'il faut bien distinguer des premiers ; et L. 31, C. 23, qu'il se fit alors une espèce de révolution dans les lois féodales. » Pourquoi donc veut-il appli-

quer aux bénéfices antérieurs à Charles-Martel ,
ce qui ne convient qu'à ceux que ce maire créa ?

Pour satisfaire un lecteur un peu au fait de
notre histoire , il ne faut lui présenter que des
autorités presque contemporaines , ou du moins
qui ne tiennent pas à des temps séparés par des
révolutions considérables. Les François toujours
inconsidérés , inconstans et peu attachés à leurs
principes , se sont vus dans des circonstances
trop différentes sous la première , la seconde et
la troisième race , et ils ont obéi trop servile-
ment à la bizarrerie de la fortune et des événemens , pour qu'on puisse expliquer avec quelque sureté les usages d'un siècle , par les lois
et les coutumes du temps postérieur. Faute de
cette règle de critique , sans laquelle on s'égarera
toujours en écrivant sur l'histoire de France ,
M. le président de Montesquieu a confondu les
seigneuries , les bénéfices et les fiefs , ou a séparé des choses qui étoient unies ; de-là vient
encore une obscurité dont on ne s'aperçoit pas ,
quand on lit superficiellement , comme la plupart
des lecteurs , mais fatigante pour des personnes
qui , lisant pour s'instruire , veulent acquérir des
vérités , et les avoir en ordre.

Il ne faut regarder les bénéfices des Mérovingiens que comme un établissement qui donna
lieu à Charles-Martel de créer des fiefs , qui

d'abord ne furent eux-mêmes qu'un établissement économique et domestique ; et qui ayant
fait, ainsi que je le dirai dans le livre suivant ,
des progrès très-considérables à la faveur des
troubles qui ruinèrent les successeurs de Charlemagne , devint le droit public , général et
politique de la nation.

(3) Nous n'avons aucune des chartes par lesquelles Charles-Martel conféra des bénéfices , et
c'est une grande perte pour les personnes qui
aiment l'histoire de France ; car on verroit sans
doute dans ces chartes à quelles conditions il
donna des bénéfices. On y trouveroit les preuves les plus complètes de la révolution arrivée
sous sa régence , dans une partie de l'administration qui avoit déjà excité tant de troubles
et éprouvé plusieurs changemens.

On a vu dans le corps même de mon ouvrage , les raisons qui purent déterminer Charles-Martel à imposer des devoirs particuliers à
ses bénéficiers : à ces motifs j'en ajouterai ici
un nouveau, c'est que ce seigneur se trouvoit
dans une situation toute différente de celle des
rois Mérovingiens. Ceux-ci , par une suite naturelle des anciens principes du gouvernement , avoient des Leudes accoutumés à leur
être attachés. On ne leur contestoit point d'être
le centre de la puissance publique : leurs inté-

rêts étoient dans le fond les mêmes que ceux
de la nation. Charles-Martel au contraire, comme duc d'Austrasie, et maire de Bourgogne et
de Neustrie, ne possédoit qu'une dignité nouvelle et suspecte à une grande partie des François. Ne voulant point voir de roi au-dessus de
lui, et gouvernant sa nation avec un sceptre de
fer, il eut besoin, pour affermir sa fortune,
de se faire des soldats qui n'appartinssent qu'à
lui; qui fussent obligés de défendre ses intérêts
personnels, et trouvassent dans son armée et
dans son palais ce qui pouvoit satisfaire à la
fois leur avarice et leur ambition.

Les motifs raisonnables de faire une chose,
ne sont qu'une foible preuve qu'elle ait été
faite, quand on parle des hommes en général;
mais il n'en est pas de même lorsqu'il est question d'un homme aussi habile que Charles-Martel.

La première preuve que les bénéfices de Charles-Martel furent conférés sous la condition de
le servir dans son palais et dans ses guerres,
c'est que ses bénéficiers commencèrent à être
appelés vassaux, mot qui jusques-là n'avoit
signifié qu'un domestique. Voyez le glossaire de
M. du Cange, au mot *vassas*. Pourquoi ces
bénéficiers auroient-ils été appelés vassaux, s'il
n'y avoit eu une certaine ressemblance entre les
devoirs auxquels Charles-Martel les soumit, et
ceux de la domesticité ?

Avant la régence de ce maire, rien n'indique, ainsi que je l'ai déjà dit, que les bénéficiers contractassent de nouvelles obligations, et fussent spécialemeut engagés à remplir de certains devoirs; après cette époque, mille et mille monumens au contraire le disent, et pour ne pas ennuyer le lecteur, je n'en citerai ici que quelques-uns. *Quicumque ex eis qui beneficium principis habent, parem suum contra hostes communes in exercitum pergentem dimiserit, et cum eo ire aut stare noluerit, honorem suum et beneficium perdat. Cap. 2, an. 812, art. 5. De vassis dominicis qui adhuc intra casam serviunt, et tamen beneficia habere noscuntur, statutum est ut quicumque ex eis cum domno imperatore domi remanserint. Vassallos suos casatos secum non retineant, sed cum comite cujus Pagenses sunt, ire permittant. Ibid. art. 7. Concedimus,* dit Charles-le-Chauve dans une charte, *cuidam fideli nostro, nomine Rivelongo, sub devotione servitii sui, quasdam res juris nostri sitas, etc. Voyez dom Bouquet, T. 8, p. 835.* Mes remarques sur le second livre seront remplies de passages qui prouvent la même vérité.

Frumoldus.... magis infirmitate quam senectute confectus .... habet beneficium non grande in Burgundia in pago Genawense ubi pater ejus comes fuit, et timet illud perdere, nisi vestra benigni-

tas illi opituletur, eo quod præ infirmitate qua pre-
mitur, ad palatium venire non potest. Epist. Eginh.
Dom Bouquet, Tom. 6, p. 374.

Vassus dominicus . . . morbo pedum et senectute
gravis volebat venire ad dominum imperatorem,
sed non potuit propter infirmitatem suam. Cum
primum potuerit, veniet ad servitium ejus. Inte-
rim postulat ut sibi liceat beneficium suum habere,
quod ei domnus Karolus dedit in Burgundia in
pago Genawense usquedum ille ad præsentiam ejus
venerit, ac se in manus ejus commendaverit. Epist.
Eginh. Dom. Bouquet, T, 6, p. 375.

Voici en quels termes Eginhard demande un
bénéfice pour un de ses amis. *Est enim homo*
nobilis et bonæ fidei, bene quoque doctus ad ser-
viendum utilius in qualicumque negotio quod ei
injunctum fuerit. Servivit enim avo et patri vestro
fideliter et strenue. Ibid. Enfin les bénéfices, à
cause des services domestiques, avoient tellement
changé de nature, qu'Ethicon, frère de l'impératrice Judith, vit avec indignation que son fils eût
reçu en bénéfice quatre mille manoirs de terre
dans la haute Bavière; il crut sa maison dégradée.

(4) *Igitur memoratus Princeps (Carolus-Mar-*
tellus) consilio optimatum suorum, filiis suis
regna dividit. Cont. Fred. Part. 3.

CHAPITRE VII.

(1) *N̄am pulsis Romanis quid aliud quam bella omnium inter se gentium existent. Hist. L. 4.*

(2) Voyez le code des Bourguignons et celui des Visigoths.

(3) *Ecce pactiones quæ inter nos (Gunthram-num et Chilpericum) factæ sunt, ut quisquis sine fratris voluntate Parisius urbem ingrederetur, amitteret partem suam, essetque Polyoctus martyr, cum Hilario atque martino confessoribus, judex ac retributor ejus. Greg. Tur. L. 7, C. 6.* La ville de Marseille appartenoit de même en commun à Gontran et à Childebert. Voyez Greg. de T. L. 6, C. 11.

Fin des Remarques du Livre premier.

REMARQUES ET PREUVES

DES

Observations sur l'Histoire de France.

LIVRE SECOND.

CHAPITRE PREMIER.

(1) L'EXEMPLE d'un grand a toujours été plus contagieux chez les François que partout ailleurs ; et quand Charles-Martel n'auroit tiré aucun avantage des bénéfices qu'il conféra en son nom, la vanité toute seule auroit porté d'autres seigneurs à faire des vassaux. Je ne me rappelle aucun monument de notre histoire, antérieur à la régence de Charles-Martel, où il soit parlé des vassaux qu'avoient les évêques, les abbés, les comtes et les autres seigneurs ; après cette époque, tout au contraire en est plein.

Un capitulaire de Pepin, de l'an 757, art. 6, dit : *Homo Francus accepit beneficium de seniore suo, et duxit secum suum vassallum etc.*

Ut

Ut vassi nostri et vassi episcoporum abbatum, abbatissarum et comitum qui anno præsente in hoste non fuerunt, Heribannum rewadient. Cap. L. 4. Art. 20. Volumus atque jubemus ut vassalli episcoporum, abbatum, abbatissarum atque comitum et vassorum nostrorum talem legem et justitiam apud seniores suos habeant, etc. Cap. Car. Cal. Baluze. T. 2. p. 215.

Je pourrois citer ici plusieurs autres autorités ; mais pour abréger, je me contenterai de renvoyer à une charte de l'an 869, intitulée : *Præceptum Caroli - Calvi pro Dodone Vasso Otgerii. Libuit celsitudini nostræ, cuidam fideli nostro Dodone, vasso Otgerii fidelis nostri, de quibusdam rebus nostræ proprietatis honorare atque in ipsius jure ac potestate conferre. Capit. Baluze. T. 2, P. 1488.*

Je continue à me servir du mot de bénéfice dans l'histoire des premiers rois de la seconde race, parce que celui de fief ne commença à être en usage que vers le temps de Charles-le-Simple. Voyez le Glossaire de M. Ducange, au mot *Feudum.* Ce savant auteur remarque que les pièces d'une date antérieure au règne de Charles-le-Simple dans lesquelles on trouve cette expression, sont suspectes aux yeux des critiques. Les devoirs de ces vassaux des seigneurs étoient de les accompagner à la guerre, de soutenir leurs querelles particulières, et en les servant dans leurs maisons, de leur former une cour brillante.

(2) *Tria tantum Francorum regna esse cœperunt ; Burgundia Gunthramni, Neustria Chilperici, Austria Sigiberti. Nec plura deinde Merovei posteris dominantibus fuerunt. Postea Chlotharius junior totius Franciæ potens, retenta sibi Neustria atque Burgundia, Dagobertum filium suum regem Austrasiorum constituendum curavit : Atque ex eo Neustria ac Burgundia semper, dum Merovingi apud Francos regnârunt, uni principi paruere. Quare Theodoricum quidem Chlodovei minoris filium minimum, regnantibus fratribus suis, Chlotario in Neustria atque Burgundia, Childerico in Austria, privatam egisse, haudquaquam mirum fuit. Nec enim regnum ullum supererat quod ipsi darётur. Had. Vales Req. Franc. L. 22.*

(3) *Omnes optimates suos, duces et comites Francorum, episcopos quoque ac sacerdotes ad se venire præcipit (Pipinus). Ibique una cum consensu procerum suorum æquali sorte inter duos filios Karolum et Karlomannum, regnum Francorum paterno jure divisit. Annal. Metens. Cap. de an. 768.*

Le nouvel ordre de succession dont j'ai parlé dans mon ouvrage, est évidemment prouvé par

les lois de Charlemagne et de Louis-le-Débonnaire. *Quod si talis filius cuilibet istorum
trium fratrum natus fuerit quem populus eligere
velit ut patri suo succedat in regni hæreditate,
volumus ut hoc consentiant patri ipsius pueri,
ut regnare permittant filium fratris sui in portione regni quam pater ejus et frater eorum obtinuit. Chart. Divis. Imp. Car. Mag. An. 806.
Art. 5. Si vero aliquis illorum decedens, legiti-
mos filios reliquerit, non inter eos potestas ipsa
dividatur; sed potius populus pariter conveniens
unum ex eis, quem dominus voluerit, eligat.
Chart. Divis. Imp. Lud. Pii. Art. 14. Monemus
etiam totius populi nostri devotionem et sinceris-
simæ fidei pene apud omnes populos famosissimam
firmitatem, ut si is filius noster, qui nobis divino
natu successerit, absque liberis legitimis rebus humanis excesserit, propter omnium salutem et ecclesiæ tranquillitatem et imperii unitatem, in eli-
gendo uno ex liberis nostris, si superstites fratri
suo fuerint, eam quam in illius electione fecimus
conditionem imitentur. Ibid. Art. 18.*

Voyez dans le recueil de Baluze le troisième
article du capitulaire que Charles-le-Chauve
publia l'an 859, et le serment que Louis-le-
Bégue fit à son couronnement : *Ego Hludowicus
misericordia Domini Dei nostri et electione populi
rex constitutus, promitto, etc.*

Le P. Daniel prétend, dans sa préface historique, que la couronne devint purement élective sous les rois de la seconde race ; et que
les François, en élevant Pepin sur le trône,
ne s'étoient point engagés à choisir toujours leurs
rois dans sa famille. Comment accorder une
pareille opinion avec les passages qu'on vient de
lire ? Le grand argument de cet historien infidelle, c'est que le pape Etienne ne fait pas mention de ce pacte dans le discours qu'il prononça
au sacre de Pepin et de ses fils. Le pape eut
sans doute ses raisons pour se taire sur cet article ; et il n'est pas difficile de les deviner. Con-
venoit-il de faire valoir ce serment au milieu
d'une cérémonie qui rappeloit à tous les esprits
que les François avoient violé celui qu'ils avoient
fait aux princes Mérovingiens ? Mais je veux
que le pape Etienne n'ait eu aucun motif de
passer sous silence le serment des François au
couronnement de Pepin ; de quelle force peut
être une preuve négative qui est démentie par
les autorités les plus graves ?

Le silence du pape ne peut donc rien prouver
contre les droits de la famille de Pepin, sur-tout
quand on voit que ce même pape les reconnoît et les établit lui-même de la manière la
plus forte. Une pièce imprimée dans le recueil
de Dom Bouquet, T. 5, p. 9, ne permet pas

d'en douter. *Francorum principes benedictione et spiritus sancti gratia confirmavit ; et tali omnes interdictu et excommunicationis lege constrinxit, ut numquam de alterius lumbis regem in ævo præsumant eligere, sed ex ipsorum.* Le quatrième et le cinquième argumens du P. Daniel prouvent que la couronne étoit élective, mais ne détruisent point ce que j'ai avancé, que l'élection devoit regarder un prince de la maison de Pepin. Ce qu'il ajoute au sujet de Boson, de Rodolphe, d'Eudes, etc. qui se firent couronner rois, démontre seulement qu'il y avoit des usurpateurs, ce que personne n'ignore ; et que les princes de la seconde race tombés enfin dans le même avilissement que ceux de la première, et aussi incapables qu'eux de faire respecter les lois anciennes, et de conserver leur dignité, alloient subir le même sort et perdre le trône. Je n'en dis pas davantage ; il est fâcheux d'avoir à réfuter un historien qui se trompe de propos délibéré.

CHAPITRE II.

(1) *Maxima ex parte civitates et episcopales sedes traditæ sunt laicis cupidis ad possidendum, vel clericis scortatoribus et publicanis seculariter ad perfruendum.... inveniuntur etiam quidam inter eos episcopi, qui licet se fornicarios et adulteros dicant non esse, sunt tamen ebriosi vel venatores, pugnant in exercitu armati, et effundunt propria manu sanguinem hominum, sive paganorum, sive Christianorum.* C'est ainsi que S. Boniface écrivoit au pape Zacharie en 742. Voyez Dom Bouquet, T. 4, pag. 34.

(2) *Consuetudo autem nunc temporis talis erat, ut non sæpius, sed bis in anno placita duo tenerentur.* Hincm. de Ord. Pal. C. 29. *Ut ad mallum venire nemo tardet, primum circa æstatem, secundo circa autumnum.* Capit. I, an. 769, art. 12. On voit par cette loi que les François conservoient toujours leur ancienne indifférence pour leurs assemblées. Par les mots *placita* et *mallum*, dont on se servoit ordinairement pour désigner les plaids ou assises de justice, dans lesquels les rois, les ducs, les comtes et leurs officiers jugeoient les affaires des particuliers, il faut entendre ici les assemblées de la nation, qu'Eginhard appelle dans ses annales, *conventus generalis.* On n'en doutera pas, si on jette les yeux sur l'ouvrage d'Hincmar, que je viens de citer. *Placita* et *mallum* sont employés ici par extension, parce que dans ces assemblées générales, on jugeoit quelquefois les affaires majeures qui intéressoient la tranquillité publique,

comme l'infidélité de Tassillon, duc des Bavar-
rois, et la révolte de Bernard, roi d'Italie.

Tout le monde sait que c'est dans une assemblée de la nation, tenue à Nimègue en 831,
que la femme de Louis-le-Débonnaire se pur-
gea des accusations intentées contre elle par ses
beaux-fils. Il est évident que les deux passages
que je viens de citer, ne peuvent point s'entendre de la cour de justice du roi, qui se tenoit bien plus souvent, ainsi que nous l'apprennent plusieurs pièces anciennes, et principalement une lettre des empereurs Louis-le-Débonnaire et Lothaire. *Sciatis ob hanc causam nos
velle per singulas hebdomadas uno die in palatio
nostro ad causas audiendas sedere. Dom Bouquet
T. 6, p. 343.* J'ai cru cette remarque nécessaire,
parce que j'ai vu que plusieurs écrivains con-
fondent les assemblées de la nation avec la cour
de justice du roi ; et que cette erreur, toute
grossière qu'elle est, est adoptée par bien des
personnes, et jette une confusion extrême dans
notre histoire.

(3) Quelques écrivains croient que le peuple n'entra point dans les assemblées du champ
de Mai, sous la seconde race ; il suffira de rapporter ici quelques autorités pour détromper de
cette erreur. *Si tempus serenum erat; sin autem,
intra diversa loca distincta erant, ubi et hi abun-*

danter segregati semotim ; et cœtera multitudo separatim residere potuissent , prius tamen cœterœ inferiores personæ interesse minime potuissent. Quæ utraque tamen seniorum susceptacula sic in duobus divisa erant , ut primo omnes episcopi ; abbates vel hujusmodi honorificentiores clerici , absque ulla laicorum commixtione congregarentur. Similiter comites vel hujusmodi principes sibimet honorificabiliter a cœtera multitudine primo mane segregarentur. Hincm. de Ord. Pal. C. 35. Par l'expression , *cœtera multitudo* , on ne peut entendre que le peuple , ou ce que nous avons depuis appelé le tiers-état. *Vult dominus imperator ut in tale placitum quale ille nunc jusserit , veniat unusquisque comes , et adducat secum duodecim scabinos , si tanti fuerint , sin autem , de melioribus hominibus illius comitatus suppleat numerum duodenarium , et advocati , tam episcoporum , abbatum et abbatissarum ut eis veniant. Capit. 2 , au. 819 , art. 2.* Voilà les personnes comprises par le *cœtera multitudo* d'Hincmar. Il ne peut y avoir de difficulté sur la condition de ces scabins ou rachinbourgs. J'en ai parlé dans le livre précédent , c'étoient les assesseurs des juges ; et le peuple les nommoit. Pour les avoués des églises , ils n'étoient encore dans ce temps-là que des hommes du peuple , des espèces d'intendans d'un évêque ou d'un monastère.

Ce n'est que vers la fin de la seconde race, ou au commencement de la troisième, que les seigneurs ne dédaignèrent pas ce titre, qui les constituoit capitaines des milices de l'église dont ils étoient avoués. Les advoueries devinrent des fiefs considérables, et pareils aux Vidamies. Voyez le Glossaire de M. Ducange, au mot *advocatus*.

Ut populus interrogetur de capitulis quæ in lege noviter addita sunt, et postquam omnes consenserint, subscriptiones et manufirmationes suas in ipsis capitulis faciant. Cap. 3, an. 803. Hæc Capitula Domnus Hludowicus imperator, anno imperii quinto cum universo cœtu populi in Aquigrani Palatio promulgavit. Prol. Cap. 1, an. 816. Il faut remarquer que dans les ordonnances publiées par les assemblées précédentes, où il n'y avoit que des prélats et des seigneurs, on ne s'exprimoit point ainsi ; on n'y trouve jamais le mot *Populus*. Les annales de S. Bertin disent que le peuple assista à l'assemblée tenue à Nimégue en 831.

Ego Agobardus, Lugdunensis ecclesiæ indignus episcopus, interfui venerabili conventui apud palatium quod nuncupatur compendium. Qui ubique conventus extitit ex reverentissimis episcopis et magnificentissimis viris inlustribus, collegio quoque abbatum et comitum, promiscuæque ætatis et dignitatis populo. C'est l'assemblée de 833. Voyez

Dom Bouquet, T. 6, p. 246. Je ne finirois point, si je voulois rapporter ici tous les passages de nos anciens monumens qui prouvent que le peuple entroit au champ de Mai ; on en trouvera plusieurs répandus çà et là dans les remarques du présent livre ; je prie le lecteur d'y faire attention.

(4) *Aliud placitum cum senioribus tantum et præcipuis consiliariis habebatur.* Hincm. de Ord. Pal. C. 30. C'est toujours ce traité précieux d'Hincmar, que je cite dans ce chapitre.

(5) Les lois Saliques et Ripuaires, et les ordonnances des premiers rois Mérovingiens qui sont venues jusqu'à nous, ne sont point intitulées au nom du prince. Voyez les capitulaires de Baluze et le recueil des historiens de France, par Dom Bouquet Childebert, en 595, mit le premier son nom à la tête d'une ordonnance ; *Childebertus, rex Francorum vir inluster.* Cette nouveauté étoit une suite des progrès que l'autorité royale avoit faits depuis Clovis. Elle fut vraisemblablement inspirée à Childebert par les Leudes Gaulois d'origine, qui étoient accoutumés à voir le nom des empereurs à la tête des ordonnances.

(6) *Capitula quæ præterito anno legi Salicæ cum omnium consensu addenda esse censuimus.* Cap. an. 801. *Generaliter omnes admonemus ut capitula*

quæ præterito anno legi Salicæ per omnium con-
sensum addenda esse censuimus, jam non ulte-
rius capitula, sed tantum Lex dicantur, immo
pro lege teneantur. Capit. an. 821, art. 5. Capi-
tularia patris nostri quæ Franci pro lege tenen-
da judicaverunt. Capit. an. 837. Lex consensu
populi fit et constitutione Regis. Capit. an. 864.
art. 6.

(7) Hincmar, en parlant des malversations
des comtes, établit très-bien cette différence
entre les lois et les capitulaires simplement provisionnels, et qui n'étoient pas revêtus de l'autorité législative. *Quando enim sperant aliquid*
lucrari, ad legem se convertunt ; quando vero
per legem non æstimant acquirere, ad capitula
confugiunt ; sicque interdum fit, ut nec capitula
pleniter conserventur, sed pro nihilo habeantur,
nec Lex. J'ajouterai encore ici une autorité,
qui ne laissera aucun doute sur cette matière.
Ut si missi nostri talem causam in illa terra inve-
nerint quam ad debitum finem, neque per ista
capitula, nec per capitula progenitorum nostrorum,
neque per legalia capitula perducere possint, nobis
rationabiliter et veraciter remandare procurent,
ut nos illis remandemus qualiter inde agere debeant.
Edict. apud Tusiacum, an. 865, art. 15.

Les règlemens particuliers et provisionnels
avoient une très-grande autorité, ainsi que

nous l'apprend un capitulaire de Charles-le-Chauve. *Ut nemo despiciat Litteras nostra auctoritate aut filii nostri nomine signatas , vel eorum quos in hoc Regno cum illo dimittimus : neque inobediens sit quæ sibi mandata fuerunt. Quod si præsumpserit, ita mulctetur, sicut in capitulari avi et domni genitoris nostri continetur.* Cap. an. 877. art. 21. J'avertis les lecteurs qui veulent faire une étude sérieuse de notre ancienne histoire , d'avoir une attention particulière à distinguer les capitulaires législatifs, de ceux qui n'ont été que des règlemens provisionnels. On peut les connoître à différentes marques. Leur date , la matière qu'ils traitent, leur forme , peuvent aider à faire cette différence. Quelquefois un capitulaire en indique un qui n'est que provisionnel, et un autre qui a titre de loi. Sous Charlemagne , on trouve peu des premiers , ils sont plus fréquens sous Louis-le-Débonnaire , et très-communs sous Charles-le-Chauve ; c'est que Charlemagne étoit un très-grand prince , Louis-le-Débonnaire un homme médiocre, et Charles-le-Chauve un prince absolument incapable de régner. Sous Charlemagne le gouvernement se formoit, sous Louis-le-Débonnaire il se déformoit, sous Charles-le-Chauve il n'existoit plus.

(8) *Cum omnes capitalem sententiam procla-*

marent, rex, misericordia motus, eo quod con-
sanguineus esset, obtinuit ab ipsis Dei et suis
fidelibus ut non moriretur. Ann. Meten. an. 788.
Dixit enim Dominus rex in eadem synodo ut a
sede apostolica, id est, ad Adriano pontifice licen-
tiam habuisset, ut Angilramnum Archiepiscopum
in suo palatio assidue haberet propter utilitates
ecclesiasticas ; deprecatus est eandem synodum ut
eodem modo sicut Angilramnum habuerat, ita
etiam Hildeboldum episcopum habere debuisset ;
quia et de eodem, sicut et de Angilramno aposto-
licam licentiam habebat. Omnis synodus consen-
sit, et placuit eis eum in palatio esse debere
propter utilitates ecclesiasticas. Cap. Francofor-
diensis, an. 794, art. 53. L'apocrisiaire avoit
l'intendance générale des affaires de la religion
dans le palais. Il étoit encore chef ou président,
sous le roi, de la cour supérieure de justice,
quand on y jugeoit quelque procès dans lequel
un ecclésiastique étoit partie. Le comte du palais en étoit chef ou président, sous le roi, quand
on y jugeoit les différends des laïcs. Voyez Hincmar, de Ord. Pal. C. 13 et suivans.

Quapropter et nostros ad vos direximus mis-
sos, qui ex nostri nominis auctoritate una vobis-
cum corrigerent quæ corrigenda essent, sed et
aliqua capitula ex canonicis institutionibus, quæ
magis nobis necessaria videbuntur, subjunximus,

Ne aliquis, quæsa, Prælatis admonitionem essê præsumtiosam judicet, qua nos errata corrigere, superflua abscidere, recta coartare studeamus. Sed magis benevolo caritatis animo suscipiat : nam legimus in regnorum libris quomodo sanctus Josias rex, etc. Voyez les Capit. de Baluze, T. 1, pag. 703.

(9) *Volumus propter justitias quæ usquemodo de patre comitum remanserunt, quatuor tantum mensibus ii anno missi nostri legationes nostras exerceant, in hieme Januario, in verno Aprili, in æstate Julio, in autumno Octobrio, cæteris vero mensibus unusquisque comitum placitum suum habeat et justitias faciat. Cap. 3. an. 812, art. 4. Itaque volumus ut medio menso Maio conveniant iidem missi, unusquisque in sua legatione cum omnibus episcopis, abbatibus, comitibus ac vassis nostris, advocatis, ac vice dominis abbatissarum, nec non et eorum qui propter aliquam inevitabilem necessitatem ipsi venire ad locum unum. Et si necesse fuerit, propter opportunitatem, conveniendi in duobus vel tribus locis, vel maxime propter pauperes populi, idem conventus habeatur qui omnibus congruat. Et habeat unusquisque comes vicarios et centenarios suos necnon et de primis scabineis suis tres aut quatuor. Et in eo conventu primum christianæ religionis et ecclesiastici ordinis collatio fiat. Deinde inquirant missi*

nostri ab universis qualiter unusquisque illorum qui ad hoc à nobis constituti sunt, officium sibi commissum, secundum Dei voluntatem ac jussionem nostram, administret in populo, et quam concordes atque unanimes ad hoc sint, vel qualiter vicissim sibi auxilium ferant ad ministeria sua peragenda. Cap. an. 823, art. 28.

Ce capitulaire est de Louis-le-Débonnaire; mais on peut et on doit même, sans crainte de se tromper, attribuer à Charlemagne l'établissement des états provinciaux dont je parle. Je prie de faire attention qu'on ne peut rien inférer contre mon sentiment, du silence des capitulaires de Charlemagne au sujet de ces états, puisqu'il s'en est perdu un assez grand nombre, et qu'il s'en faut beaucoup que nous ayons un corps complet de sa législation ou de son administration. En second lieu, il seroit difficile de croire que les états provinciaux fussent l'ouvrage de Louis-le-Débonnaire. Cet établissement, on le verra dans le quatrième chapitre de ce livre, n'a aucune analogie avec le reste de la conduite de ce prince, ou du moins avec la politique des personnes qui le gouvernoient. Charlemagne vouloit être instruit de tout, parce qu'il vouloit remédier à tout, et qu'il se sentoit les talens nécessaires pour réussir. Il favorisoit en toute occasion la liberté de la

nation. Louis-le-Débonnaire craignoit au contraire d'être instruit des abus auxquels il n'avoit
pas l'art d'apporter un remède efficace ; et les
ministres de son autorité ne songeoient qu'à
l'étendre et en abuser.

En troisième lieu, ma conjecture paroît d'autant mieux fondée, que Louis - le - Débonnaire
avertit quelquefois dans ses capitulaires, qu'il
ne fait que copier ceux de son père ; et on
s'en apercevroit bien sans qu'il le dît, sur-tout
dans les occasions où il paroît s'élever au dessus
de lui-même, et avoir de grandes vues. *Ut
omnis episcopus, abbas et comes, excepta infirmitate vel nostra jussione, nullam excusationem
habeat quin ad Placitum Missorum nostrorum
veniat, aut talem Vicarium suum mittat qui in
omni causa pro illo reddere rationem possit. Cap.
5. an. 819, art. 28.*

(10) *Statuimus quoque cum consilio servorum
Dei et populi christiani, propter imminentia bella
et persecutiones cæterarum gentium quæ in circuitu
nostro sunt, ut sub precario et censu aliquam partem ecclesialis pecuniæ in adjutorium exercitus
nostri, cum indulgentia Dei, aliquanto tempore
retineamus, ea conditione, ut annis singulis de
unaquaque casata solidus, id est, duodecim denarii
ad ecclesiam vel monasterium reddantur; eo modo
ut si moriatur ille cui pecunia commodata fuit,
ecclesia*

ecclesia cum propria pecunia revestita sit. Et ite-
rum , si necessitas cogat , aut princeps jubeat ,
precarium renovetur et rescribatur novum. Et om-
nino observetur ut ecclesiæ vel monasteria penu-
riam non patiantur quorum pecunia in precario
posita est ; sed si paupertas cogat , ecclesiæ vel do-
mui Dei reddatur integra possessio. C. 2. an. 743.

Cet usage des précaires n'étoit pas nouveau
sous Pepin. Dom Bouquet nous a donné dans
son recueil, T. 4, p. 687, un diplome de Dagobert III , qui renouvelle les précaires établis
par les rois ses prédécesseurs. Voyez la pièce
intitulée *Præceptum Dagoberti III , regis quod*
facit super precarium de monastero Anisolæ ,
Ibboleno abbati.

(11) *Ita ut episcopo decedente , in loco ipsius ;*
qui a metropolitano ordinari debet cum provincia-
libus , a clero et populo eligatur ; et si persona
condigna fuerit , per ordinationem principis ordi-
netur ; vel certe si de palatio eligitur , per meri-
tum personæ et doctrinæ ordinetur. Ord. an. 615 ,
art. 1. Marculfe nous a donné la formule par
laquelle les rois Mérovingiens nommoient à un
évêché , ou plutôt ordonnoient au métropolitain
de sacrer le candidat qu'ils lui adressoient.

Domino sancto , sedis apostolicæ dignitate co-
lendo , in Christo patri illi episcopo , ille rex
Credimus jam ad vestram reverentiam pervenisse

Tome I. E e

sanctæ recordationis illius urbis antistitem evoca-
tione divina de præsentis sæculi luce migrasse. De
cujus successore sollicitudine integra, cum pon-
tificibus, vel primatibus populi nostri pertractan-
tes, decrevimus illustri viro illi, aut venerabili
viro illi, ad præfatam urbem pontificalem regula-
riter Christo auspice committere dignitatem ; et
ideo salutationum jura digno debita honore solven-
tes, petimus ut cum ad vos pervenerit, ipsum
ut ordo postulat, benedici vestra sanctitas non
moretur, et junctis vobis cum vestris comprovin-
cialibus, ipsum in supra scripta urbe consecrare,
Christo auspice, debeatis. Agat ergo almitas ves-
tra, ut et nostræ voluntatem devotionis incunctan-
ter debeatis implere, et tam vos quam ipse, pro
stabilitate regni nostri jugi invigilatione plenius
exoretis. Form. 6. Liv. 1.

Sacrorum canonum non ignari, ut in Dei no-
mine sancta ecclesia suo liberius potiretur honore,
adsensum ordini ecclesiastico præbuimus, ut scili-
cet episcopi per electionem cleri et populi, secun-
dum statuta canonum, de propria diœcesi, remota
personarum et munerum acceptione, ob vitæ
meritum et sapientiæ donum eligantur. Cap. 1,
an. 803, art. 2.

Ut nullus judicum de quolibet ordine clericos
de civilibus causis, præter criminalia negotia, per
se distringere aut damnare præsumat, nisi convin-

citur manifestus, excepto presbytero, aut diacono. Qui vero convicti fuerint de crimine capitali, juxta canones distringantur et cum pontificibus examinentur. Ord. an. 615, art. 4, quod si causa inter personam publicam et homines ecclesiæ stete-rit, pariter ab utraque parte præpositi ecclesia-rum et judex publicus in audientia publica positi, ea debeant judicare. Ibid. art. 5, libertos cujus-cumque ingenuorum a sacerdotibus juxta textus chartarum ingenuitatis suæ defensandos, nec abs-que præsentia episcopi aut præpositi ecclesiæ esse judicandos vel ad publicum revocandos. Ibid. art. 7.

Ut nullus judex neque presbyterum, neque dia-conum aut clericum aut juniorem ecclesiæ, extra conscientiam pontificis per se distringat aut con-demnare præsumat. Quod si quis hoc fecerit, ab ecclesia cui injuriam inrogare dignoscitur, tamdiu sit sequestratus, quamdiu reatum suum cognoscat et emendet. Cap. an. 769, art. 17.

Ut comites et judices seu reliquus populus obe-dientes sint episcopo. Cap. 1. an. 813, art. 10, et in vestris ministeriis pontifices nostros talem po-testatem non permittatis, qualem rectitudo eccle-siastica docet: insuper nonas et decimas vel cen-sus improba cupiditate de ecclesiis, unde ipsa be-neficia sunt, abstrahere nitamini, et precarias de ipsis rebus, sicut a nobis dudum in nostro capi-tulare institutum est, accipere negligatis. Præcep-

Car. magn. de honore præstando episcopis a comitibus et aliis judicibus. Dom Bouquet, T. 5, p. 766.

Præcipimus omnibus ditioni nostræ subjectis ut nullus privilegia ecclesiarum vel monasteriorum infringere, resque ecclesiarum invadere, vel vastare, vel alienare, vel facultates earum diripere præsumat, nec sine precaria possidere pertentet. Capit. 1, an. 813, art. 3. Sicut et per scripturas et per auctoritatem, et per rationem, manifestum est, duo sunt quibus principaliter mundus hic regitur, regia potestas et pontificalis autoritas ; et in libro capitulorum avi et patris nostri conjuncte ponitur, ut res et mancipia ecclesiarum eo modo contineantur, sicut res ad fiscum dominicum pertinentes contineri solent juste et rationabiliter de rebus et mancipiis quæ in regia et in ecclesiastica vestitura fuerunt, uniformiter et uno modo tenendum est. Capit. an. 873, art. 8.

(12) Ut quisque beneficium ecclesiasticum habet, ad tecta ecclesiæ restauranda, vel ipsas ecclesias omnino adjuvent. Capit. 1, an. 813, art. 24. Ut qui ecclesiarum beneficia habent, nonam et decimam ex iis ecclesiæ cujus res sunt, donent... Ut de omni conlaborato, et de vino, et de fæno pleniter et fideliter ab omnibus nona et decima persolvatur. De nutrimine vero quod in decima dandum est, sicut hactenus consuetudo fuit, de omnibus observetur. Si quis tandem espiscoporum

fuerint qui argentum pro hoc accipere velit, in sua maneat potestate, juxta quod ei at illi qui hoc persolvere debet, convenerit. Capit. Baluz. T. 1, p. 1229.

Ut hi qui per beneficium domni imperatoris ecclesiasticas res habent, decimam et nonam dare, et ecclesiarum restaurationem facere studeant. C. an. incerti, art. 56. Baluz. T. 1. p. 515.

Considerandum est ut de frugibus terræ et animalium nutrimine nonæ et decimæ persolvantur. De opere vero vel restauratione ecclesiarum comes et episcopus sive abbas, una cum misso nostro quem ipsi sibi ad hoc elegerint, considerationem faciant, ut unusquisque tantum inde accipiat ad operandum et restaurandum quantum ipse de rebus ecclesiarum habere cognoscitur. Similiter et vassi nostri aut in commune tantum operis accipiant, quantum rerum ecclesiasticarum habent, ut unusquisque per se juxta quantitatem quam ipse tenet. Cap. 4, an. 819, art. 5.

De his qui nonas et decimas jam per multos annos aut ex parte aut ex toto dare neglexerunt, volumus ut per missos nostros constringantur ut secundum capitularem, priorem solvant unius anni nonam et decimam cum sua lege, et insuper bannum nostrum; et hoc eis denuncietur quod quicumque hanc negligentiam iteraverit, beneficium unde hæc nona hæc decima persolvi debuit, amis-

surum se sciat. Ita enim continetur in capitulare bonæ memoriæ genitoris nostri in libro 1, cap. 158, item in capitulare nostro in libro 2, cap. 21, de eadem re. Capit. ad. 829, art. 5 capitis 1.

Ces différentes autorités que je viens de rapporter au sujet de la dixme, ne peuvent certainement regarder que les seigneurs qui possédoient des précaires. Il est bien singulier que plusieurs écrivains en aient inféré que sous le règne de Charlemagne on établit une dixme générale en faveur des ecclésiastiques. Si cette charge avoit été imposée sur tous les biens, seroit-il possible qu'il n'en fût point parlé, à l'occasion de la dixme que devoient les précaires? Celle-ci donna vraisemblablement naissance à l'autre.

Ut presbyteri parrochiani suis senioribus debitam reverentiam et competentem honorem atque obsequium suum ministerium impendant, sicut in legibus sacris et in præsentis capitulis continetur, et sicut temporibus avi et patris nostri justa et rationabilis consuetudo fuit. Capit. an. 869, art. 8.

Statutum est unicuique ecclesiæ unus mansus integer absque ullo servitio attribuatur, et presbyteri in eis constituti non de decimis neque de oblationibus fidelium, non de domibus, neque de atriis, vel hortis juxta ecclesiam positis, neque de præscripto manso aliquod servitium præter ec-

elesiasticum faciant, et si aliquid amplius habue-
rint, inde senioribus servitium impendant. Capit.
an. 816 , art. 10.

Ut de rebus unde census ad partem regis exire
solebat , si ad aliquam ecclesiam traditæ sunt , aut
tradentur propris hæredibus , aut qui eas reti-
nuerit, vel censum illum persolvat. Capit. 3 , an.
812. Quicumque terram tributariam unde tri-
butum ad partem nostram exire solebat , vel ad
ecclesiam vel cuilibet alteri tradiderit, is qui eam
susceperit, tributum quod inde solvebatur , omnino
ad partem nostram persolvat, nisi forte talem fir-
mitatem de parte dominica habeat per quam ipsum
tributum sibi perdonatum possit ostendere. Capit.
4 , an. 819 , art. 1.

(13) *Census regalis undecumque legitime exie-*
bat , volumus ut inde solvatur sive de propria per-
sona sive de rebus. Capit. 2 , an. 805 , art. 20.
Ut missi nostri census nostros diligenter perqui-
rant , undecumque antiquitus venire ad partem
regis solebant , similiter et freda. Capit. 3 , an.
812 , art. 10. Voyez le livre 5 des capitulaires ,
C. 303 , au sujet des corvées et des autres droits
que les seigneurs levoient sur les gens de leurs
terres.

Placuit inserere ut ubi lex erit , præcellat con-
suetudini , et ut nulla consuetudo superponatur
legi. Capit. an. 793 , art. 10. De teloneis placet

nobis ut antiqua et justa, telonea a negociatoribus exigantur, tam de pontibus quamque de navigiis et mercatis ; nova vero sive injusta, ubi vel funes tenduntur, vel cum navibus sub pontibus transitur, seu his similia, in quibus nullum adjutorium interantibus præstatur, ut non exigantur; similier etiam nec de his qui sine negotiandi causa substantiam suam de una domo sua ad aliam aut ad palatium seu in exercitum ducunt. Capit. 2, an. 805, art. 13. Ut nullus cogatur ad pontem ire ad flumen transeundum propter telonei causam ; quando ille in alio loco compendiosius illud flumen transire potest, similiter et in plano campo, ubi nec pons nec trajectus est ; ubi omnimodis præcipimus ut non teloneum exigatur. Capit. 1, an. 809, art. 19.

(14) *Cum calcearetur et amiciretur, non tantum amicos admittebat, verum etiam si comes palatii litem aliquam esse diceret, quæ sine ejus jussu definiri non poterat, statim litigantes introducere jubebat, et velut pro tribunali sederet, lite cognita sententiam dicebat. Eginh. in vit. Car. Mag. C. 24. Neque ullus comes palatii nostri potentiorum causas sine nostra jussione finire præsumat, sed tantum ad pauperum et minus potentium justitias faciendas sibi sciat esse vacandum. Capit. L. 3, C. 77.*

(15) *Quicumque liber homo in hostem bannitus fuerit, et venire contempserit, plenum he-*

ribannum , id est, solidos sexaginta persolvat.
Capit. L. 3 , C. 57. Ita vero præparatus cum
hominibus tuis ad prædictum locum venies , ut
inde in quamcumque partem nostra fuerit jussio ,
exercitabiliter ire possis , id est , cum armis atque utensilibus necnon et cætero instrumento bel-
lico , in victualibus et vestimentis , ita ut unusquisque caballarius habeat scutum , et lanceam ,
et spatham et semispatham , arcum et pharetras
cum sagittis , et in carris vestris utensilia diversi
generis , id est , cuniadas et dulaturias , taratros ,
ascias, fossorios , palas ferreas , et cætera utensilia quæ in hostem sunt necessaria ; utensilia vero
ciborum in carris de illo placito in futurum ad
tres menses , arma et vestimenta ad dimidium annum. Epist. Car. Mag. ad Fulradum Abbatem.
Dom Fouquet , T. 5 , p. 633. Cette lettre est
sans date , et fut sans doute écrite avant qu'on
eût porté la loi qui défendoit aux ecclésiastiques
de faire la guerre.

(16) Le Manoir , Mansus , selon M. Du
Cange , contient douze de nos arpens. Quicumque liber homo mansos quinque de proprietate habere videtur, in hostem veniat : et qui quatuor
mansos , similiter faciat ; qui tres habere videtur,
similiter agat. Ubicumque autem inventi fuerint
duo quorum unusquisque duos mansos habere videtur , unum alium præparare faciat : et qui meliùs

ex ipsis potuerit, in hostem veniat. Et ubi in-
venti fuerint duo, quorum unus habeat duos man-
sos, et alter habeat unum mansum, similiter se
sociare faciant, et unus alterum præparet, et
qui melius potuerit, in hostem veniat. Ubicumque
autem tres fuerint inventi, quorum unusquisque
mansum unum habeat, duo tertium præparare
faciant, ex quibus qui melius potest in hostem
veniat. Illi vero qui dimidios mansos habent,
quinque sextum præparare faciant, etc. Capit. an.
807, art. 2.

(17) *Quicumque liber homo inventus fuerit*
anno præsente cum Seniore suo in hoste non fuisse,
plenum Heribannum persolvere cogatur. Et si Se-
nior vel comes eum domi dimiserit, ipse pro eo
eumdem Heribannum persolvat; et tot Heribanni
ab eo exigantur quot homines domi dimiserit. Et
quia nos anno præsente unicuique seniori duos
homines, quos domi dimitteret, concessimus, illos
volumus ut missis nostris ostendat, quia his tan-
tummodo Heribannum concessimus. Cap. 2. an.
812, art. 9. On vient de voir dans la note
15, que cette amende appelée *Heriban*, étoit
de 60 sols.

Ut vassi nostri, et vassi episcoporum, abba-
tum, abbatissarum et comitum qui anno præsente
in hoste non fuerunt, Heribannum rewadient,
exceptis his qui propter necessarias causas et a

domno ac genitore nostro Karolo constitutas , domi
dimissi fuerunt, id est, qui a comite propter pa-
cem conservandam , et propter conjugem , (les
nouveaux mariés n'alloient point à la guerre
la première année de leur mariage) *ac domum*
ejus custodiendam , et ab episcopo , vel abbate ,
vel abbatissa similiter propter pacem conservan-
dam , et propter fruges colligendas , et familiam
constringendam et missos recipiendos dimissi fue-
runt. Cap. L. 4 , art. 70.

CHAPITRE III.

(1) JE ne voulois mettre ici que des remarques critiques , pareilles à celles qu'on a
lues jusqu'à présent ; mais ayant eu la témérité de dire que les grands ne sont grands que
pour être les artisans du bonheur du peuple ,
il est juste de justifier une pensée qui doit paroître un paradoxe à quelques lecteurs qui me
feront peut-être l'honneur de jeter les yeux
sur cet ouvrage.

Parmi des citoyens qui furent nécessairement
égaux en formant leur société , les distinctions
n'ont pu être que la récompense du mérite ,
ou du moins des services rendus à tous , et
reconnus par une reconnoissance générale. Si les

sociétés avoient bien compris leurs intérêts,
toute distinction n'auroit été que personnelle ;
et par-là l'amour de la gloire et l'émulation
auroient sans cesse produit d'excellens citoyens.
Mais il arriva que, par une espèce de reconnoissance enthousiaste, on fit ou laissa passer
jusques sur les fils de l'homme qui avoit bien
mérité de la patrie les distinctions qui n'appartenoient qu'à lui seul, et qu'on permit à
l'orgueil de ses héritiers d'affecter de certaines
prérogatives. Dès lors il se fit un bouleverse-
ment entier dans l'ordre naturel des choses. Au
lieu que la société ne devoit accorder des distinctions que pour être mieux servie, ceux qui
obtinrent ou usurpèrent ces distinctions, se
regardèrent comme la société même, et se firent
servir par ceux dont ils sont naturellement les
serviteurs. L'orgueil des grands en imposa à
l'imbécillité du peuple, qui se laissa persuader
qu'il ne devoit être compté pour rien.

. L'abus que les grands font de leur grandeur
est ancien, mais leur devoir n'est pas moins
réel. L'état est prodigue à l'égard des grands ;
que lui rend leur reconnoissance ? J'ajouterai
qu'une société n'est sage et heureuse qu'autant que sa constitution la rapproche de ces
idées primitives. Charlemagne avoit compris
cette grande vérité, et c'est en empêchant

qu'aucun ordre ne dominât impérieusement dans l'état, qu'il vouloit y établir l'autorité des lois et les rendre impartiales. Je dirai encore un mot, les grands ne peuvent trouver un bonheur véritable ou durable que dans le bonheur du peuple.

(2) *Auditum habemus qualiter et comites et alii homines qui nostra beneficia habere videntur, comparant sibi proprietates de ipso nostro beneficio, et faciant servire ad ipsas proprietates servientes nostros de eorum beneficio, et curtes nostræ remanent desertæ.* Cap. 5, an. 806, art. 7. *Audivimus quod alibi reddant beneficium nostrum ad alios homines in proprietatem, et in ipso Placito dato pretio comparant ipsas res iterum sibi in Alodum.* Ibid. art. 8. Cette adresse des bénéficiers pour dénaturer leurs bénéfices et en faire des propres ou des alleux, démontre que les bénéfices de Charlemagne n'étoient pas héréditaires.

Les autorités que je vais rapporter, désignent les cas pour lesquels on perdoit les bénéfices dont on étoit investi ; et de là il est aisé de conclure que le prince n'ayant pas la faculté de les reprendre arbitrairement, les conféroit à vie. *Quicumque ex eis qui beneficium principis habent, parem suum contra hostes communes in exercitum pergentem dimiserit, et cum eo ire aut stare*

noluerit, honorem suum et beneficium perdat.
Cap. 2*, an.* 812*, art.* 5. *Quicumque suum be-*
neficium occasione proprii desertum habuerit, et
intra annum postquam ei a comite vel a misso
nostro notum factum fuerit, illud emendatum non
habuerit, ipsum beneficium amittat. Cap. 4*, an.*
812*, art.* 3. On voit par ce dernier passage,
qu'il y avoit même des formalités et des délais
de justice à observer, pour dépouiller un vassal de son bénéfice. Après le traité d'Andely,
et l'ordonnance de 615, qui avoient établi l'hérédité des bénéfices Mérovingiens, il étoit tout
simple que Charles-Martel et les princes de sa
maison qui donnèrent des bénéfices, ne se ré-
servassent pas le droit odieux de les reprendre
arbitrairement.

(3) Les rois Mérovingiens accordèrent des
lettres de protection ou de sauve-garde ; Marculfe nous en a conservé le modèle dans quelques-unes de ses formules. Je ne sais si ces
princes apportèrent de Germanie cette perni-
cieuse coutume, ou si elle n'est qu'une suite,
de l'abus qu'ils firent de leur autorité après la
conquête. Quoi qu'il en soit, les rois de la seconde race conservèrent cette prérogative, qui
n'étoit propre qu'à ruiner les principes du gouvernement. *Ut hi qui in mundeburde domini im-*
peratoris sunt, pacem et defensionem ab omnibus

habeant. Capit. an. Incerti , art. 54. Baluz. Tit. I , p. 515. Notum fieri volumus omnibus fidelibus nostris ... quod quidam homines , quorum nomina sunt illa et illa, ad nostram venientes præsentiam , petierunt et deprecati sunt nos ut eos propter malignorum hominum infestationes , sub securitate tuitionis nostræ susciperemus , quod libenter fecimus.... Et si aliquæ causæ adversus illos surrexerint, quæ intra patriam sine gravi et iniquo dispendio definiri non possunt , volumus ut usque ad præsentiam nostram sint suspensæ et reservatæ , quatenus ibi justam et legalem finitivam accipiant sententiam , et nemo eis ad nos veniendi facultatem contradicere præsumat. Charta 36 , Lud. Pii. Dom Bouquet , T. 6 , p. 652. Constituimus ut omnes qui sub speciali defensione domini apostolici seu nostra fuerint suscepti ; impetrata inviolabiliter utantur defensione. Quod si quis in quocumque violare præsumpserit , sciat se periculum vitæ incursurum. Const. Lotharii Imp. an. 824. Dom Bouquet , T. 6 , p. 410.

CHAPITRE IV.

(1) PLUSIEURS historiens ont dit que Bernard prit les armes, parce qu'il prétendoit, en qualité de fils de Pepin, frère aîné de Louis-le-

Débonnaire, que l'empire lui appartenoit. La conjecture n'est pas heureuse. Ces historiens sans connoissance de notre gouvernement sous la seconde race, n'ont pas fait attention que la couronne étoit alors élective, et que la dignité impériale n'étoit encore attachée à la possession d'aucun royaume particulier. Il n'est pas vraisemblable que Bernard ait formé une prétention contraire à toutes les lois, et qui n'auroit été propre qu'à soulever les François contre lui.

(2) *Volumus etiam ut capitula quæ nunc et alio tempore consultu nostrorum fidelium a nobis constituta sunt, a cancellario nostro archiepiscopi et comites de propriis civitatibus modo, aut per se, aut per suos missos accipiant, et unusquisque per suam diœcesim cæteris episcopis, abbatibus, comitibus, et aliis fidelibus nostris ea transcribi faciant, et in suis comitatibus coram omnibus relegant, ut cunctis nostra ordinatio et voluntas nota fieri possit. Cancellarius tamen noster nomina episcoporum et comitum qui ea accipere curaverint, notet, et ea ad nostram notitiam perferat, ut nullus hoc prætermittere præsumat. Cap. an. 823, art. 24. Quicumque illud (beneficium) scienter per malum ingenium adquirere tentaverit, pro infideli teneatur, quia sacramentum fidelitatis quod nobis promisit irritum fecit ; et ideo secundum*

nostram

nostram voluntatem et potestatem dijudicandus est. Capit. L. 4. C. 34.

(3) *Hæc autem omnia ita disposuimus atque ex ordine firmare decrevimus, ut quamdiu divinæ majestati placuerit nos hanc corporalem agere vitam, potestas nostra sit super a Deo conservatum regnum atque imperium istud, sicut hactenus fuit in regimine atque ordinatione et omni dominatu regali atque imperiali, et ut obedientes habeamus prædictos dilectos filios nostros atque Deo amabilem populum nostrum cum omni subjectione quæ patri a filiis, et imperatori ac regi a suis populis exhibetur. Chart. divis. Imp. Car. Mag. art.* 20. Veut-on avoir une idée juste de l'autorité que Charlemagne exerçoit dans les royaumes qu'il avoit donnés à ses fils? Qu'on lise la lettre qu'il écrivit en 807 à Pepin son fils, roi d'Italie. *Dom Bouquet, T.* 5, *p.* 629.

(4) *Neque aliquis illorum hominem fratris suis pro quibuslibet causis sive culpis ad se confugientem suscipiat, nec intercessionem quidem pro eo faciat; quia volumus ut quilibet homo peccans vel intercessione indigens, intra regnum domini sui vel ad loca sancta vel ad honoratos homines confugiat, et inde justam intercessionem mereatur. Char. divis. Imper. Car. Magni, artic.* 7. *Quapropter præcipiendum nobis videtur ut post nostrum ab hac mortalitate discessum, homines unius*

Tome I.   F f

cujusque eorum accipiant beneficia unusquisque in
regno domini sui, et non in alterius, ne forte per
hoc, si aliter fuerit, scandalum aliquod accidere
posset. Ibid. art. 9. Præcipimus ut nullus ex his
tribus fatribus suscipiat de regno alterius a quolibet homine traditionem seu venditionem rerum
immobilium, hoc est, terrarum, vinearum atque
silvarum, servorumque qui jam casati sunt, sive
cæterarum rerum quæ hæreditatis nomine censen-
tur. Ibid. art. 11. Si quæ autem fœminæ, sicut
fieri solet, inter partes et regna fuerint ad con-
jugium postulatæ, non denegentur juste poscen-
tibus, sed liceat eas vicissim dare et accipere, et
adfinitatibus populos inter se sociari. Ibid. art. 12.

(5) Volumus ut semel in anno, tempore opportuno, vel simul vel singillatim, juxta quod rerum conditio permiserit, visitandi et videndi, et
de his quæ necessaria sunt, et quæ ad communem
utilitatem vel ad perpetuam pacem pertinent, mutuo fraterno amore tractandi gratia ad seniorem
fratrem cum donis suis veniant. Et si forte aliquis
illorum qualibet inevitabili necessitate impeditus
venire tempore solito et opportuno nequiverit, hoc
seniori fratri legatos et dona mittendo significet ;
ita duntaxat ut cum primum possibilitas congruo
tempore adfuerit, venire qualibet cavillatione non
dissimulet. Chart. divis. Imp. Lud. Pii, art. 4.
Ces présens dont il est parlé dans ce passage,

étoient une espèce d'hommage ou de tribut par lesquels on reconnoissoit la supériorité ou la juridiction de celui de qui on approchoit. Tels étoient les dons que les seigneurs faisoient tous les ans au roi , en se rendant à sa cour ou au champ de Mai. C'est en se conformant à l'esprit de cette disposition établie par Louis-le-Débonnaire , que Lothaire , Louis-le-Germanique et Charles - le - Chauve insérèrent la convention suivante dans leur premier traité de paix. *Ut regum filii legitimam hæreditatem regni , secundum definitas præsenti tempore portiones , post eos retineant , et hoc quicumque ex his fratribus superstes fratribus fuerit , consentiant ; si tamen ipsi nepotes patruis obedientes esse consenserint. Art. 9.*

Volumus atque monemus ut senior frater , quando ad eum aut unus aut ambo fratres suis cum donis , sicut prædictum est , venerint , sicut ei major potestas , Deo annuente , fuerit attributa , ita et ipse , pro fraterno amore ; largiori dono remuneret. Chart. Divis. Imp. Lud. Pii , art. 5. Item volumus ut nec pacem nec bellum contra esteras et inimicas nationes absque consilio et consensu senioris fratris nallatenus suscipere præsumat. Ibid. art. 7. Volumus etiam ut si alicui illorum post decessum nostrum tempus nubendi venerit , ut cum consilio et consensu senioris fratris uxorem ducat. Ibid. art. 13.

Si autem , et quod Deus avertat , et quod nos minime optamus , avenerit ut aliquis illorum propter cupiditatem rerum terrenarum , quæ est radix omnium malorum , divisor aut oppressor ecclesiarum vel pauperum extiterit , aut tyrannidem , in qua omnis crudelitas consistit , exercuerit , primo secreto , secundum Domini præceptum , per fideles legatos semel , bis et ter de sua emendatione commoneatur ; et si renisus fuerit , accersitus a fratre coram altero fratre , paterno ac fraterno amore moneatur et castigetur. Et si hanc salubrem admonitionem penitus spreverit , communi omnium sententia quid de illo agendum sit decernatur ; ut quem salubris ammonitio a nefandis actibus revocare non potuit , imperialis potentia communisque omnium sententia coerceat. Ib. art. 10.

Je n'ai point parlé ici de Pepin, roi d'Aquitaine. Il mourut avant son père , et à sa mort Louis - le - Débonnaire déshérita ses enfans. Ce Pepin eut un fils nommé Pepin comme lui , qui causa beaucoup de troubles dans le royaume. Il obtint un établissement considérable en Aquitaine, et son ambition n'en fut point satisfaite. Il fit la guerre , fut battu et fait prisonnier par son oncle Charles-le-Chauve , qui le força à prendre l'habit de religieux. Il finit par apostasier , et se mit à la tête d'une bande de Normands qui ravageoient le royaume.

(6) Je ne parlerai ici que d'une dévotion commode pour les pécheurs, et qui contribua beaucoup à enrichir l'église. Au lieu de se dépouiller pendant leur vie de leurs biens, pour se racheter des peines de l'enfer, ce qui auroit exigé une conversion sincère et véritable ; on leur persuada qu'il suffisoit qu'ils changeassent leurs terres en précaires : c'est-à-dire, qu'ils les donnoient à quelque église ou à quelque monastère qui leur en laissoit la jouissance pendant toute leur vie et s'en emparoit à leur mort. *Ideo una cum consensu fratrum nostrorum hanc epistolam tibi emittendam decrevimus, ut ipsum locum cum omni integritate, una cum Dei gratia et nostra voluntate, absque prœjudicio sancti illius diebus vitœ tuœ usualiter tibi liceat tenere, et post tuum quoque discessum ipse locus cum omni integritate vel re ameliorata vel supraposito partibus nostris vel ipsius Basilicœ revertatur. Form. Sirm. 34, Baluz. T. 2, p. 488.*

(7) *Mandat enim (Carolus-Calvus) ut recordemini Dei et vestrœ christianitatis, et condoleatis atque compatiamini huc sanctœ ecclesiœ quœ a vobis et ab illis miserabiliter est oppressa et deprœdata, et quœ crudeliter ex altera parte persequitur a paganis. Cop. Baluz. T. 2, p. 85.* Lupus, abbé de Ferrieres, écrivoit en 844, que Charles-le-Chauve vouloit le chasser de son ab-

baye pour la donner à Egilbert. Dans d'autres lettres le même abbé se plaint amèrement de ce qu'on enlevoit des terres à son monastère. *Dom Bouquet; T. 7, p.* 488.

Je n'ajouterai qu'une charte de Charles-le-Chauve, citée par M. Ducange, dans son Glossaire au mot *vassus,* article *vassallus indominicatus. Concedimus ibidem auctoritate regia omnes res ejusdem ecclesiæ, quæ quondam fuerunt ab ea abstractæ, et quas modo nostri indominicati vassalli tenent, ut quia ipsi nobiscum dimicaverunt fideliter, in vita sua tantum, consensu ejusdem supra dicti episcopi eas teneant.*

CHAPITRE V.

(1) SI *vos adhuc talem causam postulare volueritis quæ ad suum honorem et ad vestrum profectum pertineat, paratus est etiam in hoc secundum vestram petitionem facere juxta consilium fidelium suorum.... Quoniam si omnes converti ad alium volueritis; paratus est vos omnes secundum sanctæ ecclesiæ utilitatem et suum honorem et vestrum communem profectum recipere et salvare et honorabiles semper habere, et nulli unquam imputare, in quantum ad se pertinet, quidquid negligenter factum habetis de ejus servitio, aut in ista*

causā contra illum egistis ... Et si aliqua pars ex vobis ad ejus senioratum et ad ejus fidelitatem reverti voluerit , similiter est paratus eos benigne recipere , et erga illos omnimodo adimplere quæ superius scripta sunt. *Capit. an.* 856. *Baluz. T.* 2 , *p.* 85 *et* 86.

Rogavit fideles suos ut sine ulla mala suspicione de illius iracundia aut animi commotione communiter quærant et inveniant ; atque describant hoc quod ille secundum suum ministerium facere debet , et quæ facere illum non condeceant. Et ubicumque inventum fuerit quod fecit , quod facere non debuit , paratus est ut cum Dei adjutorio et fidelium suorum consilio hoc , quam citius cum ratione et possibilitate emendare potuerit , emendet , et in ante corrigat , et correcta custodiat. Et quod facere debuit quod ad salutem et honestatem illius pertinuit , et aliquid minus fecit , hoc cum Dei adjutorio et fidelium suorum consilio et auxilio facere , quam citius cum ratione et possibilitate potuerit , faciat. *Ibid. art.* 8.

Quantum sciero et potuero , Domino adjuvante ; absque ulla dolositate , et consilio et auxilio secundum meum ministerium et secundum meam personam fidelis vobis adjutor ero , ut illam potestatem quam in regio nomine et regno vobis Deus concessit , ad ipsius voluntatem et ad vestram ac fidelium vestrorum salvationem cum debito et honore et vigore tenere et gubernare possitis , et pro-

ullo homine non me inde retraham, quantum Deus mihi intellectum et possibilitatem donaverit. Et ego (Carolus) quantum sciero et rationabiliter potuero, domino adjuvante, unumquemque vestrum secundum suum ordinem et personam honorabo, et honoratum ac salvatum absque ullo dolo ac damnatione, vel deceptione conservabo, et unicuique competentem legem et justitiam conservabo, sicut fidelis rex suos fideles per rectum honorare et salvare et unicuique competentem legem et justitiam in unoquoque ordine conservare et indigentibus et rationabiliter petentibus rationabilem misericordiam debet impendere. Et pro nullo homine ab hoc, quantum dimittit humana fragilitas, per studium aut malivolentiam, vel alicujus indebitum hortamentum deviabo, quantum mihi Deus intellectum et possibilitatem donaverit. Et si per fragilitatem contra hoc mihi subreptum fuerit, cum hoc recognovero, voluntarie illud emendare curabo. Capit. an. 858, Baluz. T. 2, p. 99.

Cette pièce est une des plus importantes du règne de Charles-le-Chauve, qui soient parvenues jusqu'à nous. Ce serment réciproque devint le seul lien politique entre les François, et servit d'unique base au droit public que nos pères connurent tant que dura le gouvernement féodal. Je prie le lecteur de faire une attention particulière à ce capitulaire.

(2) *Volumus ut cujuscumque nostrum homo,
in cujuscumque regno sit, cum seniore suo in hostem*
(les guerres privées que se faisoient les seigneurs) *vel aliis suis utilitatibus pergat, nisi talis regni invasio quam Lanteveri dicunt, quod
absit, acciderit, ut omnis populus illius regni ad
eam repellendam communiter pergat. Cap. an. 847,
ad Marsnam, art. 1, Baluz. T. 2, p. 44.*

(3) En 815 Louis-le-Débonnaire accorda à un
seigneur nommé Jean et à ses descendans, un
bénéfice considérable dans la comté de Narbon-
ne; *Omnia per nostrum donitum habeant ille et
filii sui et posteritas illorum. Dom Bouquet, T.*
6. *p.* 472. Dans le même volume, p. 574, pareille donation faite en 832 à Aginulfus P. 581;
à Adalbertus en 832, p. 611; à Sulbertus en
836, P. 628; à Eccarius en 839. Voyez encore les pages 646, 647, 648, etc. Un si grand
nombre de chartes de cette nature conservées
jusqu'à nos jours, prouve que Louis-le-Débonnaire consentoit aisément à rendre ses bénéfices
héréditaires.

*Si aliquis ex fidelibus nostris post obitum nos-
trum, Dei et nostro amore cumpunctus, sæculo.
renuntiare voluerit et filium vel talem propin-
quum habuerit qui reipublicæ prodesse valeat, suos
honores, prout melius voluerit, ei valeat placi-
tare. Cap. an. 877, art. 10, Baluz. T. 2, p. 259.*

Dom Bouquet, dans sa collection des historiens de France, T. 8. a publié un très-grand nombre de chartes de Charles-le-Chauve, par lesquelles ce prince confère des bénéfices avec droit d'hérédité. Quand il publia ce capitulaire, il y a grande apparence qu'il ne lui restoit que fort peu de bénéfices dont il fût le maître de disposer. On pourroit même penser que par le mot *honores* de l'article qu'on vient de lire, il ne faut pas moins entendre les comtés que les simples bénéfices.

(4) *Si comes de isto regno obierit, cujus filius nobiscum sit, filius noster cum cæteris fidelibus nostris ordinet de his qui eidem comiti plus familiares propinquiores fuerunt, qui cum ministerialibus ipsius comitatus, et cum episcopo in cujus parochia fuerit ipse comitatus, ipsum comitatum prævideant usquedum nobis renuncietur, ut filium illius qui nobiscum erit de honoribus illius honoremus. Si autem filium parvulum habuerit, iisdem filius ejus cum ministerialibus ipsius comitatus, et cum episcopo in cujus parochia consistit, eundem comitatum prævideant donec obitus præfati comitis ad notitiam perveniat, et ipse filius ejus per nostram concessionem de illius honoribus honoretur. Capit. an. 877, art. 3, Baluz. T. 2, p. 269.* Il paroît par cet article que Charles-le-Chauve s'étoit seulement réservé le droit de

donner l'investiture des comtés à l'héritier. Les
rois ses successeurs ne jouirent pas long-temps
de cet avantage ; du moins il n'en étoit plus
question , quand Hugues-Capet parvint à la
couronne.

Parmi les chartes de Louis-le-Débonnaire,
que Dom Bouquet a fait imprimer, la 21e. intitulée : *Securitas*, et qui se trouve , T. 6 , p. 643 ,
prouve que les comtes commençoient à s'arro-
ger le droit de conférer les bénéfices du roi ,
situés dans l'étendue de leur province ou comté ,
et que les pourvus demandoient seulement la
confirmation du prince.

Dans le diplome que Louis-le-Débonnaire
donna en 815 aux Espagnols qui s'étoient re-
tirés sur les terres de sa domination , pour éviter les mauvais traitemens des Sarrasins , on lit :
Noverint tamen iidem Hispani sibi licentiam a
nobis esse concessam , ut se in vassaticum comi-
tibus nostris more solito commendent. Et si bene-
ficium aliquod quisquam eorum ab eo , cui se com-
mendavit, fuerit consecutus , sciat se de illo tale
obsequium seniori suo exhibere debere , quale nos-
trates homines de simili beneficio senioribus suis
exhibere solent. Artic. 6., Baluz. T. 1., p. 549.
L'expression *more solito* , fait conjecturer que
Charlemagne avoit déjà permis aux comtes , pour
leur donner plus d'autorité et de considération ,

de conférer des bénéfices royaux. Sans doute que cette permission ne fut accordée qu'aux comtes des provinces les plus éloignées, et qu'ils ne disposoient que des bénéfices les moins importans. C'est de là que nâquit l'abus dont les progrès durent être très-rapides pendant le cours des désordres qui agitèrent les règnes des Louis-le-Débonnaire et de ses fils.

(5) *Episcopi , singuli in suo episcopio , missatici nostri potestate et auctoritate fungantur. Cap. an. 846 , art. 12.*

(6) Si on a lu mes remarques avec quelque attention, on y aura trouvé mille passages qui prouvent que la jurisprudence des appels fut pratiquée par les François sous les Mérovingiens et les premiers Carlovingiens. Voyéz Hincmar de Ord. Pal. Il est certain d'un autre côté, que toutes les justices dans le royanme étoient souveraines, quand Hugues-Capet monta sur le trône, j'en donnerai des preuves dans le livre suivant ; il faut donc que cette révolution soit arrivée sous les derniers princes de la seconde race.

(7) Sous la première race on ne connoissoit que deux sortes de biens , les bénéfices dont j'ai assez parlé dans le cours de mon ouvrage, et les Alleux qu'on distinguoit en Propres et en Acquêts. On me permettra de m'étendre

sur cette matière. Par Acquêts on entendoit ce que nous entendons encore aujourd'hui, c'est-à-dire, des biens que le propriétaire avoit acquis; et par Propres, les biens qu'on tenoit de ses pères; on les appeloit aussi *Terres Saliques. De terra vero salica, nulla portio hæreditatis mulieri veniat, sed ad virilem sexum tota terræ hæreditas perveniat. Leg. Sal. Tit.* 6. Pour connoître ce que la Loi des François Saliens appelle Terre salique, il suffit d'ouvrir la loi Ripuaire; on y lit, Tit. 56 : *Dum virilis sexus extiterit, fœmina in hæreditatem aviaticam non succedat.* Cette loi contient visiblement la même disposition que la loi Salique; et j'en conclus que ce que l'on appelle *hæreditatem aviaticam*, des biens dont on a hérité de ses pères, l'autre le nomme Terre Salique.

J'appuie mon observation par une des formules anciennes que le célèbre J. Bignon a recueillies et mises à la suite de celles de Marculfe. *Dulcissimæ atque in omnibus amantissimæ filiæ meæ illi, ego vir magnificus ille, omnibus non habetur incognitum quod sicut lex Salica continet, de rebus meis, de eo quod mihi ex Allode parentum meorum obvenit, apud germanos tuos, filios meos, minime in hæreditate succedere poteras. Propterea mihi præpatuit plenissima et integra voluntas, ut hanc epistolam hæreditariam in te fieri , et adfirmare rogarem , ut si mihi in hoc sæculo superstes apparueris, in omnes res meas , tam ex Alode parentum meorum , quam ex meo contractu mihi obvenit, etc. Form. 49.*

Ce n'est pas tout, je placerai encore ici une formule de Marculfe même. *Diuturna sed impia inter nos consuetudo tenetur , ut de terra paterna sorores cum fatribus portionem non habeant , sed ego perpendens hanc impietatem , sicut mihi a Domino æqualiter donati estis , ita et a me sitis æqualiter diligendi , et de rebus meis post meum discessum æqualiter gratulamini ; ideoque per hanc epistolam , te , dulcissima filia mea , contra germanos tuos , filios meos illos in omni hæreditate mea , æqualem et legitimam esse constituo hæredem , ut tam de Alode paterna , quam de comparato , vel mancipiis , aut præsidio nostro , vel quodcumque morientes reliquerimus æqua lance cum filiis meis , germanis tuis , dividere vel exequare debeas , etc. F. 12. L. 1.*

Ce seroit trop me défier des lumières de mes lecteurs , que de m'étendre en raisonnemens , pour faire voir que ces deux formules nous apprennent que les terres Saliques n'étoient que des Propres , et que les pères pouvoient par un acte particulier , déroger à la coutume ou à la loi qui rendoient les femmes inhabiles à cette succession. Que deviennent donc tous les sys-

tèmes de plusieurs de nos historiens et de nos jurisconsultes sur la nature des terres Saliques ? Tout
le monde se fait un système de l'histoire de
France , pour s'épargner la peine de l'étudier.
Mais je rentre dans mon sujet.

Sous les successeurs de Charles-le-Chauve ,
toutes les possessions furent distinguées en biens
roturiers et en terres seigneuriales. Les terres
roturières furent celles sur lesquelles les seigneurs établirent des redevances , des contributions , des corvées. Les terres seigneuriales furent appelées fiefs , quand le propriétaire , en
vertu de sa possession , étoit obligé de prêter
hommage à un autre seigneur ; ainsi la Normandie , par exemple étoit un fief, parce que
son duc prêtoit hommage au roi de France. Les
terres seigneuriales étoient appelées Alleux, quand
le propriétaire , ne prêtant hommage à aucun
seigneur , ne relevoit que de Dieu et de son
épée ; c'est-à-dire , ne reconnoissoit sur terre
aucun suzerain ou supérieur par rapport à sa
possession : ainsi la seigneurie de Hugues-Capet , comme roi de France, étoit un Alleu.

Il y eut dans l'étendue du royaume de France ,
plusieurs seigneuries qui furent des Alleux.
*Dictus enim episcopus et successores sui Vivarien-
ses episcopi qui pro tempore fuerint , jurare de-
bebunt se esse fideles de personis et terris usi*s

nobis et successoribus nostris regibus Franciæ ; licet terram suam a nemine tenere , sed eam habere Allodialem noscantur. Tract. Inter Phib. Pulc. et Episc. Vivar. art. 2. Ce traité , qui est du 2 Janv. 1307, se trouve dans le recueil des ordonnances des rois de France , commencé par M. de Lauriere , et continué par M. Secousse , T. 7, p. 7. Je désignerai désormais ce recueil par ordonnances du Louvre.

(8) Cette juridiction étoit ancienne, j'en tire la preuve d'un capitulaire de 779. *Si vassus nos-ter justitias non fecerit,* déni de justice, *tunc et comes et missus ad ipsius casam sedeant et de suo vivant quousque justitiam faciat.* art. 11. Cette juridiction subsistoit encore du temps de Charles-le-Chauve et de son petit-fils Carloman ; on verra par les passages suivans en quoi elle consistoit.

Mandet comes vel publicæ rei minister episcopo , vel abbati , vel illi quicumque locum episcopi , vel abbatis , vel abbatissæ tenuerit, vel potentis hominis in cujus potestatem vel proprietatem confugerit (reus) ut reddat ei reum. Si ille contradixerit et eum reddere noluerit , in prima contradictione, solidis 15 culpabilis judicetur ; si ad secundam inquisitionem eum reddere noluerit , 30 solidis culpabilis judicetur... Ipse comes veniens licentiam habeat ipsum hominem intra immunita-
teim

tem quærendi , ubicumque eum invenire potuerit....
Si vero intranti in ipsam immunitatem vel in cujus-
libet hominis potestatem vel proprietatem comiti
collecta manu quislibet resistere tentaveri , comes*
hoc ad regem vel principem deferat.... Ita qui
comiti collecta manu resistere præsumpserit , sex-
centis solidis culpabilis judicetur. Cap. Pist. an.
864. art. 18. De nostris quoque dominicis vassallis
jubemus , ut si aliquis prædas egerit , comes in
cujus potestate fuerit , ad emendationem eum vocet.
Qui si comitem aut missum illius audire noluerit ,
per forciam illud emendare cogatur. Cap. an. 882.

CHAPITRE VI.

(1) BOSON, beau frère de Charles-le-Chauve
et gendre de l'empereur Louis II, fut plus ambitieux que les autres seigneurs. Ne se conten-
tant pas d'usurper tous les droits de la souveraineté dans son gouvernement ou comté d'Arles, il voulut porter le titre de roi de Provence.
Cette première usurpation devint un exemple
contagieux. Rodolphe s'établit dans la Bourgogne
Transjurane, c'est-à-dire, au-delà du Mont-Jura,
et donna naissance à un second royaume de
Bourgogne , qui fut bientôt considérable par
l'union du royaume d'Arles ou de Provence. Ce

sont les provinces que ces princes ont occupées, qu'on a appelées le pays de l'Empire dans les Gaules, et qui relevèrent des successeurs de Louis-le-Germanique, et non de ceux de Charles-le-Chauve.

Arnould, fils naturel de l'empereur Carloman, et que la tache de sa naissance excluoit du trône; *Si vero absque legitimis liberis, aliquis eorum* (les fils de Louis-le-Débonnaire) *decesserit, potestas illius ad seniorem fratrem revertatur, et si contigerit illum habere liberos ex concubinis, monemus ut erga illos misericorditer agat.* Chart. divis. Imp. Lud. Pii, art. 5. Arnould, dis-je, usurpa le royaume de Germanie, qu'il laissa à son fils Louis IV; et ce prince eut pour successeur Conrad I, duc de Franconie, que les Allemands élurent pour roi. En Italie, plusieurs seigneurs se disputèrent le titre d'empereur et de roi, jusqu'à ce que les rois de Germanie y firent reconnoître leur autorité, et furent couronnés empereurs.

(2). Personne n'ignore à quel prix Charles-le-Chauve acheta l'empire après la mort de Louis II, son neveu. Voyez l'acte de son couronnement à Pavie. La donation de Constantin passoit alors pour une pièce authentique; on croyoit de bonne foi que Rome appartenoit aux Apôtres S. Pierre et S. Paul, et que le pape revêtu de leurs pleins pouvoirs, étoit l'organe de leur volonté. Le pape qui avoit été si petit avant le règne de Pepin, et qui après avoir couronné Charlemagne, le salua comme son maître, croyoit actuellement, en nommant un empereur, ne donner qu'une espèce de vidame ou d'avoué à son église.

Pontifici consultissimum visum Ottonem sibi defensorem adsciscere eodem fere, quo antea Carolum jure ; et quidem ut deinceps protectio illa sedis romanæ regno Germaniæ ita conjuncta foret ut qui eo regno potiretur, ad hanc quoque statim jus nanciscetur. Sev. de Monsanbano, de Stat. Imp. Germ. L. 1, § 13. Tout le monde sait que cet ouvrage publié sous le nom de Severin de Monsanbano, est du célèbre Puffendorf.

(3) *Ut nemo suo pari suum regnum aut suos fideles, vel quod ad salutem sive prosperitatem ac honorem regium pertinet, discupiat. Pact. inter Car. Cal. et ejus fratres, art. 2. Ut unusquisque fideliter suum parem, ubicumque necessitas illi fuerit, aut ipse potuerit, aut per se, aut per filium, aut per fideles suos, et consilio et auxilio adjuvet. Ibid. art. 3.*

(4) Philippe - Auguste possédant un fief qui relevoit de l'évêque d'Amiens, passa un acte avec ce prélat, dans lequel il est dit. *Voluit hæc ecclesia et benigne concessit ut feodum suum absque faciendo hominio teneremus , cum utique nemini facere debeamus vel possimus.* De ces dernières paroles M. Brussel conclut , dans son traité de l'usage des fiefs , p. 152 , que le roi ne prêtoit jamais hommage à aucun seigneur. Mais si ces paroles , *cum utique nemini facere debeamus vel possimus ,* sont une preuve de la proposition de M. Brussel , pourquoi Philippe-Auguste , si jaloux de ses droits, et si habile à les étendre , regarde-t-il l'exemption de faire hommage à l'évêque d'Amiens comme une grâce ? C'est ce que signifie *benigne concessit.* Pourquoi traite-t-il avec ce prélat ? Pourquoi se rachete-t-il d'un hommage qu'il ne doit pas , en consentant de ne plus jouir chez cet évêque du droit de gîte ?

M. Brussel fort savant dans nos antiquités , et dont l'ouvrage est plein de recherches très-curieuses et très-instructives, savoit mieux que moi, qu'il ne faut lire nos anciennes chartes qu'avec une extrême précaution. On doit souvent s'arrêter plutôt à l'esprit général d'une pièce, qu'à quelques expressions particulières qu'on y a glissées avec art. L'évêque d'Amiens aura regardé, comme une petite vanité dans Philippe-Auguste , de dire qu'il ne devoit ni ne pouvoit faire hommage à personne ; il lui aura permis d'insérer cette prétention dans son acte , parce qu'elle ne portoit aucun préjudice aux droits de l'église d'Amiens , et que le prince n'en avoit pas moins été obligé de se racheter de la prestation de l'hommage , en renonçant à son droit de gîte.

M. Brussel rapporte dans son ouvrage un autre acte du même prince, avec l'évêque de Térouenne. *Noverint universi quod Lambertus , Morinensis episcopus , nos et successores nostros absolvit et in perpetuum quitos dimisit ab hommagio quod sibi facere debeamus de Feodo Hesdin.* Pourquoi Philippe - Auguste apprendroit-il à tout le monde, *noverint universi* ; que l'évêque de Térouenne l'a exempté de l'hommage, si c'eût été un droit du roi de n'en point prêter ? Il reconnoît dans cette charte , qu'il devoit l'hommage pour le fief d'Hesdin : il avoit donc tort, en traitant avec l'évêque d'Amiens , de dire qu'il ne devoit ni ne pouvoit faire hommage à personne. Il y a apparence que l'évêque de Térouenne étoit plus exact et moins complaisant que l'évêque d'Amiens.

Je suis d'autant plus surpris de cette méprise de M. Brussel , qu'il remarque avec raison , p. 154, que quand le roi possédoit quelque terre relevante d'un seigneur , il étoit obligé d'en faire aquitter les services et les charges par un gentilhomme, sous peine de confiscation. Dans un

temps postérieur à Philippe - Auguste , et où le
gouvernement féodal touchoit à sa ruine, Louis
Hutin lui-même convenoit avec les gentilshommes de Champagne , qu'il n'acquerroit aucune
possession dans les terres de ses barons sans
leur consentement ; et que quant aux fiefs qui
lui écherront, ou par confiscation, ou par succession, dans les hautes-justices des seigneurs,
il les fera desservir, on en payera l'indemnité.
« Ordon. du Louvre , Ordon. de Mai 1315 ,
rendues à la requête des nobles du comté de
Champagne, T. 1, p. 573. » M. Brussel rapporte,
p. 156, que le roi Charles VII , en 1439 et
1442, prêta hommage , par procureur, à l'évêque de Beauvais et à l'abbé de Saint-Denis.

(5) Hugues-Capet étoit duc de France , c'est-
à-dire, de la province appelée aujourd'hui l'isle
de France , comte de Paris et d'Orléans. Son
frère étoit duc de Bourgogne. Il avoit une sœur
mariée à Richard, duc de Normandie.

(6) Les raisons que je rapporte dans le corps
de mon ouvrage , pour prouver qu'il ne put
point y avoir d'assemblée de la nation qui dé-
férât la couronne à Hugues-Capet , me paroissent former, dans le genre historique, une dé-
monstration à laquelle on ne peut rien répondre. Cependant je rapporterai dans cette remarque, tout ce qu'on trouve dans nos anciennes

chroniques au sujet de l'avénement de Hugues-Capet au trône.

Ludovicus , Francorum rex , obiit eodem anno (987) ; *Hugo Dux , rex Francorum est elevatus Noviomi. Ex chron. Floriacensi. In primario flore juventutis obiit (Ludovicus) in quo deficit generatio regum ex familia Caroli Magni , et succedit ex alia familia Hugo rex. Ex chron. Virdunensi.*

Ludovico , Francorum rege , mortuo , Francis regnum transferre volentibus ad Karolum ducem , fratrem Lotharii regis , dum ille rem ad consilium defert , regnum Francorum usurpat Hugo , filius Hugonis. Ex chron. Sigiberti. Eodem anno rebellavit contra Karolum , dux Francorum Hugo , eo quod accepisset Karolus filiam (Agnetem) Herberti comitis Trecarum. Collecto igitur Hugo exercitu copioso valde , obsedit Laudunum ubi commanebat Karolus cum conjuge sua. Ex Chron. Hug. Floriacensis Mon. Regnum pro eo accipere voluit patruus ejus Karolus , sed nequivit ; quia Deus judicio suo meliorem eligit. Nam episcopus Ascelinus montis Laudunensis urbis hebdomada ante Pascha post convivium in lecto quiescentem cum dolo cepit , et consensu plurimorum Hugo dux in regem elevatus est. Ex chron. Odoranni. Après avoir lu ces trois autorités , que doit-on conclure d'un fragment imprimé par Dom Bouquet ,

T. 8 , p. 307 ; il y est dit : *eodem anno , id est,* 987. *Franci assumentes Hugonem memoratum ducem , Noviomo illum sublimant in regni Solio.* Traduire *Franci* par assemblée de la nation, ne seroit-ce pas vouloir se tromper ?

Je conviens que Hugues-Capet assembla à Noyon ses amis et ses parens, dont il forma une assemblée; mais le duc Charles avoit aussi rassemblé ses partisans d'un autre côté. Ces assemblées n'étoient point légales, c'étoient des conventicules qui ne représentoient en aucune manière la nation. *Immatura adolescens (Ludovicus) præventus morte , destitutum proprio hærede , Francorum dereliquit regnum. Sane patruus ejus Carolus conabatur , si posset , a sui generis authoribus diu possessum sibi vendicare regnum ; sed ejus voluntas nullum sortitur effectum. Nam Franci primates , eo relicto , ad Hugonem qui ducatum Franciæ strenue tunc gubernabat , magni illius Hugonis filium , se convertentes , Noviomo civitate Solio sublimant regio. Ex chron. S. Benigni Divion.*

Par *Franci primates* , il ne faut entendre que les partisans de Hugues-Capet, les principaux seigneurs du duché de France, et non pas de la nation Françoise. En effet, il est impossible de citer quelque passage de nos anciens monumens, d'où l'on puisse inférer que les vassaux

ˡmmédiats de la couronne, les seuls qui eussent
alors quelque droit d'en disposer, se soient trouvés à Noyon pour élever Hugues-Capet sur le
trône. La chose est même démontrée impossible
par le peu de temps qui s'écoula entre la mort
de Louis V et le couronnement de Hugues-
Capet. L'un mourut le 21 Mai de l'an 987 ; et
l'autre, d'abord reconnu pour roi à Noyon, fut
sacré à Rheims le 3 Juillet de la même année.
Remarquez encore que depuis que les peuples
de chaque province avoient leurs souverains particuliers, on commençoit à ne les plus appeler
que du nom particulier et distinctif de leur pays.
Burgundiones, Aquitani, Britanni, Normanni, etc.
On ne donnoit le nom de *Franci* qu'aux habitans du duché de France.

Je ne citerai plus qu'un fragment imprimé
par Dom Bouquet, T. 8, p. 299, car je ne
veux pas abuser de la patience de mes lecteurs.
Patruus autem ipsius Carolus quem privatum se-
nuisse supra prælibavimus, paternum volens obti-
nere regnum, incassum laborabat. Nam ejus vo-
luntas nullum habuit effectum. Eo enim spreto,
Francorum primates communi consensu Hugonem
qui tunc ducatum Franciæ strenue gubernabat,
Magni Hugonis filium, cujus jam mentio facta est,
Noviomo sublimant regio solio, eodem anno quo
Ludovicus adolescens obiit. Les mots *communi con-*

sensu de ce passage , prouvent bien qu'il ne faut
entendre par *Francorum primates* , que les sei-
gueurs les plus considérables du duché de France ;
car il est certain que le duc Charles avoit dans
le royaume plusieurs amis puissans , qui , bien
loin de reconnoître la nouvelle dignité de Hugues-
-Capet, lui firent la guerre avec chaleur. Les
chroniques de Saint-Denis parlent de cette révolution, comme d'un événement dont la violence
et la force décidèrent.

Fin des remarques du livre second.

REMARQUES ET PREUVES

DES

Observations sur l'Histoire de France.

LIVRE TROISIÈME.

CHAPITRE PREMIER.

(1) S ACHE bien ke selon Diex ke tu n'as mie plenière poote seur ton vilain. Donc se tu prens du sien fors les droites redevances ki te doit, tu le prens contre Diex et seur le péril de t'ame et come Robierres, et ce kon dit, toutes les coses que vilain a sont son seigneur, c'est voirs à garder. Car s'ils étoient son seigneur propre, il n'avoit nule différence entre serf et vilain. Mais par nostre usage n'a entre toi et ton vilain juge fors Diex tant com il est tes coukans et tes levans s'il n'a autre loi vers toi fors la coutume. Pierre de Fontaine, c. 21, §. 8.

(2) *Placuit mihi ut statum ingenuitatis meæ in vestrum deberem obnoxiare servitium, quod ita feci, unde accepi à te prætium in quod mihi bene*

*complacuit, solidos tantos, ita ut ab hodierna die
quidquid de me servo tuo, sicut et de reliqua
mancipia tua, facere volueris, a die præsente libe-
ram et firmissimam in omnibus habeas potestatem.
Cap. Baluz. T. 2, p 474.*

Beaumanoir, Coutumes de Beauvoisis c. 45.
en rapportant les causes qui avoient si fort mul-
tiplié les serfs dans le royaume, dit que plusieurs hommes libres s'étoient vendus eux et
leurs hoirs, soit par misère, soit pour avoir
la protection d'un maître contre leurs ennemis :
il ajoute que quand les seigneurs convoquoient
autrefois leurs sujets pour la guerre, ils leur
ordonnoient de se rendre au Ban, sous peine de
servitude pour eux et leurs descendans. Il dit
encore que des hommes libres s'étant engagés
par dévotion, pour eux et pour leur postérité,
à rendre de certains services ou à payer de certaines redevances à une église ou à un monastère ; on oublia l'origine de cette sujétion, et
qu'enfin on la regarda comme la preuve d'une
véritable servitude.

(3) *Burgensis, Burgi incola*, bourgeois. C'est
le nom qu'on donnoit aux hommes libres qui
habitoient les villes. Je me sers ici de cette
expression, quoique les bourgeoisies ne fussent
pas encore établies du temps de Hugues-Capet ;
je parlerai dans le dernier chapitre de ce livre,

de l'établissement des bourgeoisies , ou des communes , qui ne remonte pas plus haut que le
règne de Louis-le-Gros. De villa , on appeloit
villanus en latin , et vilain en françois , un homme
libre domicilié à la campagne.

(4) Cela est démontré par l'accord dont les
évêques et les seigneurs convinrent sous le règne
de Philippe - Auguste , pour arrêter les fraudes
des hommes libres , qui , par des donations ou
des ventes simulées , s'affranchissoient de toute
charge , en mettant tout leur bien sur la tête
de quelque clerc qui n'étoit qu'un prête - nom.
Quod nullus burgensis vel villanus potest filio suo
clerico medietatem terræ suæ , vel plus quam medie-
tatem donare si habuerit filium vel filios. Et si
dediderit ei partem terræ citra mediam, clericus
debet reddere tale servitium et auxilium quale
terra debebat dominis quibus debebatur; sed non
poterit talliari nisi fuerit usurarius vel mercator;
et post decessum suum terra redibit ad proximos
parentes , et nullus clericus potest emere terram ,
quin reddat domino tale servitium quale terra debet.
Capit. Philip. Aug. art. 4.

(5) " Quand li seigneur voit que ses homs ,
de cors devient clercs , qu'il traie à l'évesque ,
et que il le requerre que il ne li fache pas couronne ; et se il l'a fete que il l'oste, et li évesque i est tenus , mes que il en soit requis ,

avant que il ait greigneur ordre que de clerc
et se il atant tant que il ait greigneur ordre ,
li clerc demeure en estat de franchise. " Beaum.
C. 45. Cet usage étoit connu sous la seconde
race. *Ut nullus episcopus ad clericatus officium
servum alterius sine domini sui voluntate promo-
vere præsumat. Capit. an. incerti , art. 24. Baluz.
T. 1 , p. 155.*

(6) « Servitude vient de par les meres , car
tuit li enfant que chele porte qui est serve sont
serf. Tout soit il ainssint que li peres soit frans
homs ; neis se li peres estoit chevaliers , et il
épousoit une serve si seroient tuit li enfant serf
que il avoit de li. Beaum. C. 45.

Se uns hom de grand lignaige prenoit la
fille à un vilain à fame , ses enfans porroient
bien estre chevaliers par droit. Se aucuns homs
estoit chevalier , et ne fust pas gentishome de
parage , tant le fust-il de par sa mere , se ne le
pourroit-il estre par droit. » Estab. de S. Louis ,
L. 1 , C. 128. On voit par ce passage que les
mésalliances ne sont pas une chose nouvelle parmi
nous , et qu'elles ne portoient aucun préjudice à la
famille d'un gentilhomme.

« Quant la mere est gentil femme , et pere
ne l'est pas , li enfant si ne pueent estre chevaliers , et ne pourquant li enfant ne perdent pas
l'estat de gentillesce dou tout , ainchois sont de

mené comme gentilhomme dou fet de leur cors. »
Beaum. C. 45. St ce gentilhomme par mère,
avoit des enfans, il n'y a aucune difficulté qu'ils
ne pussent être armés chevaliers par droit, puisqu'ils étoient gentilshommes de parage. On appeloit gentilhomme de parage, celui dont le père
étoit noble. Je prie de remarquer ces anoblissemens connus sous les premiers Capétiens, et
qui n'étoient qu'une suite des coutumes de la
première et de la seconde race. Après de pareilles autorités, comment M. le comte de Boulainvilliers et quelques autres écrivains ont-ils pu
avancer que les roturiers ne commencèrent à
être anoblis que sous le règne de Philippe-le-
Bel ? Il est vrai que ce prince fut le premier qui
donna des lettres de noblesse te'les qu'on les
donne aujourd'hui; mais il ne faut pas en conclure que les anoblissemens fussent inconnus
avant lui. Je vais ajouter ici les autorités qui
prouvent que la possession d'un fief ou d'une
terre noble donnoit la noblesse.

« Se aucuns home coustumier conquéroit, ou
achetoit chose qui fust à meftre homage, ou il
porchasse envers son seigneur comment il le
mette en foy ou en homage en tous ses héri-
tages, ou en partie, en tele foy, comme est la
chose qui seroit pourchaciée, si auroit autant li
uns comme li autres , fors li aisné qui seroit

la , li auroit la moitié selon la grandeur de la chose , et pour faire la foy , et pour gerir les autres en parage , et tout ainsi départira toujours mes jusques en la tierce foy , et d'ileques en avant si aura l'aisné les deux parties , et se départira toujours mes gentiment. " Estab. de S. Louis , L. 1 , C. 141. Les fils d'un roturier partageoient également entre eux la succession de leur père. On voit par ce passage , que le fils aîné d'un roturier anobli par la possession d'un fief , commençoit par avoir la moitié de la succession de son père , et que ses frères partageoient entre eux l'autre moitié. Les enfans de ce fils aîné suivoient encore la même règle dans le partage du bien de leur père ; mais ces enfans se trouvant à la tierce foi , c'est-à-dire étant les troisièmes de leur famille , qui rendoient successivement la foi et hommage pour le fief que leur grand-père avoit acquis , leur succession se partageoit gentiment , et le fils aîné , au lieu de la moitié , avoit les deux tiers de la succession.

« Se li homs de poote maint en franc-fief , il est demenés comme gentishoms , comme de ajournemens et de commandemens , et peut user des franchises dou fief. « Beaum. C. 30. » La franchise des personnes ne afranchit pas les hiretages vilains , mais li franc-fief franchissent le personne qui est de poote , en tant comme il

i

ï est couchans et levans, il use de la franchise
du fief. " Ibid. C. 48. On ne doit pas être
surpris du privilége que les fiefs avoient d'anoblir, après ce que j'ai dit des seigneurs dans
le premier livre de cet ouvrage ; elles devinrent
le seul titre de distinction entre les familles ;
et cet usage s'accrédita tellement chez les François, que malgré les efforts qu'ont faits les rois
pour s'attribuer à eux seuls le privilége d'anoblir, ce n'est qu'en 1579 que la possession d'un
fief n'a plus été un titre de noblesse. Voyez
l'ordonnance de Blois de 1579.

Ce que dit Beaumanoir, " que la franchise des
personnes ne afranchit pas les hiretages vilains, "
ne détruit pas ma conjecture, que sous le règne
de Hugues-Capet, la noblesse des personnes
passoit aux possessions, c'est-à-dire, que les possessions roturières d'un gentilhomme n'étoient
sujettes à aucune redevance ni à aucune corvée.
Beaumanoir parle de ce qui se pratiquoit sous
S. Louis et Philippe-le-Hardi ; et moi, de ce qui
se passoit sous Hugues-Capet. Quand Beaumanoir écrivoit, il est certain que les seigneurs
avoient déjà beaucoup restreint les privilèges
des gentilshommes et des clercs. L'accord fait
entre les évêques et les seigneurs, sous le règne
de Philippe-Auguste, et que j'ai rapporté dans
la remarque 4 de ce chapitre, en est une preuve

certaine. Il est dit dans cet acte qu'un bourgeois et un vilain ne pourront point faire passer
leur bien sur la tête d'un clerc, pour s'exempter des redevances dues au seigneur. Si les gentilshommes n'avoient pas alors possédé leurs
biens roturiers en toute franchise, ils n'auroient
pas sans doute manqué de faire la même fraude
que les roturiers, et on n'auroit certainement
pas négligé d'y remédier.

(7) " Nus gentishom ne rend coustumes ni
peages de riens qu'il achate ne qu'il vende, se
il n'achate pour revendre et pour guaigner. Estab.
de S. Louis, L. 1, C. 58. Se gentilhomme avoit
meson qui lui fust encheoite en sa terre le roy
ou en chastel à baron, qui soit taillable, en
quelque manière que li gentil l'ait, soit d'eritai-
ge ou d'écheoite, ou d'autre chose elle est taillable, se il i fet estage pour lui, pourcoi il la
tiegne en sa main, elle ne sera pas taillable :
me se il l'avoit louée ou affermée à home coustumier, il ne le porroit pas garantir de taille. "
Ibid. L. 1, C. 93.

" Voirs est que clers ne gentiex homs, ne
doivent point de travers des choses que il achatent pour leur user, ne de choses que il ven-
dent qui soit creué en leur hiretage, me se ils
achatent pour revendre si comme autres mar-
cheans, il convenroit que les denrées s'aquitas-

sent dou travers et des chaussiés et des tonlieus
en la maniere que les denrées as marchans s'aqui-
tent, et che que je ai dit des travers je en-
ténds de toutes manieres des peages et de tonlieus. Beauma. C. 30. Se gentilshoms tient vile-
nage, et il meffet de ce qui appartient à vile-
nage, les amendes sont dau tele condition comme
se il estoit hons de poote. De tous autres cas
il est demenés ainsint comme hons de poote seroit,
excepté le fet de son cors, car se il fesoit aucun
meffet de son cors, il seroit selonc la loi des
gentilshommes. " Ibid.

CHAPITRE II.

(1) COMMENÇANT à parler des droits et
des devoirs respectifs des seigneurs, je ferai ici
une observation préliminaire, et bien importante. La plupart des écrivains qui ont traité du
gouvernement féodal, ont rassemblé pêle-mêle
tout ce qu'ils ont trouvé dans nos anciens monumens qui pouvoit y être relatif, sans chercher
à distinguer les différentes époques de la naissance de chaque coutume. Il n'étoit pas difficile cependant de se douter que plusieurs de
nos coutumes n'ont pu subsister ensemble. Ce
soupçon, si on l'avoit eu, auroit servi de fil

dans le labyrinthe obscur de nos antiquités. Les
établissemens de S. Louis nous parlent de plusieurs coutumes dont l'origine remonte visiblement jusqu'au temps où Charles-Martel établit
ses bénéfices; et qui, quoique affoiblies et altérées, subsistoient encore dans le troisième siècle.
Mais ils contiennent aussi plusieurs usages nouveaux qui commençoient à avoir force de loi,
et d'autres encore qui se formoient, et que S.
Louis vouloit accréditer. Il faut dire la même
chose des ouvrages précieux de Pierre de Fontaine et de Beaumanoir, les deux hommes les
plus éclairés de leur temps sur la jurisprudence
féodale.

Avec le secours de cette remarque, dont on
sentira, je crois, la vérité, en étudiant les
ouvrages dont je viens de parler, et en les conférant entre eux ou avec les autres monumens
plus anciens ou contemporains, tout devient
assez clair dans notre histoire de la troisième
race. La plupart des difficultés s'aplanissent; et
on démêle avec assez de certitude les différentes
époques où les droits et les devoirs différens des
suzerains et des vassaux ont pris naissance, j'aurai
soin dans les remarques suivantes d'indiquer les
raisons sur lesquelles je me fonde pour fixer l'origine de chaque coutume.

(2) Je ne conçois point comment on a pu

croire que les appels pratiqués pendant la première et la seconde race, et dont on a trouvé
les preuves dans les remarques des deux livres
précédens, fussent encore en usage sous les
premiers Capétiens, où tous les procès se dé-
cidoient par le duel judiciaire. Le combat auquel les parties, les juges et les témoins étoient
soumis, rendoit par sa nature les appels impraticables. Ne pas s'en tenir alors à cette preuve
de l'équité d'un jugement, c'eût été douter de
la justice ou de la puissance de Dieu; puisque
c'étoit une foi vive en ces deux attributs de
la divinité, qui avoit fait adopter aux François la
procédure meurtrière des Bourguignons.

Pour que l'appel d'un tribunal subalterne à
un tribunal supérieur puisse avoir lieu, il faut
que le plaideur ne puisse pas empêcher les juges
de prononcer la sentence qui le condamne, ou
qu'il puisse les soupçonner d'avoir jugé injustement par ignorance ou par corruption. Or c'é-
toient deux choses impossibles dans la jurisprudence du duel judiciaire; car le plaideur étoit
en droit de défier et d'appeler au combat le
premier des juges qui ouvroit l'avis de le condamner; il pouvoit aussi défier le témoin qui
déposoit contre lui. On ordonnoit enfin le combat, et le tribunal ne faisoit que prononcer qu'un
tel étoit vainqueur ou vaincu; fait qui, se pas-

sant en public et sous les yeux de mille témoins, ne pouvoit jamais être douteux ni équivoque.

Fausser une cour de justice, ou l'accuser d'avoir porté un jugement faux, c'étoit lui faire l'injure la plus grave, l'interdire de toutes ses fonctions, et rendre tous ses membres incapables de faire aucun acte judiciaire. Un plaideur qui avoit eu cette témérité, étoit obligé sous peine d'avoir la tête coupée, de se battre dans le même jour non-seulement contre tous les juges qui avoient assisté au jugement dont il appeloit, mais encore contre tous ceux qui avoient droit de prendre séance dans ce tribunal. S'il sortoit vainqueur de tous ces combats, la sentence qu'il avoit faussée, étoit réputée fausse et mal rendue, et son procès étoit gagné. Si au contraire il étoit vaincu dans un de ces combats, il étoit pendu. Cette jurisprudence, dont nous sommes instruits par les Assises de Jérusalem, c'étoit la jurisprudence même des François dans le onzième siècle, puisque Godefroi de Bouillon élevé en 1099 sur le trône de Jérusalem, fit rédiger les lois de son royaume; ainsi qu'il nous en avertit lui-même dans son code, sur les coutumes qui étoient pratiquées en France, quand il partit pour la Terre-Sainte.

Quand il arrivoit qu'un plaideur, après avoir vaincu deux ou trois de ses juges, étoit lui-même vaincu par un quatrième, je voudrois bien savoir par quels bizarres raisonnemens on justifioit alors la Providence divine, qui avoit permis que l'injustice et le mensonge triomphassent deux ou trois fois de la justice et de la vérité. La foi absurde de nos pères devoit être certainement très-embarrassée.

Beaumanoir, qui écrivoit la coutume de Beauvoisis en 1283, sous le règne de Philippe-le-Hardi, nous apprend, C. 61 et 62, que dans les terres où l'ancien usage du duel judiciaire subsistoit encore, un plaideur étoit forcé de se battre contre tous les juges du tribunal, si au lieu d'appeler ou de défier le premier ou le second d'entre eux qui disoit son vis, il attendoit, pour fausser le jugement, que la sentence fût prononcée. Je demande si une pareille forme de procédure ne rendoit pas impraticables les appels tels que nous les connoissons aujourd'hui, et qu'ils étoient pratiqués sous les deux premières races.

« Tous cas de crieme quelque il soient, dont l'en puet perdre la vie, appartiennent à haute-justiche, excepté le larron ; car tant soit il ainsint que lierres pour son larrecin perde la vie, et ne pour quant larrecins n'est pas de la haute-justice. » Beaum. C. 58. Voici, selon cet auteur, le cas de haute-justice ; meurtre, trahison on assassinat, homicide, viol, incendie, fausse monnoie, trèves et assuremens brisés ou violés. Les établissemens de S. Louis, L. 1, C. 40, ajoutent le cas de chemins brisiés, et de meffet de marchié.

Quoique aucun monument de la troisième race, antérieur au règne de S. Louis, ne parle de cette différente attribution ou compétence des justices, on ne sauroit, je crois, douter avec quelque fondement qu'elle ne fût déjà connue du temps de Hugues-Capet, et pratiquée comme une coutume féodale. Cette différente compétence des justices avoit été établie par Charlemagne. *Ut nullus homio in placito centenarii neque ad mortem neque ad libertatem suam amittendam aut ad res reddendas vel mancipia judicetur; sed ista aut in presentia comitis vel missorum nostrorum judicentur. Capit. 3, an. 812, art. 4.*

La distinction de la haute et de la basse-justice se trouve encore expressément énoncée dans la charte ou diplome que Louis-le-Débonnaire donna en 815 aux Espagnols qui s'étoient réfugiés sur les terres de la domination Françoise, pour se soustraire à la tyrannie des Sarrasins. *Ipsi vero pro majoribus causis, sicut sunt homicidia, raptus, incendia, deprædationes, membrorum amputationes, furta, latrocinia, aliarum re-*

rum invasiones , et undecumque a vicino suo aut
criminaliter aut civiliter fuerit accusatus , et ad
placitum venire jussus , ad comitis sui mallum
omnimodis venire non recusent. Cæteras vero mi-
nores causas more suo , sicut hactenus fecisse nos-
cuntur inter se mutuo definire non prohibeantur.
Art. 2. Esti quisquam eorum in partem , quam
ille ad habitandum sibi occupaverat , alios homi-
nes undecumque venientes adtraxerit , et secum
in portione sua , quam adprisionem vocant , habi-
tare fecerit , utatur illorum servitio absque ali-
cujus contradictione vel impedimento ; et liceat
illi eos distinguere ad justitias faciendas , quales
ipsi inter se definire possunt. Cætera vero judicia ,
id est, criminales actiones , ad examen comitis re-
serventur. Art. 3.

N'est-il pas naturel de penser que pendant les
désordres auxquels le gouvernement féodal dut
son origine , les seigneurs les plus puissans furent les plus grands usurpateurs ? Ils ne laissèrent à leurs vassaux que la basse-justice appelée Voirie , quand ils purent les dépouiller de
la haute. Ils gênèrent en restreignirent la compétence des tribunaux dans les fiefs qui relevoient d'eux , et y exercèrent même la justice ,
lorsqu'il s'agissoit d'y juger des affaires graves
et majeures. Règle générale et sûre de critique ;
il faut reconnoître pour des coutumes subsistan-

tes sous le règne de Hugues-Capet, celles dont
il est fait mention dans les établissemens de S.
Louis, et les écrits de Beaumanoir, et dont on
trouve l'origine dans les lois de la seconde race;
à moins qu'on ne soit averti par quelque monument postérieur, qu'elles ont été oubliées et
détruites par la révolution qui ruina la maison de
Charlemagne.

La haute-justice et la basse n'eurent pas vraisemblablement la même compétence; ou ne connurent pas des mêmes délits dans toutes les
provinces du royaume; car rien n'étoit, et ne
pouvoit être général et uniforme en France. Chaque tribunal étendit sa juridiction autant que
les circonstances le permirent. Il ne nous reste
point assez de monumens pour connoître ces
différentes révolutions. Nous ignorons, par exemple, pourquoi le vol puni de mort, et dont la
haute-justice connoissoit seule sous les premiers
Carlovingiens, appartenoit à la basse-justice,
sous le règne de S. Louis.

Il est encore évident que chaque seigneur
gêna et limita, autant qu'il put, la souveraineté que ses vassaux exerçoient dans leurs terres.
Un très-grand nombre de ces vassaux furent
forcés de se servir de la monnoie que leur suzerain fabriquoit, puisqu'il est certain qu'on
ne comptoit guères plus de 80 seigneurs en

France , qui eussent droit de battre monnoie.

(3) *Volumus atque jubemus ut vassalli episcoporum, abbatum et abbatissarum, atque comitum
et vassorum nostrorum, talem legem et justitiam
apud seniores suos habeant, sicut eorum anteces-
sores apud illorum seniores tempore antecessorum
habuerunt. Capit. Car. Cal. Baluz. T. 2 , p. 215.*

(4) *Si rex Philippus Regnum Angliæ invadere
voluerit, comes Robertus, si poterit, regem Philippum remanere faciet... et si Rex Philippus in An-
gliam venerit, et Robertum comitem secum ad-
duxerit, comes Robertus tam parvam fortitudi-
nem hominum secum adducet, quam minorem poterit; ita tamen ne inde feodum suum erga regem
Franciæ foris faciat. Tract. Fœd. inter Henr.
Reg. Ang. et Rob. Com. Fland. art. 2. Et si
rex Henricus comitem Robertum in Normanniam
vel Maniam, in auxilio secum habere voluerit, et
eum inde summonuerit, ipse comes illuc ibit....
nec dimittet quin eat, donec rex Francorum judi-
cari faciat comiti Roberto , quod non debeat juvare
dominum et amicum suum regem Angliæ cujus
feodum tenet, et hoc per pares suos qui eum judicare debent. Ibid. art. 16. Et si illo tempore rex
Philippus super regem Henricum in Normannia
intraverit, comes Robertus ad Philippum ibit cum
decem militibus tantum. Ibid. art. 19.*

Ce traité passé entre deux des plus puissans

vassaux de la couronne, qui contractoient une alliance étroite en pleine paix, est très-propre à nous faire connoître la nature des devoirs auxquels ils se croyoient assujettis envers le roi de France leur suzerain, et des droits attachés à la suzéraineté. Ces devoirs et ces droits devoient être regardés comme incontestables, puisque Henri, qui donnoit en fief au comte Robert un subside annuel de 400 marcs d'argent pour se faire aider de ses forces dans les guerres qu'il auroit contre le roi de France, ne les contredit pas. *Propter prædictas conventiones et prædictum auxilium, dabit rex Henricus comiti Roberto, unoquoque anno 400 marcas argenti in feodo. Ibid. art. 31.*

FIN DU TOME PREMIER.

TABLE

Des Chapitres contenus dans le premier Tome.

OBSERVATIONS

Sur l'histoire de France.

LIVRE PREMIER.

LIVRE SECOND.

LITRE TROISIÈME.

REMARQUES ET PREUVES.

Fin de la Table.

www.ingramcontent.com/pod-product-compliance
Lightning Source LLC
Chambersburg PA
CBHW050547270326
41926CB00012B/1955